经济学入门 5讲

普通人也能读懂的经济学

张是之 / 著

中信出版集团 | 北京

图书在版编目（CIP）数据

经济学入门50讲：普通人也能读懂的经济学 / 张是之著. -- 北京：中信出版社，2020.12（2021.9重印）

ISBN 978-7-5217-2216-1

Ⅰ. ①经… Ⅱ. ①张… Ⅲ. ①经济学－通俗读物 Ⅳ. ① F0-49

中国版本图书馆CIP数据核字（2020）第171059号

经济学入门50讲——普通人也能读懂的经济学

著　　者：张是之
出版发行：中信出版集团股份有限公司
（北京市朝阳区惠新东街甲4号富盛大厦2座　邮编　100029）
承 印 者：天津丰富彩艺印刷有限公司

开　　本：880mm×1230mm　1/32　　印　　张：12　　字　　数：242千字
版　　次：2020年12月第1版　　印　　次：2021年9月第5次印刷
书　　号：ISBN 978-7-5217-2216-1
定　　价：58.00元

服务热线：400-600-8099
投稿邮箱：author@citicpub.com

科学
远未普及

目录

第 2 部分

经济学基本原理 _93

第 3 部分

经济学现象解释 _245

推荐序

经常会有人问这样的问题，即“学习经济学有什么用”。对于这个问题，张是之在这本书的前言中已经做了回答，这里我将对这个问题做进一步的说明。

经济学是人类的智慧财产，是前人留给后人的思想财富。和自然界一样，人类社会的运行也是有法则的，经济学揭示的便是人类社会运行的法则，这些法则可以被称为“道”。人类如果违背了这些法则，就要受惩罚。世界的和平繁荣是遵循“道”的结果。经济学是使人类更自由、更繁荣的科学，一些基础性的经济学知识是每个公民都应该懂得的。

经济学帮助人们认识世界，透析事物的真相。对社会现象来说，真相往往不是被直接“观察”到的，而是通过对本质的理解“认识”到的。从这个意义上说，对原理的认识先于对世界的观察。一个人，只有当他知道什么是正确的时候，才知道什么是错误的。经济学知识提供了认识世界的原理，帮助人们正确地认识世界。

举个例子，我们通过学习哈耶克的学说，知道在自然秩序和建构的秩序之外，还存在自发演化的秩序，文明的演进主要是通过自发演化的方式实现的。假如我们没有接触到哈耶克的学说，我们就极有可能认识不到这一点，这样就有可能把人为的建构视为促进经济社会发展的手段，从而阻碍了文明的进步。

正如哈耶克所强调的，人的理性无法建构出使社会得以良好运行的规则，或者说，这些规则是无数个体行动的“非意图结果”。但是，承认无知并不意味着接受盲目。人们必须理解社会运行的基本原理，这样才能避免因为盲目而导致的悲剧，而这些原理正是经济学所揭示的。显然，当有更多的人能够理解这些规则时，一个社会的进步就会更快。相反，如果人们不理解这些规则，只知道在约束条件下追求利益最大化，他们的行为就很有可能破坏社会的正常运行，最终损害自己的利益。

在一个分工合作的社会中，你的利益和他人的利益息息相关，正如《铅笔的故事》所揭示的，我们所需要的每一种商品都是无数人分工合作的产物。这个分工合作的体系运行得越有效率，每个个体的利益就增进得越多，也越快。因此，对每个关心自己利益的人来说，他必须关心这个分工合作体系，不能让这个体系遭受人为的破坏，也不能只关心他自己眼前的利益，因为这个体系决定了他的利益。经济学告诉人们的正是这个体系如何才能维持和有效运转的奥秘，这也是人们必须学习经济学的原因。

掌握经济学原理很重要。假如一个社会的繁荣不是建立在对原理的认识之上，而是建立在某些偶然因素之上的话，那么这个社会已经取得的繁荣很可能会消失。比如，我们都知道市场经济对我们很重要，但是，假如我们不知道市场经济的基本原理，我们就有可能出现破坏市场经济而不自知的情况。所以，对原理的认识是一个社会走向持续繁荣的前提条件。

当体现经济学原理的一般性规则被越来越多的人认识的时候，一个社会就越有可能走向文明。除了诚信外，一般性规则还包括私有产权和限制政府权力等更为“高级”的一般性规则。之所以它们被称为高级的规则，是因为它们能够进一步地促进和平下的合作，从而给人类带来更大的福祉。当遵循“诚信”等基本规则时，一个社会也就有了基本的文明。如果社会保护了私有产权，并限制了政府权力，社会就会走向更为高级的文明社会。对于“高级”规则的重要性，我们往往需要通过经济学的学习才能得知。对于一个社会中的众多个体来说，当他们习得和遵循更为高级的规则时，这个社会就会从初级文明迈向更高级的文明。可见，经济学的学习会加快一个社会文明的进程。

经济学有很多流派，是一个鱼龙混杂的学科，有的学说是误导性的或者说是有害的。显然，“好”的经济学应该是能够帮助我们正确理解世界的经济学。经济现象是人的行动的产物，经济学的出发点应该是真实的、活生生的人。在这方面，奥地利学派经济学是在所有的经济学流派中最为坚定地坚持上述原则的，它把经济学视为人的行动的研究，其代表人物是米塞斯。米塞斯在“人的行动是有目的的”这一公设之上建立了经济学理论体系的大厦，对人的行动所构成的社会做了深刻的揭示。

相比之下，主流经济学中没有人的行动，它建立在服务于均衡目标最大化（理性人）的假设之上。主流经济学用最大化来解释经济现象，如张五常的《经济解释》。虽然这种解释也会给人一些启发，但意义不大，因为重要的是“理解秩序”，而不是“解释某种现象”，和公众利益有关的是秩序，而非特定的某种现象。良好的秩序类似空气，构成每个个体的生存环境。从这个意义上说，秩序也是每个个体的利益所在。不仅如此，用约束条件去解释现象也是有偏差的，因为任何现象都是秩序背景下的产物，而非某些约束条件的产物。只有把现象放到一个大的秩序背景下，我们才能得到更好的解释。

严格地说，芝加哥学派经济学不是真正的经济学，因为它没有提供一套可靠的经济学理论体系，只是用“最大化”来解释现象，而“最大化”不构成经济学本身。人的行动不由约束条件决定，而是更多地取决于人的目标。约束条件不是由经济学家确定的，而是取决于当事人的目标。

经济学的一个重要作用是，让我们不满足于既有的秩序，帮助我们“想象”更好的秩序。这种想象能力也是“好”的秩序得以出现的重要前提。这种秩序的想象能力是中国目前非常欠缺的，经济学的学习可以弥补这一不足。这种想象出来的秩序可能在当下无法实现，但在未来是有可能实现的。它不是乌托邦，因为它是建立在可靠经济学知识之上的。

众所周知，奥地利学派经济学，也可以说是“市场经济学”，会把一个社会往市场经济的方向“拉”，因此在一定程度上会抵消市场经济的反动力量。因此，对于一个决心走市场经济的国家来说，它有着无可比拟的意义。它的理念对任何一个社会来说都是超前的，且这种超前是有必要的，“欲求其中，必求其上”。如果没有超前一点，社会就不会前进一点，所以这种超前实际上是“前瞻”。正如自然科学领域需要新的科学理论来推动技术进步，人类行动构成的社会领域也需要前瞻性的思想来推动社会的进步，奥地利学派经济学提供的正是这样的思想。

普遍的错误认识会造成时代的悲剧。人类历史上的很多灾难是人祸，是错误的认识导致的，比如战争和20世纪很多国家推行的计划经济体制等。一个国家之所以会出现这样的人祸，是因为没有遵循经济学的教诲，采取了背离经济学的政策或制度。我们不能认为这样的人祸今后就不会发生了。如果一个社会违背了经济学的教诲，那么大的危机便已经潜伏在那里了。实际上，当经济学的原则没有得到遵循时，即便没有出现大的灾难，各种看不见的危害也已经产生了。所以，经济学不是可有可无的，那种认为只要有科技的进步就会带来繁荣的观点是完全错误的。

经济学是社会科学的核心，是让世界变得更好的学问。人类的命运在很大程度上取决于人类在多大程度上理解和接受经济学。学习正确的经济学，就是从事有价值的生产性活动；传播正确的经济学，就是做善事。

张是之很勤奋，写了很多文章，这本书精选了其中的50篇，包括方法论、基本原理和现象解释三个部分，体系完整，内容丰富。

读这本书，对学习正确的经济学大有裨益。我很荣幸能够为张是之的这本书写序，我也郑重地把它推荐给读者朋友们。

朱海就

浙江工商大学经济学教授

2020年9月1日于杭州

前　言
为什么要学习经济学

为什么要学习经济学？这个问题的答案因人而异。有的人也许仅仅是高考之后选择了这个专业，有的人也许觉得学习经济学能够帮助自己发财致富。

对于我来说，经济学给了我重新认识世界的一副“眼镜”。这副“眼镜”原来是教科书、生活经验给我的，学习经济学之后，我发现原来还可以这样看世界。经济学的这副“眼镜”让我看到了更多的维度、更多的层次以及更丰富的细节。

从某种程度上说，“学海无涯苦作舟”是错的。因为当真正热爱一个东西、学习一个东西的时候，我并不会觉得“苦”。相反，经济学给我带来的是思维升级、重塑三观的快乐，以及阅读、思考和写作后的充实感和成就感，我相信很多人都有同样的体会。

今天，我们生活在互联网时代，物质资源和文化生活都相对丰富，我们可以享用各种各样的美食，可以自由选择想从事的职业和工作。但就在40多年前，我们父辈所生活的时代，却是一个物资匮乏的时代，衣不蔽体、食不果腹是常态。那个时候，很多学生一毕业就要上山下乡，很多有才华的人只能“按计划”分配工作，没有发挥自己才能的空间。短短几十年的时间，在同一片土地上，人们的生活水平和精神面貌都发生了巨大的变化。我们的国家一定做对了什么，才有了这样的巨变。

如果把视野从中国转向世界，那么我们可以看到，在工业革命之前，世界人均GDP（国内生产总值）长期停滞，人们的生活水平也长期在低水平徘徊。但在工业革命至今的两百多年时间里，世界人均GDP几乎呈现出指数上升的趋势。从汽车、火车到飞机、轮船，从电灯、电话到万物互联，今天人们的生活状态，即使是两百多年前最聪明的人也未必能想象出来。而两百多年只不过是人类漫长历史中的一小段，我们却完成了很多方面质的飞跃。同样，我们人类一定做对了什么，才有了这样的飞跃。

今天的我们比几百年前、几千年前的祖先更聪明吗？好像未必。从文字记录下来的那些先贤的智慧来看，我们今天大多数人的智力水平未必能够超越他们。就连我们最常用的几何学，古希腊数学家欧几里得在公元前3世纪就已经建立起来了。今天的人类并没有变得更聪明，那是什么力量让我们不断地在创造人类奇迹？

我们能够亲身感受到生活水平的提高，能够看到那些历史数据，但这背后，还有一些我们看不到的通常很难想到的原因，而经济学可以给出一个非常好的观察和思考角度。经济学是一门科学，科学是我们认识世界的一整套思维方式。学习经济学不仅能帮助我们重新认识人类历史和人类文明，还有助于我们重新思考我们身边的现实世界是如何运转的。

有篇经典文章叫《铅笔的故事》，你知道一支不起眼的铅笔需要多少人合作生产吗？需要成千上万人合作才能生产出来。一个人穷其一生都很难自己生产出一支同样质量的铅笔，这就是人类合作的力量。

我们能够看得见的是一支普普通通的铅笔，看不见的是背后没有统一指令，却能够让千百万人相互协作的生产样式。从经济学的角度来看人们之间的决策如何相互作用，会极大地丰富我们的认识视角和层次。在我们每个人生活的现实世界中，我们的生活状况不仅取决于我们自己的决策，还和其他人的决策、环境变化相关。理解我们周围世界的运转方式，自然有助于我们做出正确的决策和选择。

比如，劳动合同法影响着我们的合作方式，反垄断法影响着公司之间的竞争方式。但是，劳动合同法真的能保护劳动者吗？反垄断法真的有助于市场良性竞争吗？很多与我们工作生活息息相关的政策法律问题，也许需要我们重新思考和认识。

经济学是一门科学，我们在解释世界的层面要客观、中立，不做价值判断，仅仅回答“是什么”以及“为什么”。比如，要判断一项政策的出台是好是坏，我们要严格停留在科学的边界上，不做好坏判断。

但我们作为个人，从经济学的角度出发，是可以回答“是好还是坏”这一判断问题的。回答的依据之一就是，“政策的实施能否达到它自身所宣称的目的”。假如暂时抛开目的本身伦理上的正义性，政策能够达到它所宣称的目的，那么我们可以说这个政策是好的。如果政策达不到它所宣称的目的，甚至南辕北辙，那么这个时候，我们没法说这个政策是好的。

对于经济学的魅力，我们只有先步入大厦之内再向外看，才能深切体会。我们学习经济学，不是一定要去弄懂复杂的数学公式，更重要的是建立经济学的思维方式，用经济学的视角去分析和解决问题。学好经济学并非那么高不可攀，请你相信我，也相信自己，你只要想学好就一定能学好。

本书分为三部分，第一部分是经济学方法论，第二部分是基本的经济学原理，第三部分则是利用经济学原理来分析日常生活中的经济现象。整本书前后连贯，但每一篇也可以独立成文。所以，你既可以从头看到尾，也可以随时挑选自己感兴趣的文章翻看。

如果本书成功激发了你对经济学的兴趣，那么我强烈建议你按图索骥把参考文献中列出的经典著作找来一读，其中的部分经典著作在我的“一课经济学”精读平台有解读，我也欢迎大家关注我的微信公众号“张是之”（zhang_shi_zhi）。

另外，虽然本书以奥地利学派经济学为主线，但我不希望也不建议大家形成先入为主的偏见，认为哪个学派好或者哪个学派不好。实际上，去掉学派的名字并不影响观点的表达，我写明观点属于哪个学派，主要是方便介绍观点的出处。所以，我的建议是，重点关注理论的论证本身，而不是它属于哪个学派。理论因为逻辑而正确，并不因为学派而正确。

最后，我希望你在阅读本书的过程中，能够感受到思维升级的快乐。

扫码关注“奥派经济学”

扫码加入读者群

扫码领取优惠券可以免费收听本书配套音频

第1部分 经济学方法论

第01讲　方法论问题为什么重要

方法论问题是科学哲学非常重要的内容之一。当我们学习任何科学时，方法论问题都是不应该绕开的重要一环，但囿于教学内容和教师水平，我们少有涉及科学哲学和方法论的学习。所以，我开篇第01讲先给大家介绍一下关于方法论的一些基本知识。

什么是方法论

我们常说“授人以鱼不如授人以渔”，“渔”就是打鱼的方法。如果把这句话放在知识领域，知识本身就是那条“鱼”，而获取知识的方法论就是那个“渔”。方法论最早是一个哲学概念。我们关于“世界是什么、怎么样”的根本观点构成了我们的世界观，而以这种观点为指导去认识世界和改造世界，就成了方法论。

但随着社会的发展和变迁，今天我们对传统方法论的定义，已经有了很大的扩展和丰富。方法论不再仅限于哲学层面，而是进入了更具体的问题处理层面。比如，我们会经常看到管理方法论、营销方法论、创新方法论，还有关于写作或者产品的爆款方法论，等等。

这些方法论，都是在具体的细分领域内对一系列具体问题的研究和系统总结，形成了一套较为系统的关于如何解决问题的一般性原则。经济学的方法论，不同于这一类解决具体问题的经验性总结，我们需要将经济学置于“科学”的大背景下来讨论。我们只有将经济学的研究置于科学的范畴之内，才不会轻易被那些实际上是营销技术、销售手段的细枝末节问题局限。

比如，超市货架如何摆放会在最大程度上促进销量？为什么牛奶装在方盒子里卖，而可乐却装在圆瓶子里卖？为什么有些服务，我们给小费，而有些我们却不给？再比如，用“价格弹性”分析一个商品如何定价才能保证商家的利润最大化，又或者用“拉弗曲线”建模分析如何制定税收政策来保证税收收入的增加。

当然，这些问题并不是说完全没有价值；相反，这些问题有很大的实用价值，甚至可以说，研究这些问题的专家，在收入上很可能要比研究“纯粹的经济学”的人更高。只是这些问题很多时候以“经济学”的面目示人，让人们误以为经济学就是研究这些问题的。这些问题可以在类似《牛奶可乐经济学》的书中找到答案，但本书所要讨论的并不是那一类经济学。

我们要研究的是，作为科学的经济学——具有普遍性和必然性的一般理论，而不是具体的营销策略、定价技巧或者管理方法，所以我们就要用到科学研究上的方法论。关于“什么是科学的问题”，我们将在后面讨论，这里只简单地说明一下经济学方法论的重要性。

经济学家大都重视方法论

经济学的方法论非常重要，很多经济学家都在这个问题上下过不少笔墨，比如莱昂内尔·罗宾斯的《经济科学的性质和意义》、马克·布劳格的《经济学方法论》。芝加哥学派代表人物米尔顿·弗里德曼也专门出版过一本《实证经济学论文集》，这本书第一编导论的标题就是"实证经济学的方法论"，这部分系统介绍了他所认可的经济学方法论。虽然这篇文章不长，但文中所阐明的规则和方法，已经是今天主流经济学的研究基础。

既是芝加哥学派经济学家，也是弗里德曼好朋友的张五常教授在他的《经济解释》中，同样将"科学的方法"作为开篇第一章，阐述他研究经济学的方法论。而在奥地利学派这里，创始人卡尔·门格尔用一本《经济学方法论探究》来探讨经济学的方法论问题，当这本书在中国再版时，书名改为《社会科学方法论探究》。

到了奥地利学派的第三代掌门人路德维希·冯·米塞斯这里，他当时注意到奥地利学派还缺乏一套比较明确的方法论，这在一定程度上削弱了其对抗实证主义经济学的"战斗力"。所以，米塞斯决定打牢经济学的哲学根基和方法论。在巨著《人的行动》第一部分，他用"人的行动科学的认识论问题"来阐述奥地利学派经济学的方法论以及更基础的科学哲学问题。

另外，米塞斯还出版了《理论与历史》、《经济学的最终基础》和《经济学的认识论问题》三本著作，来系统阐明奥地利学派到底是如何认识和研究经济学的。米塞斯的努力，使得奥地利学派经济学的研究更加系统和完整。

而米塞斯的杰出学生穆瑞·罗斯巴德，在《经济学的争论》一书中的整个第一部分也是在谈方法论问题。他从“自由意志的难题”谈起，以“哲学与经济学中的诠释学”结束，再次清晰完整地勾勒出了奥地利学派经济学的方法论根基。当代奥地利学派经济学家汉斯-赫尔曼·霍普也用一本《经济科学与奥地利学派的方法》来阐述经济学的方法论问题。

我们可以看到，以弗里德曼、张五常为代表的芝加哥学派，和以门格尔、米塞斯和罗斯巴德为代表的奥地利学派，都对经济学的方法论极为重视。但同时，即便同为芝加哥学派的代表人物，科斯在方法论上也有很多不同意弗里德曼的地方。他们二人在各自方法论的具体内容上的差别，甚至可以说成是一种“谁也说服不了谁”的鸿沟。

关于弗里德曼和科斯之间的具体差别，我们后面再做专门的讨论和分析。那么，经济学的方法论为什么如此重要？我们可以用中国的一句古话来回答这个问题，那就是“差之毫厘，谬以千里”。

比如，在应对经济周期或者大萧条的问题上，奥地利学派、芝加哥学派和凯恩斯学派有着完全不同的理论解释，最后给出的政策建议也就截然不同。我们在后面也会有专门一讲来分析这个问题。即便是在支持市场经济的大方向上，有很多共识的芝加哥学派和奥地利学派，也在很多具体的观点上有分歧，有时候分歧还很大。而产生这些分歧的根本原因，很有可能深藏在研究经济学的方法论上。

所以，方法论的学习和选择非常重要。选择什么样的研究方法，在很大程度上决定了我们会得出什么样的研究结论。严谨起见，这里也不明确指明哪一个经济学学派的方法论更加高明、更加科学，我希望本书的读者能够在后面的讲解梳理和对具体问题的分析中找到自己的答案。

如何建立自己的方法论

如何建立自己的方法论？我的建议是，我们应该至少建立起两套属于自己的方法论：一是关于经济学的方法论，这也是本书将重点介绍的内容；二是属于自己的学习方法论，这个学习方法论并不局限于经济学，也可以是关于工作、生活等其他方面的。对于经济学本身的方法论，后面会慢慢有所涉及，这里先简单说一下我们在后一种方法论的学习中应该注意的问题。

第一，掌握概念，厘清逻辑。

概念是人类对外在世界认知的一个起点，也是许多前辈不断思考、讨论才在一套体系中确定下来的。概念是基础，也是方向。如果概念被理解错了，前进的基础和方向也就不存在。所以，要想对概念清晰掌握，我们要逐字逐句地去思考和理解，直至全部想透，想明白。

理解和掌握概念有很多途径。有时候，由于体系结构、篇幅限制，有些书未必能把一个概念讲透彻、讲明白。当没有把握清晰地理解和掌握一个概念的时候，我们就要从其他书或者网络等途径来学习和掌握。这个过程其实就是把书读厚的一个过程。

先把书读厚，再将其读薄。读厚，就是要向外延伸，在遇到不懂的概念或术语，以及书中介绍的其他观点、著作和论文时，我们应尽可能地将其找来阅读，融会贯通。读薄，就是在把整座经济学大厦充实起来之后，我们要重新梳理大厦的整体结构，对其知识体系、分析思路了然于胸。

经济学成为一门学科才不过两三百年的时间，正确的经济学逻辑普及程度远不及自然科学，甚至有人认为经济学不是科学。我们经常可以看到错误的经济学理论，所以经济学的启蒙还远远不够。很多时候，我们把相关性误以为因果性，这也是最常见的错误，比如公鸡天亮就打鸣，这在时间上每天都有重合，其中有相关性，但我们知道公鸡打鸣并非天亮的原因。

也就是说，公鸡打鸣与天亮不是因果关系，仅仅是时间上的重合。对于相关性和因果性，很多人是区别不开的。而科学需要解决的问题，恰恰在于弄清事实、厘清逻辑。假如我们与别人进行讨论或者辩论，那么正确的做法很简单，就是从概念、事实和逻辑关系这三个方面展开。我们可以通过书去学习前辈已经给我们总结好的逻辑规律，再通过书去发现真实世界的精彩，这才是经济学的迷人之处。

第二，实事求是，探索真理。

我们几乎每天都能看到或者听到“实事求是”，这四个字太过常见以至我们都熟悉到“视而不见、不求甚解”的程度了。但我们都知道，这四个字其实说易行难。为什么“实事求是”这么难？因为其中的“求是”更难。

“是”的意思是“真”，即真谛、真理、规律或者本质。“求是”是对科学、规律、真理的追求和探究。虽然我们每天都需要跟市场打交道，但是市场的逻辑并不因此而简单好懂。相反，很多逻辑需要经过大量和反复的思考和讨论，甚至要摒除日常经验的干扰，才能彻底地被理解和相信。

“知识让人求实，逻辑让人求是”，这是我长期使用的微信签名。这一点对经济学来说尤其重要，因为单纯的经验知识和单纯的逻辑理论，都未必能够让我们准确把握经济学的要义。而唯有把经验知识与逻辑、历史和理论恰到好处地结合在一起，我们才能够在学习和思考过程中稳扎稳打，一步一进。

第三，边干边学，输入输出。

我们还会常见另外一些话，如“理论结合实践”或者“干中学”。这些在今天看来仍然没有过时，无论是对待经济学还是对待实际工作，我们都应该有这样的一种态度。

很多我们所熟悉的“牛人”，比如巴菲特、芒格，在做投资的同时，也花了大量的时间来阅读。再比如，既是奥地利学派的拥趸，同时也被誉为“西班牙股神”的弗朗西斯科·加西亚·帕拉梅斯，自学成才，通过将奥地利商业周期理论的敏感性与价值投资原则相结合，创新出属于自己的投资方法论，并取得了不俗的成绩。

我们即使不去看这些离我们很遥远的大人物，仔细观察身边做事比较厉害的人，也会发现他们一般都会遵循着“思考—行动—反馈—再思考—再行动”的模式。而如果在这个模式上再加上阅读，那么能够同时在“思考、行动和阅读”这三个方向上努力的人，一定不会太差。一旦形成了自己的一套打法，我们就很容易将这种打法迁移到各种不同的工作中。

中国人有时候会讲究“厚积薄发”，但我认为这种看法有一定程度上的“幸存者偏差”。用“厚积薄发”来赞誉成功人士，更多的是因为他们成功了，是因为我们已经看到了他们的结果。假如从学习和工作的方法论角度来讲，也许我们最重要的不是“厚积薄发”，而是“边积边发”。

一方面，坚持思考、行动和阅读，这是一个知识输入的过程，也是一个经验积累的过程。另一方面同样重要，那就是坚持输出，及时把自己的所思、所做和所读梳理出来。方式可以是和学习工作中的小伙伴进行语言交流，也可以在网上拉个群一起读书讨论，还可以形成文字发表出来。

有时候，我们可以用“输出倒逼输入”的办法来逼迫自己坚持，就像本书一样。虽然很多书我之前都看过，但是为了写书，我需要再次阅读大量的内容。

总之，如果没有及时的反馈，那么我们在学习和工作中都不容易坚持下来。如果我们有一个自己的输出渠道和途径，并且能够尽快带来一些反馈信息的话，我们的进步就会快很多。

这一讲并没有涉及方法论的具体内容，只是简单介绍了一下方法论是什么以及它对经济学的重要性，最后简单介绍了一下我们应该如何在学习和工作中，通过“实事求是、边干边学和输入输出”来建立自己的方法论。

第02讲 什么是科学

在第01讲中，我说要把经济学置于科学的研究范畴内来思考，但只给出这么一个结论显然是不够的。所以，我有必要回答一下“经济学到底是不是一门科学”这个问题。但要回答这个问题，就要先回答一下“什么是科学”的问题。下面，我从科学哲学和科学史两个角度来回答一下这个问题。

科学哲学观的回答

在科学哲学领域的众多著作中，A.F.查尔默斯的综述性著作《科学究竟是什么?》是必读书，也是很多高校的教科书。在这本书里，他介绍了归纳主义、证伪主义、结构主义等几种主要的科学哲学思想。下面就以查尔默斯的综述为主线，对科学哲学领域的几种主要看法做一个提纲挈领的梳理介绍。

归纳主义科学观

归纳主义科学观的核心思想是，科学是从经验事实中推导出来的知识。所谓科学，就是我们常说的“以事实为基础”，然后在这个基础上归纳总结之后，我们可以构建形成一般化的理论知识，并进一步推论出构成知识的定律和理论。

因为在解决很多日常生活、学习中的实际问题时，我们使用的正是这样一种经验积累然后一般化的方式，所以我们很容易理解并接受这种科学观。对于大多数人来说，如果不是因为他们对工作、学习有更进一步的需要，那么他们很容易据此认定"以事实为基础，然后总结归纳出来的知识才是科学"。也就是说，我们很容易形成一种单一的科学观，拒绝其他关于科学范畴的定义。

但是，我们不应成为止步于此的"多数人"，我们要成为进一步思考和质疑的"少数人"。事实上，归纳主义科学观的完整步骤并不是简单的一句"以事实为基础"那么简单，其中既涉及什么是事实的问题，也涉及怎么用事实推导出理论的问题。这两个问题看似简单，但一不留神就会出现"差之毫厘，谬以千里"的问题。

查尔默斯对归纳主义科学观做了进一步拆分：第一，事实是细心和无偏见的观察者通过感官直接获得的；第二，事实是先于理论并且独立于理论的；第三，事实为科学知识构建了一个牢固的和可靠的基础。归纳主义的科学观后来发展出两个学派，即经验主义学派和实证主义学派。

很明显，一个严肃的思考者很容易就能看出归纳主义科学观的问题所在，以事实为基础的"科学"并没有想象的那么简单。我们将这些问题放在后面并结合经济学所面临的问题一起来讨论。

波普尔的证伪主义科学观

证伪主义科学观的核心是，科学是一套可以被事实检验的理论，而且这个理论本身必须是“可证伪”的。“可以被事实检验”很容易被理解和接受，但对于“可证伪”这个特性，恐怕很多人难以理解。“证伪”的意思就是，证明这是错的。那么，“可证伪”为什么还是构成科学的必要条件呢？

“可证伪”的确切含义是，理论要有允许被证明是错的可能性，而不是已经被证明是错的。更进一步来讲，永远无法“被证伪”的理论是绝对正确的理论，那么绝对正确的理论也就成为没有意义的废话。而如果这个理论已经“被证伪”，那么这说明这个理论是错的，需要被抛弃。

而所谓的科学理论，就是那些“可证伪”但是又尚未“被证伪”且暂时经受住了事实检验的理论。证伪主义科学观的提出者是卡尔·波普尔，但与很多人误以为的不同，波普尔并不是一个逻辑实证主义者。相反，他是在反对逻辑实证主义的过程中，形成并发展出了自己的科学哲学观的。

逻辑实证主义者认为，理论知识的来源是可以观察的事实。而波普尔否认了这一点，他认为“观察是受理论指导并且是以理论为前提条件的”，而理论的来源则是人类才智无拘束的猜想或猜测。波普尔认为：“科学是通过试错、猜想和反驳向前发展的，只有适应性最强的理论才能够生存下来。尽管这样的理论不可能永远是合理的，但可以乐观地说，它是可得到的最好的理论，它比以前的任何理论都好。对于证伪主义者来说，不会出现关于归纳的表征和证明的问题，因为按照他们的观点，科学并不涉及归纳。”

波普尔的证伪主义科学观，在当时拥有很大的影响力，并影响了经济学领域。我们在后面的讲解中会看到他既影响了米尔顿·弗里德曼，也影响了张五常。因为证伪主义科学观对经济学的影响很深，所以我会专门用一讲来分析它存在的问题。

库恩的结构主义科学观

结构主义科学观的核心只有两个字：范式。范式是由一些具有普遍性的理论假设、定律以及它们的应用方法构成的，而这些理论假设、定律和应用方法都是某个特定的科学共同体的成员所接受的。范式的作用是，为在它支配的科学中所进行的合理工作确立一些标准，它将协调和指导在范式范围内工作的常规科学家群体“解难题”的活动。

范式概念和结构主义科学观是由托马斯·库恩提出的，按照他的描述，科学进步的方式是这样的：前科学—常规科学—危机—革命—新的常规科学—新的危机。库恩的结构主义科学观有三个明显的特征：第一，研究有自己的“范式”；第二，科学进步具有“革命性”，比如在现代化学诞生以后，人们彻底抛弃了原来用于解释燃烧现象的“燃素说”；第三，研究者是一个科学共同体，而且这个共同体的社会学特征有很重要的作用。

按照库恩的看法，我们看一个研究是不是科学，就要看它有没有自己的“范式”。因而，牛顿力学、经典电磁学可以算是科学，而大部分现代科学没有自己的范式，也就算不上科学。在库恩看来，范式很重要，人们可以在这样一个框架内进行各种研究工作，库恩把这些研究工作叫作“常态科学”。常态科学研究持续积累，就能不断地完善这个范式，从而推动科学的进步。

拉卡托斯的研究纲领科学观

研究纲领科学观的核心是“硬核”和“保护带”。它的提出者伊姆雷·拉卡托斯认为，“可以把一门科学看成是对基本原理的结论依据一定纲领所做的拓展”，而这个基本原理就是一个研究纲领的“硬核”。硬核表现为一些非常一般性的假说，这些假说形成了纲领发展的基础。

比如，哥白尼天文学的硬核是，地球围绕着太阳转，同时还自转；牛顿物理学的硬核就是“运动三大定律”加上万有引力定律。而一个研究纲领只有“硬核”是不够的，还需要用一系列的补充假设加以扩充，以便使它可以做出明确的预测。这些补充硬核的附加假说就是“保护带”。

按照拉卡托斯的观点，“硬核”是不可证伪的，但“保护带”中的假设可以被修改。所有成熟的科学，都要有一个处于“硬核”地位的基础理论，还要有位于“保护带”上的那些辅助理论，它们共同构成一个研究纲领，科学共同体在这个研究纲领下从事科学研究活动。

科学史观的回答

科学哲学观的局限

查尔默斯综述了波普尔、库恩等科学哲学家的观点，一方面回答了以牛顿力学为代表的自然科学为什么是科学的问题，另一方面试图在科学和伪科学之间划出一条清晰的界线。

但是，这个以自然科学为参照对象的划界，存在着明显的局限性。最典型的问题是，在牛顿的经典力学之前，那些人类对知识的探索就不能算是科学了吗？比如数学、几何学，它们至今仍然是构成人类知识大厦不可或缺的重要组成部分的知识体系，算不算是科学？

有种观点认为，数学仅仅是工具，而不是科学，因为数学（包括几何学）仅仅是人类构建的演绎推理，不涉及自然本质。但正如爱因斯坦所说："西方科学的发展是以两个伟大的成就为基础的，即希腊哲学家发明的形式逻辑体系（在欧几里得几何学中）以及（在文艺复兴时期）发现通过系统的实验可能找出因果关系。"

另外，通常被我们认为是天文学家的哥白尼，就自认为是数学家，并把自己的著作看成一本数学专著。他在他的《天体运行论》一书序言中写道："数学的内容是为数学家写的。"因为希腊天文学本质上是一门关于"球面"的几何学。

如果说数学、几何学不是科学，那么彼时的哥白尼和今天的天文学家们，算不算是科学家？所以，仅仅把近现代科学纳入科学研究范畴，而将它存在的基础排除在外，恐怕把科学定义得过于狭隘了。更何况一个不容否定的事实是，现代科学技术大量使用了数学。如果数学不是科学，那么作为工具，它又如何保证那些使用它的物理、化学的科学性?

如果我们单纯从科学哲学角度来回答这个问题，那么我们不仅会陷入一个无休无止的争论中，也会偏离这本书的初衷——主要是讲经济学的。所以，我们不妨换个角度，从科学史的角度来看一下“科学是什么”这个问题。清华大学吴国盛教授在《什么是科学》一书中做了相关梳理。

science的辞源及其演变

我们今天中文所使用的“科学”一词，源自日本对英语单词science的翻译。而在英文中，science首先默指natural science（自然科学），中文的“科学”通常也默指“自然科学”。但是，科学史上的英国大科学家，从波义耳、牛顿、卡文迪许到19世纪的道尔顿，都没有自称也没有被认为是从事science研究的，更没有自认为或被称为是scientist（科学家）的。

这些现在被我们尊为伟大科学家的人当时被称为“自然哲学家”（natural philosopher）或“哲学家”（philosopher），从事的是哲学（philosophy）工作。比如，牛顿的伟大著作是《自然哲学的数学原理》（*Mathematical Principles of Natural Philosophy*，1687），道尔顿的著作是《化学哲学的新体系》（*New System of Chemical Philosophy*，1808）。

1833年，在英国科学促进会于剑桥召开的会议上，英国科学史家和科学哲学家休厄尔仿照artist（艺术家）发明了scientist一词，用来指称新兴的像法拉第这样的职业科学家。

尽管法拉第本人，还有后来的开尔文、赫胥黎这样的大科学家，都不喜欢“科学”这个词的狭隘含义，也不愿意被称为“科学家”，而更愿意像他们的前辈们那样自称“自然哲学家”，但是19世纪后半叶自然科学的专业化、职业化已成定局，自然科学最终从哲学母体中脱离出来独自前行。

随着scientist一词被接受，science一词才开始替代了从前的natural philosophy，被用来指代分科化的、职业化的、实验的科学。所以，我们看到，即使在英语世界，science的广泛使用到今天也就150年左右的时间。这150年，正是“现代科学”完成建制化从而独立发展的150年。

这里所谓的“现代科学”，是指相对于希腊理性科学而言的现代实验科学、经验科学，相对于古代纯粹科学而言的现代应用科学、技术科学（techno-science），相对于“哲学”而言的狭义“科学”。但我们都知道，罗马不是一天建成的，科学的进步也不是突然发生的。我们仅仅把科学追溯到现代科学这里，明显忽略了人类在此之前对于理性和知识的探索和追求。

吴国盛教授把人类对于理性与知识的探索和追求的传统称为理知传统（rational-intellectual tradition）。从用语上说，代表这个理知传统的是希腊文episteme和拉丁文scientia。德文wissenschaft保留了episteme和scientia的完整意义，是这两个古典术语在现代的忠实翻译。它并不优先指向“自然科学”，但也没有像汉语的“知识”那样被泛化、淡化到包括普通经验，而是那种系统的具有确定性和可靠性的知识。

从词源的追溯来看，episteme、scientia、wissenschaft表达的是对事物系统的理性探究，是确定性、可靠性知识的体系。这是西方思想传统中历史最悠久、影响最深远的“科学”传统。

吴国盛教授通过辞源考辨给出了西方科学的两个传统：一个是历史悠久的理知传统，另一个是现代出现的数理实验科学、精确科学的传统。很显然，前一个是大传统，后一个是小传统；前一个是西方文化区别于非西方文化的大传统，后一个是西方现代区别于西方古代的小传统。毫无疑问，后一个小传统仍然属于前一个大传统。

这个意义上的“科学”，在古希腊，包括数学和哲学两大科目；在中世纪，加上了神学；在现代，又加上了现代科学，即英语和法语“科学”所指的东西。现代科学吸纳了数学，剔除了神学，取代了自然哲学，成为“科学”家族中的新兴大户，但它仍然属于整个西方的广义科学传统，即理知传统。

希腊科学精神的影响

我们经常会听到“实践出真知”“实践是检验真理的唯一标准”这样的表述，但是古希腊的那些先哲并不这么认为。他们明确回答：一切真知识都必定是出自自身的内在性知识，来自外部经验的不算真知识，只能算意见。

什么是真知识，什么又是内在性知识？这就要说到希腊科学的演绎特征。演绎科学注重内在推理，并不注重解决具体应用的实践问题。它是一种保真推理，也就是只要前提正确、结论必定正确的一种推理形式。最典型的是“三段论”推理，由大前提、小前提和结论组成。如果大前提和小前提是真的，那么其推出的结论必然也是真的。比如那个著名的三段论：大前提，人都会死；小前提，苏格拉底是人；结论，苏格拉底会死。

演绎推理是一个由一般向特殊的过程，“人都会死”是一个一般化的描述，但“苏格拉底会死”就是一个特殊的结论了。但是，我们可以看到，这个看似特殊的结论判断已经包含在前提中。因此，我们很容易把这种推理当成没用的“废话”。但是，只有这样的废话才能“永恒正确”。为了寻求“永恒正确”，古希腊几代哲学家专门研究各种“废话”。

那么问题来了，各种“废话”何以能够构成我们的“知识”？演绎推理貌似在重复一些废话，但希腊的演绎科学的确提供了“新知”。比如代表希腊古典时代科学精神的《几何原本》，就是以这样的方式构建出了几何学的知识大厦。这个大厦至今仍被我们研究学习，并且成功地指导了我们各种各样的实践工作。虽然《几何原本》成功地指导了实践工作，但它本身并不涉及经验观测，实践也无法构成对它的检验，因为它的整个演绎推理过程决定了它“永恒正确”。

演绎推理是由一般向个别推进的，因而展示了多样性，就此而言是提供了“新知”的。但是，你可以说这些“新知”其实并不“新”，实际上它们已经蕴含于事物本身，是一些不为我们所知的“旧知”。但因为这些“旧知”被掩盖和遮蔽，我们需要不断地通过推理、证明和演绎这样的思考过程，让它们“呈现”出来。希腊人的知识构建就是通过这种推理、证明和演绎进行的。希腊理性科学形成了西方科学的大传统，其精神气质贯穿了西方文明发展的始终，为现代西方科学所继承。我们可以把希腊理性科学的精神称为“科学精神”。

吴国盛教授总结道：“什么是科学精神？现在我们可以说，科学精神是一种特别属于希腊文明的思维方式。它不考虑知识的实用性和功利性，只关注知识本身的确定性，关注真理的自主、自足和内在推演。科学精神源于希腊自由的人性理想。科学精神就是理性精神，就是自由的精神。”科学的分类如表2-1所示。

表2-1　科学的分类

	形式科学	经验科学
典型代表	逻辑学、数学、几何学、经济学（奥地利学派）	物理学、化学、生物学、新古典经济学
研究方法	内省，对人类意识的反思，推理论证	提出假设，经验观察，回归分析，经验验证
知识的起点	公理（人的思维无法提出与其相反的命题，比如“人的行动是有目的的”这个命题，当你提出说要否定这个命题的时候，你却用你的行动证实了这个命题的正确性，因为你的目的就是要否定这个命题，你是在进行有目的的行动）	假设（可以被经验推翻的假设，比如波普尔的可证伪理论。命题要成为科学的命题，首先必须可以允许被证伪，这是谦虚的姿态，同时又必须满足尚未被证伪，也就是还没有被推翻。命题随时有被推翻的可能性，但在没有被推翻之前就是科学）
通俗的理解	描述的是人类的心智结构，即操作系统	描述的是输入操作系统的待处理文档数据

这一讲用了很大的篇幅和笔墨，从科学哲学和科学史的角度来分析“什么是科学”的问题。从科学哲学角度来说，科学主要指的是以物理学为代表的近代科学、经验科学。而从科学史角度来说，科学还包括了以演绎数学和形式逻辑为代表的形式科学。从思想演变角度来看，近代科学也不是一蹴而就、突然到来的，而是继承了希腊科学的理性传统，加上现代精确测量技术的发展，才取得了今天的地位和成就。

上述都是从科学研究过程来看的，而从研究内容来看，科学是在追求、探索和发现那些普遍必然为真的东西。这种普遍性和必然性不因国界、种族或者文化而改变。而对于经济学来说，什么是科学的问题绝非无关紧要。恰恰相反，正如你即将看到的，它是一个非常关键的问题。

第03讲　经济学是一门科学吗

前面用了一讲的篇幅来讨论“什么是科学”的问题，这一讲就来回答“经济学是不是科学”的问题。其实，回答这个问题，是为了更好地回答另外一个对经济学的诘问：“你们的分析很有逻辑、很有道理，但世界上并没有哪个国家真正地实行了完全的自由市场经济，这是为什么？”

科学常用的两个推理方法

在简要回答了“什么是科学”的问题之后，我们还需简要了解一下科学研究中常用的两类方法，也就是实验方法和推理方法，其中推理方法主要包括归纳推理和演绎推理。

归纳推理是一种由特殊到一般的推理，是将特殊陈述上升为一般陈述（或定律、定理、原理）的方法。比如，早期的生物学家通过观察发现所有的天鹅都是白色的，于是他们得出了一个结论：“所有的天鹅都是白色的。”他们所看到的每一只天鹅都是一个特殊的现象，他们看得多了，总结出的“天鹅是白色的”就是一个一般化的结论。这个过程就是一个归纳的过程。很多经验科学源于观察和实验，把大量的原始记录归纳为一般化的定律定理，形成秩序井然的知识体系，这就是经验科学形成的过程。

而与归纳推理相对应的是演绎推理，它是一种从一般到特殊的推理，从一般化的陈述中（比如公理）推导出特殊化的陈述，反映了论据与论点之间由一般到个别的逻辑关系。比如上一讲我们说的例子：人都会死，苏格拉底是人，所以苏格拉底会死。这就是一个典型的大前提、小前提和结论的“三段论”推理。这个过程是一种确定性推理，也就是保真推理，只要大前提和小前提是真的，那么结论也一定为真。

作为科学的经济学

在经济学的研究过程中，上述两种方法都有被使用。无论是从科学哲学角度来看，还是从科学史角度来看，我们都可以明确地回答：经济学是一门科学。无论是强调实证主义且以芝加哥学派为代表的新古典经济学，还是强调演绎推理的奥地利学派经济学，都用各自的方法建立起了自己的研究范式和知识体系，并且形成了科学共同体，用规范化的科学语言推动这个学科的进步。

科学的经济学，就要和数学、物理、化学一样。在分析问题的时候，我们不能掺入主观的价值判断，也就是不能回答“应该是什么”的问题，而只聚焦于回答“为什么”的问题。数理化在这一点上很容易做到，比如物理学并不会回答“应不应该”制造永动机的问题，它只聚焦于从物理学的基本原理出发来看永动机“能不能”被制造出来。即使有的物理学家执着地认为应该去制造永动机，我们对物理学的认识通常也不会受到他们的影响。

但是，经济学在这一点上就很难处理了。一方面，科学的经济学的研究对象就是人类自身。当试图在不同的现象之间建立起因果关系的时候，我们很难避免掺入个人的主观因素。另一方面，经济学家在研究社会现象的时候，不可避免地会对某些政策提出批评。当然，更多的情况是，很多经济学家是以政策的制定者或者支持者的身份出现的。经济学家这样的多重身份，给很多人认识和理解经济现象之间的因果关系带来了诸多的障碍和麻烦。

要破除这些障碍，我们就必须无视其身份，始终用科学的态度来区分哪些经济学家的话是作为科学的探讨出现的，哪些又是作为政策的支持和批评出现的。也只有做这样的区分，我们才能够在诸多的观点中形成自己的判断，从而知道谁是真正的经济学家。我们才能不被各种耀眼的光环欺骗，因为很多经济学家的理论很容易被误以为像自然科学奖项那样无可置疑。

罗宾逊夫人曾说："我学经济学，就是为了不受经济学家的欺骗！"这句话说得很对，包括诺贝尔经济学奖在内，我们不要因为经济学家的光环而轻信他们的理论，而要去考察理论中的逻辑，根据逻辑来判断一个理论的真假。这也是我对本书读者的建议。

经济学不是施政纲领

物理学家用物理学知识告诉我们，只有遵守那些正确的物理学理论，我们才能制造出我们需要的各种工具设备，才能达到我们的目的。几何学家用几何学的知识告诉我们，只有遵从基本的几何原理，我们才能够做到“万丈高楼平地起”，才能够保证高楼的质量。经济学家同样以严谨的科学态度，用经济学的知识告诉我们，只有遵从那些正确的经济学原理，我们才能够达到我们想要实现的目标。

假如我们的目标是改善和提高人们在衣、食、住、行等各个方面的生活水平，那么经济学家可以利用经济学的理论告诉我们，只有自由市场能够实现这个目标——这是经济学通过对目标和手段之间的因果关系进行严谨的逻辑推理所得出的结论。没有人会向物理学家、几何学家发问：“你们的物理学理论、几何原理这么好，世界上有哪个国家彻底地实行了你们的原理了吗？”但是，一定会有人这样来质问经济学家。通常的问题是：“你们的分析很有逻辑、很有道理，但世界上并没有哪个国家真正地实行了完全的自由市场经济，这是为什么？”

应该说，提问题的人没有把经济学当作科学，而是把经济学当成了政治的延伸、施政纲领，所以他们才会提出这样的问题。但很明显，经济学是科学，而不是施政纲领。科学有科学的规律，我们如果违背了科学规律，就会受到科学规律本身的惩罚，惩罚带来的后果并不会否定科学规律。一台机器因为设计制造失误而无法成功运转，没有人会去质疑设计师所必须遵循的物理学；一栋大楼因为设计失误而坍塌，没有人会去质疑设计师所必须掌握的几何学；但一个国家或者地区因为经济政策的失误而导致人们生活艰难，一定会有人指责这是经济学错了。

不管懂不懂牛顿定律，你可能都会骑自行车。骑自行车摔倒并没有违反牛顿定律，只是破坏了原来骑车正常行驶过程中的平衡条件。骑车摔倒了，并不能证明牛顿定律错了，只能证明你骑车技术不行。科学规律一直都在那里，不管你知道不知道。经济学和其他科学一样，所揭示的也是一直存在但不为人知的规律。

经济学和物理学都是一个发现的过程，只是发现物理学规律的是牛顿、爱因斯坦、普朗克等人，而发现经济学规律的是亚当·斯密、门格尔和米塞斯等人。一个国家或者地区的领导人，懂不懂经济学或者奥地利学派经济学都没有关系，但他的决策以及他所采取的施政纲领，必定会和科学、经济学相关联。这种关联并不在于其表面请了多少知名的经济学家来参与论证，而在于最终的实施效果，即施政纲领和经济学这个科学轨道是越来越近还是越来越远。

经济学可以通过论证推理得出：自由市场更多一些，社会生活就会更加繁荣；相反，自由市场更少一些，社会生活就会更加萧条。恪守科学边界的经济学家，只能通过论证来给出一些目的和手段之间的因果关系。经济学家无法左右，也无法确切知道的是，政策的制定者到底是希望自己管辖范围内的人一起过上“楼上楼下，电灯电话”的好日子，还是为了维持某种权利或者意识形态的稳定而宁愿“养鸭子不能超过三只”。

不同地区在同一时间实施不同的政策会有不同的结果，比如今天的朝鲜和韩国，曾经的民主德国和联邦德国，以及今天深受通货膨胀之苦的委内瑞拉和津巴布韦。同一地区在不同时间实施不同的政策，同样也会有不同的结果，比如改革开放之前和之后的中华大地。

在通常情况下，我们会默认或者假设经济学家和大多数人一样，更希望社会繁荣、和平、稳定。所以，大多时候，真正的经济学家会呼吁减少管制，呼吁给市场更多的自由，但这样的呼吁通常会湮没在每次新闻热点背后那些加强监管的“群众呼声”之中。如果有加强监管的群众基础，经济学家就有相应的配套政策，所以我们就会看到，有的经济学家善于给政策背书，善于为政策寻找学理依据。但这种做法显然不能使他们成为合格的经济学家，他们只不过是假借了经济学家的身份，利用经济学来给政策做辩护而已。

还有一些经济学家恪守本分，利用经济学基本原理，指出政策可能带来哪些后果。很显然，这种分析通常不受欢迎。而一旦政策失败，经济学家往往又是“背锅”的人。我们能画出一个绝对的、真正的直角三角形吗？不能。我们能画出或者制作出一个真正的圆吗？不能。但这并不是因为勾股定理或者几何学错了。我们能否找到一个真正的自由市场国家？也不能，美国也不是绝对的自由市场国家。但同样，这也不是说经济学就错了。

我们无法画出绝对的直角三角形或者圆，但这并不妨碍我们用这些知识来指导生产实践，修建需要直角的高楼大厦，以及制造需要圆形的轮胎、轴承，等等。一个轮胎不可能是绝对的圆形，但它越接近圆形，就越能发挥轮胎的作用。

同理，也许我们无法找到甚至无法建立一个绝对自由市场的国度，但这既不妨碍经济学理论的正确性，也不妨碍我们用这样的理论来指导我们的政策。经济学不是施政纲领，如果政治家不把经济规律当科学，一定要制定违逆繁荣规律的政策，那么科学和科学家也拿他们没有办法。

如果政治家愿意，那么他们可以利用经济学来寻找正确的政策方向；如果人民愿意，那么他们可以用经济学来纠正错误，让错误的政策失去群众基础，遭到唾弃。但前提是，他们愿意把经济学当作科学。从现实来看，物理学、几何学的普及是成功的。而对于经济学来说，科学远未普及。

这一讲简要介绍了归纳推理和演绎推理这两种科学研究的主要方法，同时明确了经济学作为一门科学的地位，另外回答了一个经济学经常被诘问的难题，即经济学家对于政府政策的态度和看法的问题。只有看清楚了经济学的科学属性，我们才不会把经济学的理论和现实中的政策相混淆。

第04讲　波普尔的可证伪性和经济学有什么关系

经济学是一门科学，科学就要有科学的研究方法。在正式进入经济学研究的方法论之前，我们先来了解一下波普尔和他提出的科学理论要求具备“可证伪性”。而这个“可证伪性”，在经济学上产生了深远的影响。

波普尔及其主要观点

波普尔是出生于奥地利的犹太人，于1928年获维也纳大学哲学博士学位，于1949年出任伦敦政治经济学院逻辑和科学方法讲座教授。

波普尔认为，科学发现是一个“猜想和反驳”的过程。科学家根据问题，大胆进行猜想，努力按照可证伪度高的要求提出假说，这样的假说具有较多的真性内容，这里无须经验参与。尝试性的理论（假说）在提出后，就进入反驳阶段，这时科学家要根据经验，按确认度高的要求排除错误，从而保证所接受的理论假性内容减少或不增加。这样，通过“猜想-反驳”，科学发现便获致逼真度高的理论。

波普尔还分别为猜想和反驳制定了具体的方法论原理。猜想的原理包括四点：第一，理论不始于观察，观察中渗透着理论；第二，形而上学起重要作用；第三，科学发现的心理学；第四，猜想应满足简单性、可独立检验性和不会很快就被证伪这三个要求。反驳的原理可归结为三点：批判、排除错误和判决性实验。

波普尔认为，现代自然科学革命表明，科学的精神是批判，也就是不断推翻旧理论，不断做出新发现，而科学发现是理性的活动，无须新的经验参与。也就是说，科学就是理性不断做出的假说，而这些假说不断遭到批判，即被证伪。

他认为，科学和非科学的“划界标准”不是逻辑实证主义的“可证实性”证据，而应当是他所谓的“可证伪性”证据。他用“可证伪性”在科学与伪科学之间划出了一条界线，不具备“可证伪性”的理论看似绝对正确，但实际上是一种无用的伪科学。只有可证伪的陈述才是科学的陈述，陈述包含的内容越多，就越可能被证伪，这个陈述的可证伪度就越高。

可证伪性的局限

事实未必能够证伪一个理论

因为局限于认知水平，我们对事实的认识本身可能会存在偏差，认为事实证伪了某个理论需要的前提是，我们正确地理解了这个事实。比如，在“日心说”提出之前，人们都认为地球处在宇宙的中央，并且是静止不动的。但按照哥白尼的观点，地球围绕着太阳运动，而且还围绕着地轴自转，根本就不是静止的。按照波普尔的要求，哥白尼的理论是符合可证伪的要求的，如果被证伪的证据没有出现，我们就应该暂时接受它。

但在当时，恰恰就有人能够拿出证据来反对哥白尼的观点。这个证据是这样的：一个人跑到一座高塔上，然后从塔顶往下扔一块石头，如果地球会自转的话，那么等到石头落到地上的时候，这个塔已经跟着地球转动了一点，所以石头肯定不会落在塔的地基上。但实际上，石头当然是落在塔的地基上的。这样的事实明显证伪了哥白尼“地球是运动的”这样的观点。

受限于观测条件和理论水平，当时的人们既没有惯性这样的概念，也无法从外太空来观测地球的运动情况，只能从传统的视觉经验上进行直观感知“石头还是落在塔底”这样一个事实，得出地球是静止的结论。这样的事实根据人们当时的直观经验看上去的确构成了对理论的否定，但我们今天知道这个事实并不构成对哥白尼理论的证伪。

问题是：我们在能够完整地、更准确地理解这样的事实之前，要不要轻易就否定一个理论呢？我们所发现的事实到底是怎样的一个事实？一个理论是看上去被证伪了还是真的被证伪了？对于这样的问题，当时的哥白尼需要面对，今天的任何一个新理论都要面对。

修正理论而不是抛弃理论

提出纲领主义科学观的拉卡托斯认为，波普尔的证伪主义是“朴素证伪主义”，他认为科学理论不会因为被观察直接证伪，并不存在波普尔所谓的“判决性实验”。比如，波普尔认为，水星近日点扰动作为判决性实验，证伪了牛顿力学，支持了爱因斯坦的相对论。但拉卡托斯提出，如果当时没有相对论，科学家发现行星P的运行与计算不符合，那么这样的观察也并不会立即证伪原先的牛顿力学。

因为科学家可以认为在行星P的附近可能有新行星P′，只是因为新行星比较小，无法由现有的天文望远镜观测到。于是，他们申请经费，建造更大的望远镜，去寻找新行星（在科学史上，海王星就是这样发现的）。

如果科学家没有发现新行星，那么这也不意味着牛顿力学被证伪。因为科学家还能设想其实小行星是存在的，只不过小行星被附近的宇宙尘埃遮盖，以至我们无法观察到。他们建议发射卫星，以避开宇宙尘埃。如果结果还是不如人愿，那么科学家也未必会放弃牛顿力学，他们还可以借口观测受到了电磁场的干扰，以至出现偏差。以此类推，直至无穷。

也就是说，波普尔所谓的“判决性实验”在很多场合和科学研究中，并不会直接用来证伪理论，科学家常常会先修正理论。这一点其实和前面有些类似。

想要证伪，先要证实

波普尔强调可证伪原则是科学与伪科学的划界标准，而非认知意义的判断标准。科学命题通常是以全称命题的形式出现的，因此是可证伪的。比如，最常见的例子是“天鹅都是白色的”，你要想证实这个理论是很困难的，因为你永远无法观察到所有的天鹅。但是，这个理论是可证伪的，只要你发现一只黑天鹅，这个理论就立刻被证伪了。后来，人们真的就发现了黑天鹅。

但是蒯因对此提出了异议，他认为有些全称命题的内在形式比较复杂，也可能无法证伪。比如“所有人都会死”，这一陈述是无法证实的，因为我们无法检查无限多的人。但这一陈述可以被证伪吗？

理论上，我们似乎可以找到一个反例，比如我们可以假想能够找到一个不会死的张三，这样就会证伪“所有人都会死”这个理论。如果我们真要找到这样的反例，那么我们便要以另外一种证实为前提，因为我们需要证实“对于所有时间，张三都是活着的”。这等于要证实一个严格全称命题，很显然这是无法完成的。所以，“所有人都会死”这个命题，既无法证实，也无法证伪。

科学家有时候并不诚实

拉卡托斯还认为，波普尔提出的划界标准，不是划分科学理论和伪科学理论的标准，而是划分科学态度和非科学态度的标准。拉卡托斯批评波普尔的朴素证伪主义不符合实际的科学研究，因为科学家有时候是厚脸皮的：当理论和观察结果相冲突时，科学家总能提出辅助性假说，避免科学理论被观察实验证伪；或者，他们干脆忽略这些反常现象，转而研究其他问题。

华盛顿大学科学史研究中心创建者霍勒斯·弗里兰·贾德森写了一本书《大背叛：科学中的欺诈》，回顾了在科研领域的那些行为不端的经典事件和近年来的案例，揭示了相当惊人的学术界造假历史。事实上，这种不严格遵循科学规范的行为在科学界仍然相对普遍，远比我们误以为科学界是一片净土要复杂得多。

其中包括：我们熟知的《物种起源》的作者达尔文，在另外一本著作《人与动物情绪的表达》中将照片造假；我们今天还在使用的巴氏灭菌法的发明人、法国细菌学家路易斯·巴斯德的狂犬病疫苗试验造假；1923年诺贝尔物理学奖得主密立根，在发表论文时剔除了几乎一半不符合预期的数据；德国生物学家恩斯特·黑克尔伪造素描图片以支持他所提出的“胚胎重演律”，误导了胚胎学家几十年；精神分析法的创始人弗洛伊德在《一个幼儿神经症患者的病史》一文中对病人长期控制和造假；英国教育心理学家西里尔·伯特在对孪生子的研究上，发表论文《论智力观念的证据》，不仅数据是假的，就连伯特的助手也是不存在的，英国医学记者奥利弗·吉利发文揭露，那些数据都是根据结论拼凑出来的。

可证伪和经济学的关系

波普尔的影响力主要来自他对科学哲学的影响，但他对经济学也产生了深远的影响，这里有两个比较有意思的事情。

一个是以芝加哥学派为代表的新古典主义经济学，在方法论上的渊源是以卡尔纳普为代表的逻辑实证主义，同时又强调可证伪的重要性。

虽然弗里德曼在他那篇著名的《实证经济学的方法论》的正文和注释没有明确指出他是受波普尔影响的，但其中一段论述强调了可证伪的重要性。张五常教授在《经济解释》第一卷中花了很大篇幅来说明什么是可证伪，以及可证伪的重要性。不了解波普尔完整观点的人，很可能会误以为波普尔也是一个逻辑实证主义者。然而，事实恰恰相反，波普尔科学哲学的提出，恰恰是针对逻辑实证主义的。一句话，波普尔本人并不是一个逻辑实证主义者。

另外一个比较有意思的事是，波普尔和奥地利学派经济学家哈耶克是大半生的亲密朋友，正是在哈耶克的推动和努力下，波普尔才得到了伦敦政治经济学院的教职。在波普尔到任的第二年，哈耶克动身前往美国芝加哥大学。但当时的芝加哥大学经济系却拒绝哈耶克在经济系任教，最后他只能担任芝加哥大学社会思想委员会的教授。波普尔没有到芝加哥大学任教过，但他的可证伪性的理论要求却在芝加哥学派落地生根。

弗里德曼关于经济理论可证伪性的观点是这样的："作为一套实质性假说，理论应该用其对它旨在加以'解释'的那类现象的预测能力来检验。只有事实证据才能表明理论是'对'还是'错'，或者说得更清楚一些，是可以作为暂时正确'被接受'还是'被否定'。……检验一种假说有效性的唯一办法是，看这一假说的预测与经验是否相符。如果这一假说的预测（'经常地'或是比另一种假说的预测更多地）与经验相矛盾，这种假说就会被否定；不矛盾，就会得到承认；要是在很多情况下都不矛盾，人们就会对它非常有信心。事实证据从来不能'证明'一种假说，而只能无法证伪。一般而言，当我们不大准确地说这个假说已经得到经验'证实'的时候，我们说的就是这个意思。"

对于理论的证伪性要求本身，其在自然科学领域遇到的局限性问题在经济学领域显得尤为突出。我们可以用两个非常典型的实际问题来理解这种局限性，一个是最低工资问题，另一个是苏联的计划经济问题。之所以选择这两个问题，是因为无论是强调逻辑实证和可证伪的芝加哥学派，还是强调演绎推理和不可证伪的奥地利学派，在这两个问题上，都有着鲜明而且一致的态度。这两个学派都明确反对最低工资制度，同时在关于计划经济的大论战中也都明确反对计划经济制度。

众所周知，弗里德曼反对最低工资制度的态度是非常坚定的，他坚持认为最低工资制度会造成更多的失业。这种观点在美国必然会有反对声音，反对者认为最低工资制度是一种保障，不仅不会造成失业，相反还会增加就业。于是，双方开启了长达几十年的论战，至今仍然是谁都无法说服谁。

长期反对最低工资制度的经济学家戴维·纽马克和威廉·瓦舍于2006年对超过百篇实证论文进行综述研究，虽然这些论文的研究结果各异，但他们的结论是，证明最低工资标准的提高增加了失业的证据占多数。另外，也会有经济学家宣称，最低工资的提高对于就业并无显著影响。也就是在某种程度上，最低工资制度没有显著减少工作数量，还让工人赚得更多了。

支持最低工资制度的学者，同样秉持着逻辑实证主义的方法，通过大量的统计数据企图“证伪”弗里德曼的观点。这些数据可以统计得非常详尽，可以在不同国家或地区的失业率和最低工资制度实施的时间上建立高度的相关性，然后可以用模型和数据回归来建立看上去非常严谨的科学分析，让论文和观点看上去都非常具有“科学性”。于是，这样的证据好像的确对弗里德曼的观点构成了证伪的证据。

然而，真的是这样吗？正如我们前面所说的，在哥白尼提出“地球是运动的”这个假说之后，有人用“在高塔上扔石头，石头仍然落在高塔脚下”的“事实”来“证伪”哥白尼的假设，今天我们都知道是惯性导致了看上去的“静止”。那么，当弗里德曼的反对者，用翔实的统计数据指出在最低工资制度出台之后，就业率不降反升的“事实”时，弗里德曼该如何反驳呢？

弗里德曼可以说，虽然某个国家或地区的确实施了最低工资制度，但在实施和统计数据的这段时间，恰恰发生了重大的技术进步，比如互联网时代的到来，于是造就了更多的就业岗位，从而掩盖了最低工资制度所带来的负面影响。他还可以说，可能政府同时实施了减税政策；也可能这些地方恰好像中国改革开放一样，放松了对市场的管制，市场重新获得了交易的自由，带来了更多的就业机会。这些同样可以对冲最低工资制度的影响。

这样的反驳都符合弗里德曼支持自由市场经济制度的基本立场，但是弗里德曼一旦做出这样的反驳，实际上就是对他最开始的理论做出了修正，需要排除其他因素的影响和干预，而那些支持最低工资制度的人会轻易就此罢休吗？这恰恰就是拉卡托斯所指出的，科学理论不会因为被观察直接证伪，并没有波普尔说的“判决性实验”。因为在很多场合和科学研究中，即使出现了看上去的“判决性实验结果”，科学家们常常也会先修正理论。

另外，不要忘记，经济学家也是人，经济学家找来的统计数据也是通过他人统计上来的。既然是人，就有可能在某些时候并不那么诚实。即便是在自然科学领域进行数据统计的时候，人们有时也会选择性地使用那些支持自己理论的数据，而忽略一些相反的数据，或者干脆避而不谈，转而研究其他问题。

那么，经济学家同样会面临这个问题。经济学家有时候也未必会如实地、完整地统计数据，或者说有可能使用那些对自己有利的证据，那么这样的证据是否能够作为"证伪"的证据来采信呢？如果采信，一个理论可能就会瞬间被证伪；而如果不采信，那么我们又该如何指出其中数据本身的错误呢？

这样的问题不仅出现在最低工资制度这样的具体问题上，还会出现在关于计划经济是否可行这样大的方向性问题上。在这个问题上，秉持逻辑实证主义的反对计划经济阵营，却在很长时间内饱受苏联经济数据的打击。如果按照弗里德曼所说的"只有事实证据才能表明理论是'对'还是'错'"，那么可以说在某种程度上，苏联的经济数据在很长时间内的确构成了对那些反对计划经济、支持市场经济制度者理论的"证伪"。

最典型的莫过于美国第一个诺贝尔经济学奖得主保罗·萨缪尔森，他直到1989年还在那本畅销全球的教科书《经济学》中声称，苏联的经济模式比美国的市场经济更加优越。萨缪尔森甚至一再预言苏联的计划经济会在1997年全面赶超美国的市场经济。

直到苏联解体，这才打破了人们对苏联计划经济模式的迷信，让人们看清楚了其中的问题。后来，萨缪尔森在《经济学》的后续版本中，偷偷删掉了书中赞扬苏联经济的那些话，而不是保留并加以说明和修正。从这点来看，萨缪尔森并不诚实。

萨缪尔森持续跟踪苏联的经济状况，阅读了许多苏联的统计资料。他的工作可以被认为既是对计划经济制度可行性的证实和支持，又是对包括弗里德曼在内的自由市场制度支持理论的证伪。如果弗里德曼只能和萨缪尔森一样，通过苏联的官方渠道获得那些经济统计数据，那么弗里德曼该如何用他的实证主义方法来反驳萨缪尔森对计划经济的那些赞扬呢?

计划经济的问题再一次彻底暴露了波普尔对科学理论具备可证伪性要求的局限所在。所以，我们看到，可证伪性在经济学领域的研究上有着和自然科学同样的问题，既要面对不同人对不同“事实”的理解，也要面对随时可能出现的统计偏差。当我们坚持认为关键的证伪性证据已经出现时，反对者完全可以找到关键性证据来支持自己的观点。所以，可以说，“可证伪”对经济学的要求，几乎无法找到类似于“黑天鹅”证伪“天鹅都是白色的”那样的决定性证据。

这一讲简要概述了波普尔的理论贡献，重点介绍了他的可证伪理论及其在自然科学研究上的局限性，最后介绍了可证伪性在经济学上必然面对的种种问题，造成“证伪”这个过程不可能，导致经济学家在最低工资制度这样看似简单的问题上至今无法形成一致意见。

所以，我在一定程度上赞同拉卡托斯的观点：波普尔提出的划界标准，不是划分科学理论和伪科学理论的标准，而是划分科学态度和非科学态度的标准。从芝加哥学派的角度来看，一个经济学家应该以诚实的态度面对自己的理论被证伪，同时也不妨抱有一个允许自己理论存在可证伪的谦虚态度。但如果我们从奥地利学派的角度来看，那么这可能又是另外一回事，这是后话。

第05讲　来自芝加哥学派内部的方法论争议

我在上一讲介绍了波普尔的可证伪性，可证伪性和经济学之间的关系，以及可证伪性所面临的局限，这一讲我们就来看一看波普尔的理论是如何影响芝加哥学派经济学方法论的。但是，即便在芝加哥学派内部，也存在着不同的看法。所以，我重点介绍三位颇具影响力又有很强代表性的经济学家的观点：一位是米尔顿·弗里德曼，一位是罗纳德·科斯，另外一位则是张五常。

弗里德曼的实证经济学方法论

弗里德曼在1953年发表的《实证经济学的方法论》一文中系统阐述了他的方法论，他认为经济学与物理学类似，是一门实证科学。而实证科学的最终目的是，要发展出一套理论或假说，能对尚未观察到的现象做出正确的预测。我们都知道，物理学很多时候需要进行可控实验来检验一个理论，而经济学无法做这样的可控实验。但在弗里德曼看来，这并不是两者之间的根本区别，这也并不影响经济学家通过偶然发生的“实验”来积累证据。

在具体的研究过程中，弗里德曼认为经济学家的主要工作有两个：一是构建理论，二是检验理论。在构建理论的过程中，经济学家主要区分哪些因素重要，哪些因素不重要。这个过程需要对现实世界进行抽象和假设，根据理论要预测的那些现象就好像出现在一个假设的和高度简化的模型中。

比如，自由落体定律需要假设在真空中，羽毛和铁球从同一高度释放，才能同时落地。虽然我们无法得到绝对的真空环境，但我们可以在一个相对接近真空的环境中来验证这个定律的准确性。再比如，我们在现实中无法画出一条真正的没有宽度的“线”，但这并不妨碍我们用“线”这个概念来帮助我们理解现实世界。

与物理学类似，正是因为我们无法做到这种绝对的“真实”，所以弗里德曼认为：其实假设本身充满了很多不真实性，而构建经济学理论的前提假设是否真实并不重要；重要的是，根据理论做出的预测是否对所要达到的目的来说足够好，足够准确。如果预测比其他理论更准确，这就是一个好的理论。

而在构建理论之后，在对理论的检验上，弗里德曼明确指出，理论应该用其对它旨在加以“解释”的那类现象的预测能力来检验。检验一种假说有效性的唯一办法是，看这一假说的预测与经验是否相符。另外，虽然弗里德曼在论文中没有明确指出受到波普尔科学哲学的影响，但他明确指出，事实证据从来不能“证明”一种假说，而只是未能“证伪”它。如果一个理论暂时没有被证伪，这个理论就是可以被接受的。

弗里德曼在文章最后提到了对构建理论的灵感来源问题，在部分程度上涉及了方法论背后的认识论问题。他认为，建立假说是一个创造性的活动，需要灵感、直觉和发明，其本质是在熟悉的材料中看到新东西的洞察力。但是，这个创造过程肯定要在心理学而不是逻辑学的分类中进行讨论，需要研究自传和传记，而不是研究有关科学方法的专题论文，需要借助于格言警句和实例，而不是三段论法和定理，来促进和加速这一过程。

科斯强调研究真实世界

与弗里德曼齐名，同样获得诺贝尔经济学奖的科斯，也是芝加哥学派的代表人物之一。他曾经和包括弗里德曼在内的诸多经济学家围坐在一起，就经济学的方法论问题展开过一场论战。科斯承认自己在这一回合处于下风，但他并没有被说服。于是，科斯在1981年关于经济学的方法论文章《经济学家应该如何选择》中，系统阐述了自己的观点，文章主线还是在回应和反驳弗里德曼的方法论。

对于经济学理论的前提假设，科斯认为它不但应该是易于处理的，而且必须是真实的。他明确反对经济学的研究可以为了它的“易于处理性”而牺牲其前提的“真实性”。他的目标是发现一个既真实又易于处理的前提性假设。周其仁教授对科斯方法论的总结包括三个方面：第一，在真实世界里找学问；第二，重点调查问题的约束条件；第三，把从实例中得到的认识一般化（这一点与弗里德曼-波普尔式的“猜想-反驳”式的方法论略有不同）。

科斯认为，可验证的预测根本就没有那么重要。如果我们用一个“不真实的假设”去解释现象，那么这会让我们错失“真实世界”中的真正原因。这样也许会解释一片树叶，但我们有可能失去整个森林。“如果我们的理论是旨在帮助理解体系为什么会以当前的形式运作，那么假设的真实性便是必要的。假设的真实性要求我们分析真实的世界，而不是那些不存在的想象世界。”这也就是科斯一直强调的研究真实的世界，而不是“黑板经济学”。

对于理论真实性的强调，科斯还发出了一个警告：“让人更担心的是关于选择一个理论而不是另一个理论的一些动机，在公共讨论、报纸杂志和政界中，理论和发现之所以被采用，不是因为它们有利于发现真理，而是因为它们会导致某些政策结论。理论和发现变成了宣传武器。”不得不说，从某种程度上看，科斯的警告一语成谶。

此外，科斯还对如何检验理论的问题进行了反驳。科斯直陈其结论：“一个理论的价值应该完全由它所预测的范围和精确度来判断——这个观点对我来讲，似乎是错误的。”他认为，大部分经济学家不会等到理论的预测被检验之后才做出他们的决定。既然如此，检验理论的预测力在经济学中常常没发挥什么作用或只发挥了非常微小的作用。

科斯列举了三个经济学发展史上的事件：一个是哈耶克在伦敦政治经济学院关于“价格与生产”的公开演讲；另一个是凯恩斯革命；还有一个是在爱德华·张伯伦的《垄断竞争理论》和琼·罗宾逊的《不完全竞争经济学》出版后，经济学家对竞争性体系运行的分析方法的改变。尤其是关于垄断竞争的分析，经济学家施蒂格勒的研究表明：“不是说垄断竞争理论的支持者做了糟糕的检验并得出了错误结论，而是说他们根本就没有做检验。因为他们本应该做这样的检验，所以他们什么检验也没做的事实足以让我们不以为然。”

通过这三个经济学发展史上的事件，科斯向我们表明，新理论都是在相对于选择程序短得多的时间内被采纳的。也就是说，在经济学的研究过程中，相关理论在提出后，要么并没有经过大规模的经验检验便被很多经济学家接受了，要么就是另外一种情况，即根本没有人去做有关理论正确性的检验。当然，我认为还有另外一种情况，那就是对理论的检验无法完成，这是后话。

而对于可证伪性的问题，科斯认为，如果理论和数量分析结果不能正好相符，那么经济学家一般不会抛弃理论，而是把差异作为进一步研究的内容。这一点在科学哲学上不同于波普尔的证伪主义，而类似于托马斯·库恩提出的范式理论。科斯也坦言，自己受到了库恩的影响，而不是波普尔。

张五常的《经济解释》

张五常教授是芝加哥学派的代表人物之一，他的理论、著作和演讲在中国影响了包括我在内的很多学子。张五常教授非常重视经济学的方法论，在《经济解释》第一卷花了很大篇幅来说明它。张五常教授非常尊敬弗里德曼和科斯，但在方法论的问题上，他更多站在了弗里德曼这一边。如果暂时抛开方法论不谈，那么张五常教授对经济学的定义其实非常接近米塞斯，接近奥地利学派。

在关于经济学的定义上，张五常教授认为经济学是解释人类行为的科学，是以经济学的角度，用科学的方法，来解释现象或人类行为的。但是，和弗里德曼一样，张五常教授认为经济学是一门验证或实证科学，性质上与自然科学相同，所用的科学方法也一样。不同的只是在研究内容上，经济学只能研究真实的世界，而不能进行可控实验。

另外，张五常教授同样强调理论具备可证伪的重要性。他认为，科学不是求对，也不是求错，科学所求的是“可能被事实推翻”，但又没有被事实推翻，这样就算是被“证实”了。在关于理论的筛选上，他基本上同意弗里德曼的看法，认为有解释力的理论，最终要看对事实的验证或者推测。在关于理论的前提假设是否必须“真实”的问题上，张五常教授也更倾向于弗里德曼，认为对于以抽象思想或概念为起点的科学理论来说，“非真实”是需要的。

张五常教授举了一个“白痴开加油站”的例子来说明理论的假设“不真实”也没关系，类似的还有弗里德曼“树叶生长排列位置”的例子。张五常教授的例子是，如果几个白痴去建加油站，有的将加油站建在荒山上，有的将加油站建在密林中，还有的将加油站建在海上，那么最终只有糊里糊涂地把加油站建在公路旁的人才不会被淘汰。弗里德曼的例子是，我们看到树叶能充分排列以最大可能吸收阳光，于是似乎有可能提出一个事实上不存在的假设，即树叶或是某种机制能够有意识地进行安排。

白痴和树叶都不会思考，不知道追求利益最大化，但张五常和弗里德曼都认为，可以假设白痴和树叶都是在争取自己的利益最大化。显然这个假设并不真实，但“自然选择”过程帮助他们说明了这个假设的有效性。或者，在自然选择的情况下，人们之所以接受这个假说，主要是因为人们判定，这个假说适当地总结了生存所需的条件。留存下来的加油站，刚好与争取最大利益的假设不谋而合。白痴懂得怎样争取利益的假设虽然错了，却准确地推测了白痴在公路旁建加油站的行为，于是这些行为就被解释了。

虽然张五常教授认为理论的前提性假设是否真实并不重要，但他非常注重和强调局限条件转变的真实性。就像在实验室做化验时，我们指明要用一支清洁的试管，而不可以用一支不清洁的试管来假设它是清洁的。在经济学的理论假说中，指定的局限条件转变，在大致上一定要是真实的。

在科学哲学上，张五常教授除了受到波普尔的证伪主义影响之外，还去旁听过逻辑实证主义代表人物、维也纳学派的领袖之一卡尔纳普的课程，在方法论上同时受到了卡尔纳普的影响。

弗里德曼的方法论常被人称为工具主义方法论，他强调理论对现实预测的准确性，而理论前提假设的真实性并不那么重要。科斯则强调研究真实的世界，而不是想象的世界，因此主张假设也必须是真实的。虽然张五常和科斯一样，强调经济理论对真实世界的解释，但张五常赞同弗里德曼“假设是否真实不重要”的看法，同时强调对局限条件的考察必须真实。

虽然三位代表人物的学术研究方法各不相同，但三个人在经济学领域都取得了不俗的成绩，影响了很多人。芝加哥学派的方法论总体上是一种逻辑实证主义的方法论，强调现实经验对理论构建和检验的重要性。虽然弗里德曼和张五常深受波普尔证伪主义的影响，但波普尔恰恰强调“观察是受理论指导并且以理论为前提条件的”。

如果把波普尔这一重要观点贯彻到底的话，那么正如你将在下一讲看到的，要恰当理解我们的“经验”世界，我们必然要进行“先验”的追溯。在先验追溯中，我们同样可以构建出我们的知识体系。这样的知识，同样有它的神奇之处。

第06讲　奥地利学派的经济学方法论

我在上一讲的结尾中提到，芝加哥学派受波普尔的证伪主义影响，但波普尔恰恰强调“观察是受理论指导并且是以理论为前提条件的”。如果我们继续追问，波普尔所说的“指导观察的理论”的最初理论来自哪里，以及这个理论何以可能，我们就会发现不同于芝加哥学派经济学的另外一种经济学，也就是奥地利学派经济学。这一讲我们就来看一下奥地利学派是如何发现经济学原理的。

来自几何学的启发

古希腊数学家欧几里得在公元前3世纪整理成的《几何原本》以及由它所形成的欧氏几何乃至整个几何学，至今仍然在我们日常生活的方方面面发挥着重要作用。在世界出版物中，《几何原本》是除了《圣经》之外，全球再版次数最多的一本书。

众所周知，欧氏几何是一个演绎体系，欧几里得先给出最初的定义和公理，将定义和公理作为已知，先证明了第一个命题，然后又以此为基础来证明第二个命题，以此类推，通过最初的五个公理演绎出了整个知识体系。这种从原始定义和不证自明的公理出发，利用纯逻辑推理建立一个演绎系统的方法就是“公理化方法”。欧几里得被认为是成功而系统地应用公理化方法的第一人。

而从公理推理证明得出的那些命题，被称为定理，比如我们熟知的“勾股定理”或者“三角形内角和等于180度”。“勾股定理”也叫“毕达哥拉斯定理”，它的完整表达是：一个直角三角形三条边分别是a、b、c，那么两条直角边a和b的平方和一定等于斜边c的平方。也就是，对于一个直角三角形，$a^2+b^2=c^2$。

“勾股定理”和“三角形内角和等于180度”的正确性是我们通过欧氏几何的逻辑演绎证明出来的，而不是通过测量来检验的。也就是说，它们的正确性并不依赖于经验对它们的检验。对于这种独立于经验之外并不依赖于经验检测而成立的特性，我们称之为“先验”。注意：它不是“先于经验”，也不是早于经验，而是独立于经验而成立。

如果我们拿着尺子去测量一百万个直角三角形的边长数据，然后加以统计分析，以此来证明“勾股定理”的正确性，那么这样的做法并不会增加“勾股定理”本身的正确性和科学性。相反，如果我们不带有其他目的，仅仅用这样的测量和统计分析企图来证明“勾股定理”和“三角形内角和等于180度”的话，那么这样的方法本身都会被认为是不科学的、错误的。

而如果你用尺子测量一个直角三角形三条边的边长，发现测量计算出来的结果显示$a^2+b^2\neq c^2$，或者你用量角器测量了一个平面三角形的三个角，发现三个角的角度之和不是180度，那么这是不是构成了对这两个定理的“证伪”呢？并没有。因为这两个定理具有先验正确性。如果结果出现这种情况，那么你应该考虑的不是定理错了，而是你的测量、计算有问题，或者尺子、量角器有问题。

上一讲介绍了几位芝加哥学派代表人物的经济学研究方法论，他们的共同特点是，都在借鉴自然科学尤其是物理学的研究方法，认为经济学规律只是一种假说。整个经济学大厦是以“理性人假设”为基础并从现象中归纳总结出的一种假说体系，而假说要经过事实的验证，通过验证来检验正确性。

但是，正如你即将看到的，奥地利学派的研究方法更像几何学——从一个不证自明的公理出发，用公理化的方法一步步演绎推理，构建出整个经济学的理论大厦。这样，在整个过程中，如果最开始的公理没有出错，是一个真命题，并且中间的逻辑推导也没有错的话，最后得出的结论命题就不会有问题，也是一个真命题，我们就理应接受。

或者，反过来看，如果你想要反驳最后的结论命题，那么你要么反驳最开始的公理，要么反驳中间的逻辑演绎过程，否则很难证明对方是错的。与几何学类似，对于现实中的经验数据来说，无论再多的数据、再精确的统计，实际上都无法对这个公理化的知识体系和它推导出的结论命题做出否定。这一点也许看上去很难理解，但我们会在后面结合实际案例做进一步分析。

奥地利学派的理论大厦

我们说，在几何学的证明过程中，每一个命题总是从前一个命题推导出来的，而前一个命题又是从再前一个命题推导出来的。但我们无法这样无限地推导下去，一定要以一些命题为起点。对于那些公认的、不证自明的、作为论证起点的命题，我们就称之为“公理”，比如欧氏几何中的第一条公理“任意两点可以通过一条直线连接”。那么，奥地利学派经济学的那个不证自明的公理是什么？

作为奥地利学派经济学研究起点的这个公理就是“人的行动是有目的的行为”，简称“人的行动公理”。

这句陈述非常简洁，不需要做更多的解释，我们很容易理解它的直观含义，即人们的行动都有它的目的。但比这句话的直观含义更重要的是，它“不证自明”的公理性。“不证自明”需要同时满足两点：第一，一旦被指认，该公理是否正确对于个体是显而易见的；第二，该公理不能被否定，或者说不存在任何否定它的其他公理。

当我们试图否认“人的行动是有目的的行为”这个命题的时候，也就是我们要试图证明“人的行动是没有目的的”，或者退一步按照波普尔证伪主义的观点，只要能够找到任何一个“没有目的的行为”，就足以证伪这个命题的正确性。但是，很遗憾，当我们试图去证明“人的行动是没有目的的”这句话的时候，我们这个证明又变成了一个行动本身，而且这个行动也具有目的，就是去证明这个命题的错误。

也就是说，当试图否定“人的行动是有目的的行为”这句话时，我们却不得不以行动来肯定它的正确性。我们心里想要证明的是“不”，但身体（行动）却很诚实，回答的是“是”。于是，我们认识到，“人的行动是有目的的行为”是一个“不证自明”、无法否定的公理。这个公理既不接受经验的证实，也不接受经验的证伪，构成了奥地利学派的分析起点。

奥地利学派认为，作为一门研究人的行动的科学，经济科学必须并且确实要完全异于物理学的实证主义模型。因为经济学可以从把自身建立在“人的行动公理”之上开始，通过内省人的行动性质和本质，以及演绎推理获得进一步更细致的结论。

从“人的行动公理”这个起点开始，我们进一步进行逻辑推理。人的行动是有目的的，要想实现这个目的，人必然需要一定的手段（means）。比如简单一点的，你想做一个面包，你需要鸡蛋、牛奶、面粉这些基本的原材料，还需要烤箱、电。再比如复杂一点的，你想要自己盖房子，你需要土地、砂石、水泥、木材等各种原材料，当然也包括金钱、电力、人力等，这些都是手段。

而更进一步，相对于我们无限的欲望来说，手段必然是稀缺的。如果手段并不稀缺，那么社会将是一个“物质极大丰富”的社会，比如想吃面包，面包是不稀缺的；想要房子，房子也是不稀缺的。如果物质不稀缺，人们也就没有必要进行选择和行动。但是，如果人不行动，这就和我们最开始的行动公理相矛盾。所以，这是不可能的。人只要有目的，就会行动。人只要有行动，就需要手段，而且手段必然稀缺。

那么，当面对稀缺的手段和不同的目的时，我们就必然要对自己不同的目的做出选择。选择的方式就是对不同目的进行排序，哪个最重要，哪个不太重要，哪个最不重要，排出个一二三来。有限的手段，将首先实现自己评价最高的那个目的，之后才会去满足其他评价较低且不是那么着急的目的，这个逻辑推导出来的就是“边际价值递减定理”。传统经济学称这个规律为“边际效用递减原理”，我会用一讲来详细分析其与奥地利学派“边际价值递减定理”的区别。

我们看到，人的行动是有目的的，实现目的的手段必然稀缺，稀缺必然导致我们要对目的进行排序，排序之后就必然会有边际价值的递减。边际价值递减的规律就是这样完全从最初的那条行动公理推导出来的，我所举的例子是来帮助大家理解的，其中的推导过程可以不涉及任何具体的经验内容。

有了边际价值递减定理，假如你不想自己做面包，也不想自己盖房子，而是直接拿钱来买面包、房子，那么你就要根据钱或者其他东西对你自己的价值来做出判断，在边际上做出选择和取舍。当你做出选择和取舍时，别人也会做出选择和取舍。你通过其他途径赚钱，然后拿钱去买面包、房子，这就产生了交换。有了交换，我们就有了市场，也就有了价格。有了价格，我们就会进一步推出需求定理。有了需求定理，我们就能推出价格理论。

但是，为什么在我们买房子的时候，现房总是比期房更贵一些？为什么同一个东西，我们总是更希望早一点得到，早一点享受？为什么大部分人都认同“二鸟在林，不如一鸟在手”？这些现象的背后其实是时间偏好定理，而这个定理也可以从“人的行动公理”中推导出来。有了时间偏好定理，接下来顺理成章推导出来的就是利息理论。

从“人的行动是有目的的行为”这个公理出发，我们可以通过一步步推理得到“边际价值递减定理”“需求定理”“价格理论”“时间偏好定理”“利息理论”等一系列经济学的规律。这些规律和最开始的公理，以及整套公理化的方法，共同构成了奥地利学派的理论大厦。

经验数据的作用

说了这么多，又是公理，又是演绎推理，那么我们的经验知识在经济学中起到什么作用呢？简单来说，现实生活中的经济现象、经济数据，可以帮助我们理解理论、认识理论，但这些东西既不是理论本身，也无法用于证明或者证伪理论。用几何学的例子来说明就是，老师在课堂上教会了我们勾股定理的证明过程，我们学会了，觉得很有意思，然后拿尺子一量，发现测量数据真的是符合勾股定理的。这样做，仅仅是帮助我们直观地感受了一下勾股定理，对勾股定理的证明毫无帮助。

在经济学中也是类似的，我们能够看到的所有经济统计数据、经济现象，都是过去已经发生的历史事件。这种历史事件还不像实验室那种可以控制、重复的物理实验。经济学研究的是真实世界，而真实世界的任何历史事件都缺乏同质性，都是不可复制的，也不能进行可控实验。

所以，我们能够看到、观察到和统计到的经验数据都是经济史。这些现象和数据可以帮助我们加深对理论的理解。但它们既不是理论本身，也不能用来证明或者证伪理论。经验只起到把研究者的好奇心引向某些问题的作用，它告诉我们该研究什么，但是它并不告诉我们在寻求知识时应该遵循的方法论路径。

正如西班牙经济学家赫苏斯·韦尔塔·德索托所说，来自经验的事实，根据我们关于人类行为理论的洞察加以认识和解释，后来又在人的行动理论的框架内作为“假设”而被再次使用，以构建更加如实反映真实生活的公理。而在米塞斯看来，有两点是非常清楚的：首先，除非现实已由人类行为的概念和理论得到解释，否则真实世界的现象绝不可能为人所知；其次，将研究指向那些尽管过去从未发生但被认为在未来可能至关重要的假想的人类行为和问题的，只能是思想而不是经验。

米塞斯的话稍微有点绕，什么意思呢？第一，要理解世界，首先要有理论的武器。我们看到苹果落到地上一千次、一万次，也不会考虑从牛顿定律的角度去解释，直到我们学习并掌握了牛顿定律。第二，在马车时代，做问卷调查时，大家可能最想要的是更快的马车，而不是汽车。是乔布斯的思想创造了苹果手机；是在人类有了利用煤炭、石油、天然气、核能的知识以后，这些原来就已经存在的东西才成为人类的资源和手段。

所以，从科学的角度来看，奥地利学派的视角并不是自然科学的视角。自然科学可以进行精确的预测，但经济学无法进行类似的精确预测，只能保守、谨慎地在某种程度上做一些定性的预测。在经济学的发展中，当20世纪经济学家兰格、萨缪尔森还在为苏联计划经济辩护的时候，米塞斯引领的奥地利学派则坚信计划经济不可行。苏联在阶段性地拿出强有力的工业数据、经济增长数据的时候，唬住了那些对苏联模式抱有幻想的经济学家，但从未唬住米塞斯。

因为米塞斯和奥地利学派的追随者们，知道自己的公理和推理都没有出错。今天来看，米塞斯当年就有点像“降维打击”，当那些支持计划经济的经济学者还在为苏联报告的经济数据欢欣鼓舞时，米塞斯捋一捋自己的小胡子，轻蔑地一笑："too simple, sometimes naive（太天真，有时幼稚）。"

这一讲先简要介绍了几何学演绎推理的方法，然后着重介绍了奥地利学派如何从一个不证自明的行动公理出发构建起整个理论大厦，最后介绍了经验在经济学中的作用。我们可以看到，这是一个与新古典范式迥然不同的研究范式。我们用一个表格来对比一下两种研究范式的不同（见表6-1）。

表6-1　奥地利学派与新古典范式之间的根本区别

序号	比较的内容	奥地利学派	新古典范式
1	经济学的概念（基本原则）	理解为动态过程的人的行动理论（人的行动学）	决策理论：约束条件下的最大化（狭窄的理性概念）
2	方法论	主观主义	模式化的方法论个人主义（客观主义）
3	社会过程的主角	创造性的企业家	经济人
4	行为者犯先验错误的可能性，企业家利润的特征	行为者犯纯企业家错误是可以想象的，假如他们当初在确定利润机会时表现出更大的企业家警觉，这些错误就可以避免	这种悔不当初的错误并不存在，因为根据成本和收益，所有的过去的决策都被合理化了；企业家利润被视为生产要素的租金
5	信息的概念	知识和信息是主观的和分散的，它们在不断地改变（企业家创造性）；（客观的）科学知识和（主观的）实践知识之间有截然不同的区分	假定关于目的和手段的信息是完全的、客观的和持久的（使用确定的或概率的术语）；实践的（企业家的）知识与科学知识不加区分

（续表）

序号	比较的内容	奥地利学派	新古典范式
6	参照点	趋向协调的一般过程；微观经济学与宏观经济学之间不做区分；每个经济问题都与其他问题联系在一起研究	（一般的或局部的）均衡模型；区分微观经济学与宏观经济学
7	竞争的概念	企业家争胜的过程	“完全竞争”的状态或模型
8	成本的概念	主观的（取决于企业家警觉以及作为其结果的新的替代性目标的发现）	客观的和持久的（因此第三方可以知道并测度它）
9	形式主义	（抽象的和形式的）文字的逻辑，其中引入主观时间与人的创造性	数学的形式主义（这是用于分析非时间的和持续性现象中独有的符号语言）
10	与经验世界的关系	先验-演绎推理：理论（科学）和历史（艺术）之间截然区分，同时又相互协作；历史不能证明理论	假设的经验验证（至少在修辞学上）
11	具体预测的可能性	不可能，因为未来的事件取决于尚未被创造出来的企业家知识；只有对干预产生的非协调结果进行定性、理论的模式预测才是可能的	预测是其有意识追求的目标
12	做出预测的人	企业家	经济分析师（社会工程师）
13	范式目前所处的状态	过去25年显著复兴（特别是在凯恩斯主义危机之后）	危机状态和快速的变化

（续表）

序号	比较的内容	奥地利学派	新古典范式
14	投身其中的人的数量	少数人，尽管一直在增加	大多数人，尽管已有分崩瓦解的信号
15	投身其中的人的类型	跨学科的理论家和哲学家，极端自由主义者	经济干预领域的专家（零星社会工程师），信奉自由的程度差别很大
16	最新的发展	对制度强制（计划经济与干预主义）的批判分析，自由银行和经济周期理论，（司法、道德）制度的演进理论，企业家才能理论，“社会正义”的批判性分析	公共选择理论，家庭的经济分析，法的经济分析，新古典宏观经济学，信息经济学，新凯恩斯主义
17	不同学者的相对地位	米塞斯、罗斯巴德、哈耶克、柯兹纳	科斯、弗里德曼、贝克尔、萨缪尔森、斯蒂格利茨

资料来源：赫苏斯·韦尔塔·德索托．奥地利学派：市场秩序与企业家创造性[M]．朱海就，译．杭州：浙江大学出版社，2010.

第07讲 实证经济学的局限

在前面两讲中，我分别介绍了芝加哥学派和奥地利学派的经济学研究方法论。需要说明的是，这有限的两讲对方法论的介绍并不十分全面。我将在后面的讲解中，伴随着具体的讨论，顺带介绍其中涉及的方法论内容。这一讲我们先来看一下实证经济学研究方法的局限。

根基不牢，地动山摇

在《实证经济学的方法论》一文中，弗里德曼在对理论的提出上有这样一段话：“一个有意义的科学假说或理论通常主张，在理解某类现象时，有些力量重要，而另一些力量不重要。在提出这样一个假说时，方便的表述方式常常这样说，该假说想要预测的那些现象在所观察的世界中的行为，就好像出现在一个假说的和高度简化的世界里一样（这个世界只包含该假说认为是重要的力量）。”

也就是说，经济学家在构建理论的时候，需要对哪些因素重要和哪些因素不重要进行取舍。对于自然科学的研究来说，这也许是可以的，因为我们很容易通过可控实验来排除掉那些不重要的因素。

但对于经济学来说，这恐怕有相当大的难度。

价值是主观的，当一个人做出决定而导致某种现象出现时，对于作为第三视角的观察者来说，怎么确定哪些力量重要以及哪些力量不重要呢？实际上，在任何一个交易行动完成之前，经济学家都可以大概猜测，在交易完成之后，一个具体的交易所呈现出来的那些重要和不重要的力量。

但因为人和人之间的每一次交易都是单独的行动，理论上我们无法在这些交易之间找出具有普遍必然性的“重要和不重要”的规律。弗里德曼在这里完全忽视了经济学的研究对象是人而不是物。另外，弗里德曼强调：“一个假说要具有重大意义，其假设条件就必须在描述上是不真实的。”这一点被芝加哥学派广泛接受，唯有科斯提出了反对意见。

很显然，弗里德曼的这段论述，对于“人是理性的”这个新古典经济学的基本假设来讲，是有一定道理的。但这就不可避免地会受到反对者的“攻击”，比如他们完全可以说“人并不总是理性的”或者“并不是所有的人都是理性人”。芝加哥学派的“理性人假设”给它的反对者们留了“后门”，而且还是一个关不严的“后门”。

实际上，“理性人假设”正在受到行为经济学的全面否定，而且有几届诺贝尔经济学奖得主的研究都是基于“对理性人假设”的否定展开的，比如2002年获奖的丹尼尔·卡尼曼和2017年获奖的理查德·泰勒。虽然我们都知道，理论并不因获奖而正确，但这最起码是一个影响力的证明。行为经济学家对“理性人假设”提出挑战，并在此基础上展开研究，他们的获奖正在削弱新古典经济学的根基。

理论验证的局限

在理论体系的构建上，芝加哥学派的“理性人假设”受到了一定程度的挑战。此外，在理论构建之后对理论的验证上，实证经济学也存在着一定的局限性。弗里德曼其实也注意到了这样的问题，他在《实证经济学的方法论》中写道，经济学不能取得由“至关重要的”实验产生的鲜明而直接的证据，确实阻碍了对假说的适当检验，这使经济学在清除不成功的假说方面开展的工作缓慢而艰难。这些不成功的假说极少被永远击败，并且经常卷土重来。

最明显的案例是最低工资制度的问题。芝加哥学派和奥地利学派，都明确反对最低工资制度。但时至今日，无论中国还是欧美，都有经济学家用很多的统计数据来证明最低工资制度没有问题，并且实行最低工资制度是对的。强调实证的经济学，在面对这样的实证证据反驳时，多少会显得有些力不从心。因为当你拿出结论相反的统计数据支持自己的结论时，反对者立刻也会拿出更多的新证据。

再比如，20世纪，很多国家都出现了计划经济模式。很多经济学家长期为计划经济叫好，包括萨缪尔森。同样，芝加哥学派和奥地利学派在反对计划经济的立场上也是一致的。今天我们看到，作为整个国家的计划经济模式，总体上已经销声匿迹了。但是，作为具体某个领域、行业的计划经济思维远远没有消失，它们以产业政策、财政补贴等形式换了包装继续存在下来。经济学在清除国家层面的计划经济看上去是成功的，但面对产业政策或者财政补贴的卷土重来几乎毫无办法。

有的学者，比如著名经济学家林毅夫，会以各种统计数据来证明产业政策、产业扶持是行之有效的，是应该被继续推广的。我想，写下《资本主义与自由》的弗里德曼，一定不会赞成林毅夫的立场和观点，但林毅夫支持产业政策的论证方法恰恰又是实证的。

也许正是采取了不同的方法论，统计学出身的弗里德曼在做了大量的统计工作后，和施瓦茨用了大量的统计数据，写成了影响深远的《美国货币史（1867—1960）》，从货币供应量的视角来解释美国20世纪20年代末的大萧条，认为货币存量的减少导致的货币崩溃加剧了经济危机，并将主要责任归咎于美联储。

而也许正是基于这样的研究，弗里德曼得出了支持温和的通货膨胀的结论，认为温和的通货膨胀不仅无害而且有益。但如果弗里德曼定义通货膨胀率为3%的通货膨胀是温和的通货膨胀的话，那么有的经济学家便会认为通货膨胀率为10%的通货膨胀也算温和的通货膨胀。对于通货膨胀是否温和以及如何确定这个百分比，人们恐怕不容易达成一致意见。

但如果我们看下今天的委内瑞拉或者津巴布韦，其几十倍、几百倍的通货膨胀率让那里的民众生活举步维艰，市场秩序彻底被摧毁，那么我们应该很容易理解，通货膨胀由其性质决定了它从来不会温和，无论通货膨胀率为3%还是10%，都是有害的。弗里德曼在支持温和的通货膨胀这个问题上，一开始就错了，做再多的统计工作也于事无补。

看得见的与看不见的

还有一个常常被忽略而实证经济学又不得不面对的问题，那就是在进行实证的过程中，如何处理法国经济学家弗雷德里克·巴斯夏提出的“看得见的与看不见的”问题，比如典型的“破窗谬误”。一个顽童把街上一家小店的玻璃打破了。正在店主悲伤的时候，围观的人群里突然有人说，这事要辩证地看，虽然玻璃破了，但玻璃制造厂可以多生产一块玻璃，可以多向上游产业进购一些原材料。从全国来看，这拉动了内需，增加了GDP，是好事，不全是坏事，有好的一面。

不明真相的围观群众一听，觉得这好像很有道理。如果说这话的还是一个有一定影响力的专家，那么说不定连店主都会热泪盈眶——虽然玻璃破了，但自己毕竟还为增加GDP贡献了力量，应该高兴。但是，我们都知道，“破窗谬误”之所以被称为谬误，是因为它是错的，且错得彻彻底底。

我们看得见的且能够统计到的是，在窗户破了之后，玻璃制造厂重新生产玻璃，重新卖给店主。我们看不见的且永远无法统计到的是，假如这块玻璃没有被打破的话，那么这家小店的店主原本可以去买双高档皮鞋，或者正准备来一场说走就走的旅行。更重要的是，小店店主原本也可以将这部分钱作为资本再投入生产或者销售的流程中，创造更多的利润出来。

无论如何，他的计划被打乱了。那些无法成行的计划深藏于他的内心，永远无法展现在我们的统计报表上。所以，巴斯夏教导我们，在经济领域，一个行动、一种习惯、一项制度或一部法律，可能会带来一系列后果。在这些后果中，有些是当时就能看到的，它在发生之后立刻就出现了，人们都能注意到它，而有些后果则得过段时间才能表现出来。

实际上，张五常教授将“不能观察则无从验证”奉为验证理论的座右铭。实证经济学强调用事实说话，要用统计的方法来获得数据，然后用数据来验证理论。那么，我们需要面对的一个显而易见的问题就是，所谓的事实，即能够统计的，都是那些摆在明面上的现象。而对于那些并不显而易见的事情，我们应该怎么办呢？我们怎样才能看见那些看不见的东西呢？我们只能依靠逻辑推理来完成。

比如，在计划经济鼎盛时期，萨缪尔森用了很多苏联的统计数据来说明计划经济的优越性。再比如，中国也经历过大炼钢铁的时期，钢产量猛增。即便我们认为这些苏联的经济数据和中国的钢产量的数据都是真的，并且从统计年份来看，这些数据很可能都是逐年增长的，也可能增幅比较大，但是这样的数据真的值得高兴，真的是经济增长的表现吗？

正是这样的实证统计数据让萨缪尔森陷入了错觉，他只看到了“看得见的”产量增长数据，而忽视了那些“看不见的”成本和代价。正是这些看不见的、无法统计的成本，使得计划经济最终走向失败。计划经济如此，最低工资制度和产业政策同样需要面临这个“看得见的和看不见的”问题。当支持产业政策的经济学家拿出一大堆翔实的统计数据，说“你看数据都在这儿摆着呢，这些政策带来了很多产业的繁荣，产量销量都有大幅提高”时，反对产业政策的经济学家要如何反驳呢？同样拿出统计数据来实证反驳吗？那么，他们又要如何统计那些看不见的成本、代价和损失呢？

所以，巴斯夏极具睿智地指出：“一个杰出经济学家与一个糟糕经济学家之间的区别就只有一点，糟糕经济学家仅仅局限于看到可以看得见的后果，杰出经济学家却能同时考虑可以看得见的后果和那些只能推测到的后果。”而那些看不见的后果，也许永远无法被统计，只能通过推理和思考得到。

这一讲从芝加哥学派“理性人假设”的根基和理论验证等方面介绍了实证经济学的局限。特别是，当想用事实来验证一个经济学的理论或者推论是否正确的时候，我们不得不面对“看得见的与看不见的”问题，我们能够统计的只有看得见的已经发生的数据，而那些未曾发生的却永远无法被统计。

第08讲　经济学与自然科学的区别

上一讲讲了实证经济学的局限。我们从弗里德曼和张五常教授的著作中可以看到，他们经常用物理学中的例子来做类比分析，强调经济学和物理学一样是一门实证科学。但是很明显，经济学和自然科学的研究对象迥然相异。这一讲我们就来详细看一下经济学与自然科学的区别。

经济学的研究对象是人

对于经济学的研究对象和研究内容，不同时代的经济学家有着不同的定义。今天我们可以看到的是，无论是芝加哥学派的张五常教授，还是奥地利学派的米塞斯，都同意经济学的研究对象是人，是人在真实世界中做选择。

人会有意识，这个意识就是我们的大脑会决定并选择一个目标，然后试图用行动来达到这些目标。而这个过程是一个非常随机的过程，不同的人面对同一件事会有不同的反应，不同的人也会有不同的目标。甚至，对于同一件事，同一个人在不同的时间可能有完全相反的判断。

对于同样的蜜糖，一个人在小时候可能很喜欢，但等到老了有糖尿病，蜜糖完全就是毒药。再比如榴梿、臭豆腐，有的人认为它们是人间美味，而有的人却避之不及。也就是说，价值是主观的，会随着时间、地点、环境的变化而变化。因此，人们的目的以及人们想要实现自己的目的所采取的手段，就会随着时间、环境的变化而改变。所以，经济学无法做可控实验的原因不仅在于我们能够观察、统计到的那些数据会变化，而且在于那些我们无法观察、统计到的人的主观目的也会变化。

于是，我们看到，人所面对的环境变量如此复杂，以至我们很难想象出如何隔绝条件来验证经济学理论的真假。张五常教授也说过，经济学的实验室是真实的世界。但在这个真实的世界，我们永远无法进行实验。弗里德曼认为，这不重要，这种验证和物理学上的验证仅仅在可控程度上存在差别。但很显然，弗里德曼没有抓住问题的核心。问题的核心是，物理学和经济学的“实验”对象截然不同，物理学研究的是“物”，而经济学研究的是“人”。二者可控程度上的差别仅仅是一个表象，而不是本质。

正是对这个本质不同的忽视，弗里德曼的方法论停留在了对物理学的借鉴上，还是在用物理学的模型思维来考察人的问题，而不是通过内省从人的视角来看待经济学问题。所以，奥地利学派的方法论是把人（一个有自由意志且会选择目的和手段的行动人）当作研究对象，而不是参考物理学的方法，把人抽象成运动的石头或者原子。这是有本质区别的。

人不是石头

人不是石头，虽然这个说法很简单、很直接，但是我们有必要充分展开论述，因为很多实证经济学的方法就是把人抽象成石头来研究的。但我们都知道，石头并没有自己的自由意志。在物理世界中，所有物质运动定律都是永不会随时间、空间而改变的。人们在几百年前建造桥梁时使用的物理定律和在今天使用的定律不会有任何差别，几百年前做的实验结果到今天依然有效。所以，对于物理学来说，世界就像一台机器，以前这样运作，现在依然这样运作。

一块石头被扔进水里，会沉下去，这是物理学的规律。但一个人跳进水里，他可能去游泳，也可能去救人，还有可能去寻死，这其中并没有物理学那样的规律可言。石头不会思考，没有自己的心智结构，没有自己的目的，也不会自己跑到水里去。但人类完全不同于石头，人类有自己的心智结构，因此有自己的行动目的。所以，我们在必要的时候可以把石头、地球、太阳都抽象成质点来研究。

当把人抽象成有需求可以供给的对象时，我们看到的是计划经济大实验以及后来计划经济全方位的失败。所以，米塞斯在对逻辑实证主义的批判里指出：把人当作石头和原子（其行为可以预测并根据定量的法则决定）来研究哲学，尤其容易形成社会工程师（他们把人当作无生命的物体处理）的观点。这些所谓的“科学”方法，将按照牛顿物理学研究质量和运动的方法来研究人类的行为。在这种研究人类问题的所谓“实证”方法的基础之上，他们计划发展“社会工程”，这种新技术将使未来计划社会的“经济沙皇”得以处理活人，就像技术工程师得以处理无生命的材料一样。

实证科学在以物理学为代表的自然科学领域取得了巨大成就，这在一定程度上让实证主义经济学家产生了“知识的自负”，让他们误以为在经济学领域也必须使用物理学的方法，误以为这样也会取得成功。但把人当作“物理质点”的计划经济（从诸多经济学家的吹捧到最终的失败），让全球无数人付出了惨重的代价。

另外，在物理学的研究中，有很多基本常数，比如真空中的光速c、牛顿引力常数G、基本电荷e和量子力学的普朗克常数h。这些常数是物理学家的共识，他们对此不会有异议，他们以此为基础开展研究，并进一步得出一些“恒常关系”和规律。

但是，在经济学中，我们既找不出这样的常数，也找不到这样的恒常关系。因为每个人的目的可能不同，同一个人这一秒和下一秒的决策可能完全相反。目的不同，期望的结果不同，选择的手段就会不同。所以，在经济学的分析框架中，目的和手段、行动和结果等因素之间完全无法建立物理学那种恒常关系。即便是在货币理论上，我们经常说的“货币是价值的尺度”这句话也是错的，因为货币根本无法成为一个“尺度”，这一点我会在后面进行讲解。

方法论的二元论

经济学的研究对象是人，我们无法用物理学的方法来研究经济学。那么，我们在面对人自身和外在的研究对象时，该如何建立研究关系呢？这就涉及方法论的二元论。

米塞斯认为，物理学研究的是一个“一元世界”。一元世界的意思是，物理学研究的对象是没有自我意识的，也没有能力去改变其行为。例如，我们把一块石头抛入湖中，石头没有自己的意识，也没有能力去改变自己的结局。实证主义对物理学这种一元世界的研究是非常有效的，可以得到很多正确的知识。

但经济学研究的是人的行动，而人的行动是一个“二元世界”：一个是人的心智结构世界，另一个是外在的物理现实世界。行动有不可分割的两个方面：一个是主观方面，行动受到人的理性支配；另一个是客观方面，行动总是要用到真实物品和物理材料。所以，我们有目的的行动必须跨越这两个世界才能实现。

换句话说，一个是外在客观的物质世界，另一个是内在主观的心智思维世界。米塞斯用了两个对比来形容这两个世界。心智思考对比物质，自由意志对比冲动（或者本能和生理性反应）。这两个世界构成了米塞斯方法论的二元论的基础。也就是说，人是有意识和能力去改变自己的行为和结果的，但人的行动同时又必然在客观现实世界里执行，所以人的行动也必然受现实物理世界里的自然规律限制。行动的结果是两个世界共同决定的，这和物理学完全不同。

没有心智的东西永远依循一条不变的轨迹，但有心智的人类可以用行动去改变自己的轨迹。所以，我们也许可以借鉴物理学上的方法论，但不能完全生搬硬套。生搬硬套的结果就是，忽视了人的心智结构和自由意志，把人当成物。那么，我们需要进一步追问，怎么研究人的心智结构？我们怎么知道其他人心里是怎么想的？难不成我们还要去研究神经科学、哲学问题？其实并不需要。

我们说，经济学的研究对象是人，人有自己的主动意识，而这个意识并不轻易为外人所知道。我们即使切开别人的大脑，也无法窥知他到底是怎么思考的。但这里有一个切入点，那就是经济学研究的对象是人，而研究这个人的经济学家也是人。既然我们都是人，我们就具有相同的心智逻辑结构，所以我们在研究外部经济行为的时候，可以通过观察来理解其他人的动机和面临的具体约束条件。这个过程被称为“内省”。

我们说，人的行动是有目的的，是为了改善自己当下的处境从而达到一个他认为更加满意的状态的。那么，对于这个判断过程，我们通过内省可以认识到自己也是这么做的，其他人也具备相同的心智逻辑。对于经济学方法论上的二元论，米塞斯受到了康德哲学的影响。但在米塞斯之前，康德哲学中并没有行动学这个范畴，行动学是米塞斯基于康德哲学建立起来的。这一点我会在随后展开讲解。

张五常教授同样强调，经济学的研究对象是人。他在书中写道：“虽然科学方法相同，但经济学与自然科学很不一样。”遗憾的是，张五常教授没有把这句话反过来思考，正因为经济学与自然科学很不一样，为什么经济学还要继续使用自然科学的方法呢？通过这一讲，我们看到，人不是石头，不能像物理学那样简单抽象地进行实验研究，所以我们必须使用方法论的二元论，用“内省”的方式来认识人的行动学逻辑。

第09讲　经济学到底需不需要假设人是理性的

前面提到，芝加哥学派的“理性人假设”基础不牢，这个假设给它的反对者留了“后门”，正在受到行为经济学的全面否定，并且还有经济学家因此获得诺贝尔经济学奖。这一讲我们就来看一下奥地利学派如何处理理性人的问题。

理性并不等于不会犯错

我们首先要明确，我们在日常生活中说的“理性”和我们在经济学中所描述的“理性”之间既有联系也有区别。

在日常话语中，“理性”一般有两种含义。第一种是心理学意义上的一种个人性格特质或行事风格，喜欢以逻辑推理的方式来观察事情、处理人际关系。比如，我们说这个人很理性，意思其实是说，这个人不容易冲动，遇事比较冷静。第二种是人有思考、判断和推理的能力。比如，我们会把理性思维和感性思维做对比，就是强调人会思考、推理和判断。第二种含义更接近经济学意义上的“理性”。

米塞斯对理性的定义是，人有选择手段实现自己目的的能力。根据这个定义，排除那些受本能支配的、动物性的或者神经性的“反应（反射）行为”，人只要做出的是“有目的的行动”，就必然是“理性的”，而不存在“理性”与“非理性”的区别。

我们有时候在日常话语中，会对有些人花高昂的价格买一个名牌包，或者为了理想放弃优越生活条件的这种行为做出评价，说这是“非理性”的。而同时，我们又会将排队买降价白菜这种行动视为“理性的”。但是，这种指涉和评价行动目的的做法，在奥地利学派人的行动学中毫无意义。这两类行为，只要是行动人的行动，都是为了去实现他们的目标，这些就都是“理性的”，并不存在什么“非理性”。

而在另外一些情况下，日常话语中的“非理性”说的实际上是人们会因为各种各样的情况犯错误。比如，有些人会被销售人员误导而购买理财产品，结果最后损失惨重。再比如股市中常见的“追涨杀跌”行为，最后很多人实际上都是亏钱的，这也会被认为是“不够理性”的。

古时候，人们通过拜神来求雨，我们可能会说，古人“太不理性”了。但从人的行动学来看，古人推测，拜神也许能提高降雨的概率，这是一种因果意义上的思考和选择，这个行为不是本能的，也不是盲目的，而是“理性的”。从今天科学的观点来看，这只是一种因果意义上的思考和认识，是用来实现求雨目的的一种手段，虽然这种手段在今天看是错的。

所以，在人的行动学里，这种“非理性”仅仅是指“人们在意图实现自己的目的时，选择了错误的手段”。更严谨的表述为：这个行动本身是理性的，但是事后证明行动人犯了错误。米塞斯对“理性”做了两个重要的界定：第一，理性不关涉终极目的的分析和评价；第二，理性不意味着正确，人即使理性也会犯错误。

理性的边界

在清楚了“理性”的定义之后，我们还需要进一步厘清“理性”的边界，不至于我们在今后的分析中无意间发生越界行为，继而带来思路上的混乱。作为人的行动学，经济学研究人的行动，而人的行动既受人自身的主观自由意志支配，也受外在的客观世界、客观规律限制。

人的行动学尊重自然科学的研究，并且认为人类的心智始终会存在一些无法触及的知识。米塞斯将这种无法触及但又客观存在的知识定义为“极据”（ultimate given）。这个英文的字面直译就是“最终给定”，也就是在人类现存的知识条件下，科学研究最终不得不在某一最终给定之前止步。

比如，对于经济学而言，我们并不对每个具体行动人的“终极目的”做出分析和判断。人的动机、需求和偏好都是“给定”的，它们的具体内容不存在任何外在、客观的让我们进行量化计算的科学标准。生物学、神经学和心理学尝试在这些领域进行研究，但经济学是在人的目的和实现这些目的的手段之间建立因果关系的，并不需要我们越界去研究藏在这个目的背后的那些心理学原因。

正如米塞斯所说：“经济学的起点是心理学的终点。”经济学的

"理性",在人的意志为何会出现某类偏好、欲求这类问题上止步,而着重探讨什么样的手段能够更好地实现目的。

由于经济学的这种止步,所以它的分析不会涉及那些可能的文化因素、宗教因素、伦理主张或者政治主张。它对人的目的本身并不做任何价值评判,既不说好也不说坏,只是在研究判断目的和手段之间的因果关系。于是,在"理性"的边界清晰之后,我们可以认为,经济学的分析可以跨越种族、跨越国界、跨越不同的宗教信仰而成立,具有绝对的普遍性和必然性。

也就是说,我们不需要区分西方经济学和中国经济学,经济学就是经济学,它和数学、物理学一样具有科学性。

人要行动必然理性

要实现我们的目的,我们必然要采取行动。在身体采取行动之前,我们必然要有能力思考如何做出选择和如何行动。这种思考就是在我们的目的和手段之间建立因果关系。举个例子,我们每天早上要吃早饭,在吃早饭之前要么需要思考如何做早饭、做什么,要么思考如何买早饭、买什么。这不仅仅是简单的"吃早饭"问题,对我们来说,这种建立因果关系的能力时时刻刻都在发挥着作用。

所以,米塞斯说:"行动需要并且必须以因果关系的范畴为前提。"也就是说,人要行动就必然涉及理性。我们之所以行动,是因为我们有能力去建立很多的因果关系。也正是因为我们必须认为自己有这种"理性"的能力,我们才会行动。

但是请注意,"有能力"并不等于"一定能"。也就是说,我们认为我们已经掌握了因果关系，但未必就真的掌握了。这种误以为的掌握，会让我们犯错，但犯错并不代表“非理性”。比如，我们会为了考一个好的大学而努力学习，我们一定是相信努力会有回报才去努力的。努力未必成功，但不努力一定不可能成功。我们在努力的时候，必然相信这样的努力和方法会有一个好的结果，虽然我们未必都能够考上理想的大学。

从抽象的角度来说，作为行动人，我们必须相信存在“如果A，那么B”这个因果范畴，并且对A有所知并认为自己有能力去做，才会付诸行动以实现或部分实现B这个目的。这种能够做出因果判断的能力，就是“理性”的必然性。

经济学到底需不需要假设人是理性的呢？现在我可以斩钉截铁地回答：不需要。经济学完全不需要“假设”人是理性的，因为人要实现自己的目的，要行动，人必然是理性的。这不是一个假设，而是真实的。同时，我们既需要区分生活语言中的理性和经济学表述的理性的不同，还要明白那些看上去的“不理性”行为，也仅仅是我们对因果关系的认识不充分而导致的错误决策，或者其他我们看不到的物质利益之外的追求。这些都不是非理性的行为，而是理性的行为。

第10讲　奥地利学派的哲学基础

我在第06讲简要介绍了一下奥地利学派的经济学方法论，并在随后两讲分析了实证经济学的局限以及经济学和自然科学之间的区别。这一讲继续深究奥地利学派的哲学基础，也就是比方法论更底层的认识论问题。这一讲可能会略有些深度和难度，但正像要攀登高峰就必须克服舒适区一样，我们就来试着一起攀登经济学在哲学和认识论上的高峰。

认识世界需要一副“眼镜”

米塞斯在哲学上师承康德，他对因果范畴在人的行动学中的地位的阐述，跟康德建立自己的认识论的思维方法如出一辙。因此，我们首先要对康德认识论体系的来龙去脉和基本框架做一些简单的梳理。

休谟与笛卡儿的区别

在康德之前，关于人类的知识来源主要有两类意见。

一类是以休谟为代表的“经验论”。休谟认为，因果律仅仅是一种习惯性的心理联想，人的一切知识都源于感性经验，而我们对经验事物的认识都是不完全归纳。休谟认为，不存在绝对确定和正确的认识。

另一类是以笛卡儿为代表的“唯理论”。笛卡儿认为，人的感官会出错，一切现有的知识都可以被怀疑。那些永恒的真理（包括数学以及科学的认知及形而上学基础）只能通过逻辑演绎得到，这一类知识以人的理性为来源，高于并独立于感觉经验。

在哲学上，休谟的学说被认为是“怀疑论”，它否定了绝对真理的存在，也抽掉了科学的基础。而笛卡儿的学说则被认为是“独断论”，以逻辑演绎的方式越过人的经验认识边界，断言绝对存在（全知全能和至善的存在，即理性意义上的“上帝”）是存在的。同时，唯理论也往往忽视人类的实际经验，认为在理性面前，人类的经验知识是次要的，具有普遍必然性的真理性知识与经验无关。

康德的先验认识论

康德认为，“经验论”和“唯理论”走向了两个极端，他综合了两类学说的要义，建立起一套独特的“先验认识论”。

第一步，康德把真正的知识规定为普遍和必然的知识。他首先否定休谟的怀疑论意见，断言一定存在这类知识，物理学和数学中就有这样的知识，这一点跟唯理主义者是相同的。康德认为，既然人类能“科学”地研究世界，那么存在这类普遍和必然的知识就是可能的，我们需要研究的只是它如何成为可能。

第二步，康德又同意经验主义者的看法，认为这样的知识并不是关于事物本来状态的知识，而是关于现象的知识，也就是关于我们感官所感受到的那些事物的知识。感觉是知识的材料，没有感觉就谈不上知识，我们只能认识我们有经验的事物。对于那些我们无法运用经验的事物，演绎逻辑的推论是失效的或者不合法的。

第三步，康德认可唯理主义的说法，普遍必然为真的知识并不来自具体的生活经验，而是需要通过逻辑演绎推理得出。当它用于认识经验世界和指导行动时，它是普遍有效的。

心灵的先天形式让科学得以可能

康德认为，对于万事万物，我们直观感受到的那些感觉并不是知识，仅仅是一种“杂多表象”。而要想把这些“杂多表象”转化成知识，我们就必然要在某种形式中去看。通过一定的形式，我们可以把感觉到的“杂多表象”转化为知识，这种形式可以说是我们“知觉的眼镜”。比如，时间和空间就是我们看待万事万物的最基本形式。

康德论证说，我们可以想象空间里什么事物也没有，但是无法想象没有空间的事物；我们可以想象事物在时间中停止或者运动，也可以想象时间线上既没有事物也没有事件，时间自然地“向前”流动，但是我们无法想象不在时间中的事物。因此，我们的一切经验都是时空中的经验。

此外，我们的感官给予我们的经验是混乱不堪的，这样的经验知识要变得为人类所理解，还必须依赖于我们心灵中固有的某些形式。他详细地列举了12种人类经验知识的形式，并将它们称为“范畴”，因果律就是其中之一。

按照康德的意见，如果我们不使用时空的坐标，也不使用因果律范畴，那么我们将无法建立任何知识。这些范畴是人类先天的知觉能力，必然存于人的心灵之中。我们如果不通过这些范畴去看待自己感官所感知的东西，就不能理解任何事情。比如，我们交代一件事情或者叙述一个故事，总要交代它的时间、地点，即使虚构的故事也会有相应的时间、地点，我们完全无法想象一件事情的发生是不涉及时间和地点的。

因此，我们就可以说关于时空的形式和关于事出必有因的认识，是逻辑上独立于经验的知识，这种知识也被称为“先验的知识”。按照康德的意见，人类的一切知识虽然都源于经验，但都必须依赖于时空、因果律等范畴的整理才能得以被人类理解。这是科学得以成立的前提条件。

康德把自己的先验认识论比喻为哲学领域的“哥白尼革命”——主要是指一种视角的转换。他认为，客观实在性是人的纯粹理性先天赋予的。这种纯粹理性能力蕴含在米塞斯称之为所有人都具备的“人的心智逻辑”中。

先验综合判断的意义

前面大致介绍了康德的认识论，下面我就结合康德的认识论来回答一下“人的行动公理”为什么是先验公理，以及先验公理的普遍性、必然性和正确性是如何建立起来的。

先验知识与后验知识

康德哲学体系对“先天（a priori）”“后天（a posteriori）”“先验”“后验”“超验”等做了细致的区分和讨论，这里我不去做哲学和翻译上的细致辨析，只讲其中和我们的主题有关的部分，而这部分主要是米塞斯建立起来的行动学体系。

在康德那里，“先天”和“后天”相对应，“先天知识”的意思是先于经验的观念和知识，而“后天知识”的意思是来自经验并且根据经验得出的知识。但这个翻译很容易让人望文生义，误以为“先天知识”就是与生俱来、天生就会的知识。

但是，康德特别强调，“先天知识”不是人一生下来就有的现成观念，而仅仅是能够适用于一切经验的必然性和普遍有效性的知识。也就是说，“先天知识”虽然在你没出生时就已经客观存在，但并不是你生下来就知道的。你要想掌握这些“先天知识”，还需要学习。比如，几何学是一个独立于经验而成立的“先天知识”，但你只有通过后天的学习才能掌握这些几何学的知识。

所以，为了避免这种不必要的误解，我们统一使用“先验”来对应a priori一词，用“后验”来对应a posteriori一词。这既符合米塞斯《人的行动》中的翻译，也符合国内经济学界讨论这个问题时的表达习惯。而“先验”中的“先”字，重点是独立于经验，而不是先于经验，不是时间上的先后，而是逻辑上的独立。

分析判断与综合判断

康德同意休谟的意见，经验不能够向我们表明事件之间的关系是必然的，经验只能告诉我们“一个事件是这样的”，不能告诉我们“它不能是别样的”，经验不能提供相关的普遍必然性知识。假设我们在生活中所看到的所有天鹅都是白色的，于是我们给出“所有天鹅都是白色的”这样的判断。但很显然，这个判断并不具有普遍性，因为它缺乏必然成立的先决条件。我们不能单纯地根据我们看到的天鹅，来判断所有天鹅一定是白色的，我们完全有可能在其他地方看到黑天鹅。

为了证明“普遍必然有效”的知识何以可能，康德特别区分了两种判断：一种叫作“分析判断”（analytic），另一种叫作“综合判断”（synthetic）。

所谓“分析判断”，是指只需通过对命题本身的构成成分及其相互关系的分析即可明确判断真假。简单来说，谓词已经包含在主词之中，所以它是“解释性”的。比如，“单身汉都是未婚的”或者“白天鹅是白色的”。分析判断具有两个鲜明的特点：第一，它没有给予我们关于相关对象的任何新知识；第二，分析判断的正确与否通过形式逻辑即可判断，不需要通过经验来检验。符合形式逻辑的分析判断就是“普遍必然有效”的命题，通俗地讲，它就是“绝对正确的废话”。

而与之相对应的“综合判断”，是指必须通过考察其构成成分间的逻辑与语义关系之外的内容才可判明真假。它的谓词并没有包含在主词之中，谓词相对于主词的概念增加了一些新的东西，所以它是“扩展性”的。比如，“苹果是红的”，“苹果”这个概念并没有包括“红”这一概念。综合判断的特点是：第一，它给我们增加了新的知识；第二，这些知识未必是（也未必不是）普遍必然正确的。

对一个命题的双重划分与认识

至此，我们知道，对于一个判断或者命题，康德都会对之做双重划分：第一，它要么是先验知识，要么是后验知识；第二，它要么是分析判断，要么是综合判断。

根据以上划分，我们可以确定：第一，一切分析判断都是“先验知识”，因为符合“先验知识”的两个标准，既不需要依赖经验的验证，又是普遍必然有效的；第二，所有经验判断都是“后验知识”，同时也必然是“综合判断”，因为经验判断“来自经验，并且其正确性需经由经验检验”，但经验判断不具备普遍必然的正确性。

关于“先验知识”“后验知识”“分析判断”“综合判断”，汉斯-赫尔曼·霍普总结道：“当形式逻辑足以判断它们是否正确时，命题是分析的，否则命题就是综合的。当需要观察来证实或者至少来确定其正确性时，命题是后验的。如果不需要观察，那么命题是先验的。”比如“三角形有三个角”，这个命题靠分析其主词与谓词的逻辑关系即可判断其是否准确，所以它是“分析”的；同时，我们也不需要去数每一个三角形的角数量来判断其正确性，所以它是“先验”的。这是一个先验分析判断。

同时，分析命题的正误与经验无关，所以后验分析判断永远不存在，因为“后验”意味着依赖于经验。我们用表10-1来梳理一下就更加清晰明了。

表10-1　先验与后验

	先验	后验
综合	？ （不需要观察就可以确定其正确性）	天鹅是白色的 （需要观察来证实或确定其正确性——经验科学）
分析	三角形有三个角 （形式逻辑足以判断它是否正确——形式科学）	—

先验分析判断的意义

我在前面说了，像“三角形有三个角”这样的先验分析判断，不就是一句“正确的废话”吗？如果“先验知识”指且仅指“分析判断”的话，那么它确实不能增加我们的新知，仅仅只能增加我们对已有概念的理解。

所以，米塞斯说：“先验的推理，纯粹为概念的和演绎的。除了同义反复和分析判断外，它别无产物。”但是，来自纯粹演绎推理的论知也有创造性，并为我们的心智打开通向此前封闭的思想禁区。演绎推理的重大任务，一方面是把那些蕴含在某些范畴、概念和前提里的东西都显现出来，另一方面是让我们知道它们其中不蕴含什么，从而使被掩盖的以前不知的东西清晰地浮出水面。

比如我们对几何学的学习和认识，整个几何学的构建，都是从最开始的那几个定义和公理开始的，然后我们使用逻辑演绎的方法，推理得出各种具体的定理，比如“勾股定理”。“勾股定理”的内容本身，可以说一开始就蕴含在了最开始的那些定义和公理之中，但如果不经过严密的逻辑推理，我们就很难从经验中直观地感觉出来。也许有人能从大量的测量中发现其中的规律，但这种经验性的总结无法保证其普遍性和必然性。

只有从最开始的定义和公理出发，通过严密的逻辑推理一步步地将“勾股定理”论证推导出来，我们才能得到一个普遍必然正确的定理。而在这个逻辑推理过程中，我们让那些隐藏在原来的定义和公理之下且以前无法清晰认识的东西，逐渐地浮出水面，呈现在我们面前。这种推理呈现的过程，不必借助经验，但推理呈现的结果可以显著地帮助我们认识经验世界，以至可以用来改变世界。

但是问题来了，因为分析判断不言及客观实在，不涉及我们的经验世界，只有综合判断才涉及经验世界和客观实在。与此同时，作为综合判断的经验认识不具备普遍必然的有效性。怎么解决这个问题和矛盾呢？康德-米塞斯的哲学认识论给出了回答。

“人的行动公理”如何确定为真

“人的行动公理”是先验综合判断

至此，我们必须直面一个根本性的问题：米塞斯凭什么称他的“行动学公理演绎体系”是我们理解经验世界和在经验世界里行动的前提呢？

前面提到，一个命题可以同时有两种划分：第一，要么是先验知识，要么是后验知识；第二，要么是分析判断，要么是综合判断。

对此进行排列组合，命题就可以分为表10-2中的三种形态（其中“后验分析判断”是不可能存在的）。那么，一个命题有没有可能既具备普遍必然性，又增加了经验知识呢？

表10-2 命题的三种形态

	先验	后验
综合	？ （有没有可能一个命题，既具备普遍必然性，又增加了经验知识？）	天鹅是白色的 （优点是增加了关于经验事物的知识，缺点是不具备普遍必然性）
分析	三角形有三个角 （优点是具备普遍必然性，缺点是不与经验发生直接关系）	—

康德认为，“经验论”和“唯理论”走向了两个极端。那么，康德提出的解决方案是什么呢？康德的解决方案就是“先验综合判断”必然存在。如果一个命题（或理论体系）声称自己的命题（理论体系）既符合客观实在，同时又具有普遍必然的有效性，那么它必须是“先验综合判断”。

可以说，论证是否存在“先验综合判断”，是康德《纯粹理性批判》的一个核心论题，也是康德哲学“重建”科学可能性的核心问题。

虽然米塞斯在《人的行动》中没有直接提及“先验综合判断”，但是根据上面的分析，我们能够推论得知，他的理论体系，尤其是最根本的“人的行动公理”（人的行动是有目的的行为）是且只能是一个“先验综合判断”。

霍普非常明确地提到了这一点：“康德主义哲学的特征标记是主张存在正确的先验综合命题——正因为米塞斯同意这一主张，所以他可以被称为一个康德主义者。像康德一样，米塞斯想要证明存在正确的先验综合命题，或者说其正确性是确定无疑的命题‘人的行动公理’——人会行动这一命题——恰好满足一个正确的先验综合命题的要求。”

如何确定先验综合判断是“真”的

康德关于“先验综合判断”论述的一个反对意见就是，“命题要么是先验分析的，要么是后验综合的，绝不存在先验综合命题”。那么，包括米塞斯在内的康德主义者，是怎么来反驳这个反对意见的呢？他们的反驳非常精彩，几乎是“秒杀”，他们再次向我们展示了强大的逻辑“杀伤力”。

对这个“命题要么是先验分析的，要么是后验综合的，绝不存在先验综合命题”的命题的反驳是这样的，即这个命题本身就是一个“先验综合命题”。因为命题的前件“命题”这一概念并不包含后件“先验综合”这样一个性质，“没有先验综合”这个结论——是判断者加上去的。因此，它是一个“综合”命题，而且是不依赖于经验的“先验综合命题”。

任何对它的反驳，都必须以承认它是“真”的为前提条件。也就是说，任何反驳都必将陷入自相矛盾的境地。但是到这里，我们只能说先验综合判断是存在的，并不能确定任何一个先验综合判断都是“真”的。比如，虽然刚才说的“命题要么是先验分析的，要么是后验综合的，绝不存在先验综合命题”，是一个先验综合判断，但是它并不正确，不是“真”的。

那么，先验综合判断的真实性是如何而来的呢？康德的答案是，它的真实性来自不证自明的最初公理。我们进一步追问，如何才能发现这些不证自明的最初公理呢？康德回答说，通过自省，通过对作为认知主体的我们自身的理解，先验综合命题的正确性最终来自内省的经验。

更进一步，是什么使得这些公理不证自明呢？康德回答道，一个人无法既否定其正确性又不自相矛盾。也就是我们多次提到的，为了否定这些公理，他实际上必须默认它们的正确性。“自省”、“内省”或者“作为认知主体的我们自身的理解”，这些说法都比较抽象。

我们再以不证自明的“人的行动公理”来说明一下。

人的行动公理的表述是，人的行动是有目的的行为。

首先，有目的并不是可以观察的。我们只能观察到人的身体运动，“目的”这个概念是人的理性所赋予的，唯有借助“目的”这个概念的内涵——有意识地希望实现某种我所中意的状况，我们才能去评说某个人的身体运动或者行为是否有“目的”。而且，一旦我们认为某个人的某一行为是有目的的，那么根据“行动”的定义，我们就会将它纳入“行动”的范畴。

其次，根据“行动”本身的定义，行动是人们对外界环境做出的有意识的反应，而不是像膝跳反射那种受刺激的被动反应。那么，

“有意识的反应”必然有“目的”吗？答案是必然的，因为一个有意识的反应总是指向一个事先已有意向的结果。如果强行认定一个有意识的反应没有目的，那么它必然是随机的或者机械的反应，这自然不能被视为有意识的反应。简而言之，我们无法想象“有意识的反应必有目的”这个观点的反面，这种设想必然带来语义和逻辑上的矛盾。因此，我们也根本无法想象现实中人的行动不具备目的。

最后，假如我们还是不服气，再次奋起反击，一定要推翻这个公理，这时候情况就变成：我们想证明“人的行动公理”是错误的，我们愿意为之付出努力。这本身就是一个行动，一个符合“人的行动公理”的行动，这个行动的目的就是试图推翻“人的行动是有目的的行为”这个公理。而我们的推翻行动，反而证实了“人的行动公理”的正确性。

这样就完完全全地证实了米塞斯多次提到的先验真理的特点：任何对它的反驳，都必须以承认其真值为前提条件。虽然这个公理如此不证自明，如此正确无误，如此符合我们的经验认知，但是它来得并不容易。虽然它看上去很简单，但是第一个提出的人非常伟大。

所以，米塞斯同意康德所说的，公理之所以不证自明，不是因为它们在心理学意义上一目了然，如果是这样的，那么我们理应立即意识到这些公理。相反，比起发现“树叶是绿色”的这种经验事实，发现这些公理通常需要更多的辛勤思索。当然，公理一旦明确，就能被我们理解为有关真实、存在事物的不可否认的正确的先验综合命题。

经济学的谨慎与谦虚

米塞斯在《人的行动》中强调了两句话：第一，人的行动学的起点不是公理的任意选择，也非研究方法的决定，而是关于事物本质的深思熟虑；第二，人的行动与人类理性（人通过选择手段实现目的之能力）同源同质，是同一事物的两个不同面。

不同于“理性人假设”以及弗里德曼认为的假设是否真实并不重要，米塞斯强调，行动公理绝对不是任意选择的。米塞斯认为，即使公理的任意选择和约定在数学这门学科的某些领域是成立的，“人的行动公理”也绝不属于这类公理。“人的行动公理”是人的理性在行动之中产生的对于人类行为的一种现实的真实洞见，它是普遍必然有效的，可以据此“从容俯瞰历史和现实中的真实行动”，它是“关于真实事物的真知灼见”，而非某种无聊的不与现实发生连接的语言符号游戏。

但是，康德和米塞斯到目前为止提供给我们的，并非关于世界的实际知识，而是我们如何看待世界的方式。米塞斯将康德哲学的认识论用于阐释人的行动的基本原理，并将这一方法系统化地融入奥地利学派的知识体系中。这种思维方式，根植于对人的行动的真实洞察基础之上。

虽然我们通过论证掌握了“人的行动公理”及其很多其他范畴，比如价值、目标、手段、成本等，但是这并不意味着我们就能彻底地理解并且精准地预判真实的人的每一个行动。因为“人的行动公理”也只是一个能够帮助我们理解现实的精神工具和途径，并非包含关于事物、人的行动的全部知识。

奥地利学派在构建理论体系的时候，既保持着严谨性，又十分注意厘清它的分析边界，既强调逻辑分析上的普遍必然性，又深知人们在面临不同场景和约束条件时做出基于自由意志选择时的偶然性。所以，在对具体经济现象的分析和预测时，奥地利学派只能做出定性预测，而无法做出精确的定量预测。

第2部分 经济学基本原理

第11讲 经济学的分析起点是什么

通过第1部分的讲解，我们知道了奥地利学派经济学的哲学基础、方法论及其行动公理“人的行动是有目的的行为”。这一讲我们来进一步考察一下“有目的的行动”这个概念的内涵和外延。从这一讲开始，我们也进入了本书的第2部分“经济学基本原理”。

只有个人才能行动

我们说，研究都是有尺度的。牛顿经典力学在纳米及更小范围的原子、电子这个尺度就失效了。道金斯有本著名的《自私的基因》，这本书揭示了人类甚至全球的动植物，在基因层面上具有强烈繁殖欲望，以扩大自己的生存能力。那么，人的意识行为跟基因有没有关系呢？肯定有，但这已经超出了经济学的研究范畴。那么，经济学的分析起点是什么呢？

经济学的研究对象是真实的人，经济学研究人的有目的的行动。所以，经济学的研究起点一定是“个人”。这个起点不仅仅是奥地利学派经济学的起点，张五常教授也指出：“个人”是所有经济分析的基本单位，任何经济问题都不能以一群人、一个团体、一个社会或一个国家为起点来分析。宏观经济、社会福利或政府策划，都一定要以个体或个人为分析单位。

张五常教授还写道："经济学没有以集体为起点的理论。"无论观点有多么"宏观"，不管分析的起点有没有被提及，若非基于"个人"为起点的，都不是可取的经济理论。我们在分析经济时必然以个人为起点。为什么"个人"如此重要呢？答案是，所有取舍或选择都是由个人做出的。

只有个人才能行动，奥地利学派经济学把它总结为"方法论的个人主义"。因为有目的的行动者是个人，所以当试图用有目的的行动来解释事件的时候，我们最终必须将行动逐层分解到个人的动机或目的中。

那么，我们该怎么理解平常说的学生要爱护班集体的荣誉和运动员要为国争光呢？精神上的认同感当然是一方面，另一方面的利益考量同样重要。班集体的荣誉很可能是和班主任的考评挂钩的，运动员的成绩也决定着他们将来的收入和人生。有没有"团体"、"集体"或者"国家"等这些东西呢？有，但它们仅仅停留在参与其中的人的认可、共识和想象之中。

如果这种认可和共识利用得好，我们就可以更方便地展开交易和合作，比如公司的出现。但这种认可和共识如果利用得不好，就很有可能导致种族冲突或者国家之间的战争。这种共识并不具备科学意义上的普遍必然性。

总而言之，行动只能由个人实施者来完成，只有个人具有目的，才能够付诸行动以期达到目的。注意："以期"达到目的是基于对未来的预测做出行动的，而个人具体能不能达到目标、实现目的是另外一回事。个人有可能成功，也有可能失败，要看具体情况。

个人有偏好

只有个人才能行动，但我们知道每个人都有自己的偏好，那么经济学该如何处理“个人偏好”问题呢？每个人都有自己的知识结构和认知框架，我们正是基于自己对世界的认识才决定如何行动的。经济学用“偏好”来描述一些感受，而正是因为我们处于不同状态下的感受不同，我们才有了不同的偏好。比如，口渴和不口渴是两种状态，我们的偏好通常是不口渴要好于口渴，所以我们才会采取喝水的行动来解渴。

喝水能解渴，这是最简单的认知；稍微复杂一点，感冒了多喝热水也有利于身体健康的恢复，这也是基于认知。但观念是不是一定正确呢？不一定。基于错误的观念而采取的行动往往达不到预期的设定目的，比如古人天旱求雨，放血治病，等等。如果人们基于错误的观念而采取行动，没有对因果关系的科学认知，那么行动一定不会达到预期目的。

简而言之，观念决定行动。但是，这种观念决定的偏好只能通过真实的行动呈现出来。现在很多问卷调查、心理学的设计实验，试图在受试者不知情的情况下探测出他们的心理变化，比如行为经济学就在做这样的研究。这类研究有一定的参考价值，但并不是经济学的核心和实质。经济学研究真实人的真实行动，这个行动最终只能通过人们所面临的真实环境来观察。

谷歌做过问卷调查，调查搜索结果每页显示多少条更合理。有两个选项，一个是每页显示10条，另一个是每页显示20条。问卷调查结果是选择20条的人更多，但谷歌后来通过监控发现，人们实际上更喜欢每页显示10条搜索结果，因为这样页面载入更快，不至于自己等太久而失去耐心。

所以，你不要看一个人说什么，而要看他怎么做。买不买要看实际行动，而不是口头承诺或问卷调查。你真的喜欢一个东西吗？那好，用钞票说话，买下来才是真喜欢。市场经济的魅力在于，采取“金钱投票”的模式，让人们把原本隐藏在内心的偏好用行动真实地表现出来。

当越来越多的人用钞票来表达“真爱”的时候，价格也就呈现出来了，价格机制协调知识运用的作用也就呈现出来了。当价格机制的作用被限制、削弱了，甚至被取消了，这实际上是让我们失去了一个说真话的最简单的表达方式和权利，由此带来的混乱、衰退和危机也就成了必然。

那么，我们每个人不同的偏好能不能进行加总呢？效用函数、偏好加总是新古典经济学的研究方法。这个方法很容易在直观上告诉人们，富人那么有钱，少一元钱对他来说不要紧；而穷人那么穷，我们给他一元钱，他就会很开心，所以要求富人“拔一毛而利天下”。

但我们知道每个人的偏好是不同的，每个人对价值的判断也不同，而且最终表现出来的行动只能在不同的偏好之间进行排序。这个排序只能是一种序数（如第一、第二、第三），而不能是基数（如

1、2、3)。基数在单位相同的时候相加是有意义的，但序数相加则毫无意义。比如，任何赛事的冠军、亚军和季军都不能得出一个有意义的表达。所以，偏好和价值无法进行加总。

方法论的主观主义

关于个人偏好，还有很重要的一点，那就是偏好都是主观的。偏好产生的主体是具体的个人，但人跟人是不一样的。有的人喜欢抽烟，有的人不喜欢。有的人喜欢喝白酒，有的人喜欢喝啤酒。很多山东人喜欢吃煎饼卷大葱，很多北方人喜欢喝豆腐脑加肉汁，这些在大多南方人看来很不可思议；而大多南方人喜欢吃咸肉粽子，吃豆腐脑要加糖，这些在很多北方人看来同样匪夷所思。

偏好是主观的，这很好理解，但有两点需要注意。

第一，偏好不能自己做解释。我们不能说，一件事情发生了，是由于某个人的偏好；否则，这是唠家常，不是科学上的解释。科学的解释是，承认偏好的存在，根据理论和外部环境，解释或者推测已经发生或者即将发生的事情。

第二，正因为偏好是主观的，所以很多时候偏好是动态的、临时决定的。我们总是在欲望的驱使下采取有目的的行动，人和人之间的欲望、动机随时都在变，随时都可能不一样，所以这个偏好不是静态不变的。

所以，这就牵出另外一个问题，那就是奥地利学派的一个重要特点，即方法论的主观主义，我们所有的决策都基于自己的主观判断。我们对一个东西的价值判断都是主观的，而且是跟我们的目的有关的。很多人喜欢吃糖，但糖尿病患者不能吃。如果糖尿病患者明知自己不能吃糖，但为了满足吃糖的快感，还是要吃，那么吃糖的行为以及对糖的价值判断，依然是来自当时当地的他对糖的主观判断。

钻石恒久远，一颗永流传。钻石在很多人看来是宝贝，但也被很多人认为是世纪大骗局、大传销；比特币在有的人看来是“此物一出天下反”，是颠覆时代的新东西，但也被有的人说是传销、骗局。方法论的主观主义是在根子上不同于新古典经济学的，因为它不是把人做同质化的假设，而是把真实的、鲜活的、创造性的人作为研究主体。

正如米塞斯所说的，经济学无关乎有形的东西，它研究人以及人的意识和行为。货物、商品、财富以及有关行为的其他所有概念都非自然要素，它们是人的意识和行为的要素。想研究它们的人，不应该在外在世界观察，必须在行为人的意识中探索。

这一讲明确了经济学的分析起点是个人，同时并不否认那些关于集体的概念和作用，只是强调作为科学的经济学必然也只能以个人为起点。同时，每个人都有自己的偏好，偏好无法加总，只能通过人的实际行动来呈现，而偏好又是一种非常主观的个人认知。于是，经济学的方法论就必然是一种基于主观主义的方法论。

第12讲 一个人的经济学

上一讲讲道，经济学的分析起点一定是个人，这一讲就从一个人的经济学说起。虽然经济学的分析起点是个人，但是我们能不能找到真正的只有一个人的环境来观察他的生活状况呢？很显然做不到。但是，一方面，我们可以做思想实验；另一方面，世界名著《鲁滨孙漂流记》和汤姆·汉克斯主演的电影《荒岛余生》给我们提供了很好的思维素材。

虽然小说和电影都是虚构的，但它们可以帮助我们理解一个人是如何进行决策的。当理解了鲁滨孙如何根据环境变化来做决策时，我们同样能够理解他人。鲁滨孙面对稀缺资源所做出的有目的的行动，既适用于他，也适用于其他人，既适用于荒岛那样的恶劣环境，也适用于他回到更多人的社会中。

思维造物

假设我们落入同样的荒岛上，岛上空无一人，这个时候我们该怎么办？首先，我们要解决的就是生存问题。我们要有强烈的生存欲望和信念支配，这样我们才会有信心去解决问题。在面对生死存亡的问题时，我们首先要制订合理的行动计划，必须先弄明白荒岛上有哪些资源可供利用。这个时候，知识积累的作用就显现出来了，我们必须有足够的知识来分辨哪些能吃哪些不能吃、哪些能喝哪些不能喝，以及该从哪些角度来考察这个荒岛。这些都需要有知识作为决策依据才行。

当进行了一番考察之后，我们发现荒岛上有椰子树，树上有椰子可以食用，另外岛上有溪水，还有一些石头和藤条，等等。这些东西都是我们的，我们可以随意支配。这个时候，我们虽然是这个荒岛上的“最高领导者”，但是在做出决策的时候，也不是随随便便想干什么就干什么的，我们需要评估这些物品对自己的用处以及使用顺序。

岛上当然也有空气、阳光等，但这些东西此时此刻都不具备稀缺性，甚至我们在整个考察过程中都没有注意到它们的存在。这种明显不具备稀缺性的东西没有引起我们的注意，也就不会影响我们的决策过程。真正需要我们做出选择、取舍和决定的，都是那些稀缺的资源，比如椰子、石头、藤条等。虽然空气、阳光这些东西也很重要，但是这些都跟我们的取舍没有关系，所以这些问题也就不是我们要讨论的经济问题。

所以，从经济学的角度来看，我们要对物品进行分类，也就是通常所说的下定义，我们要对物品有概念。于是，能够帮助我们达到目的并且数量多多益善的物体，被我们称为“财货”（good，也有翻译为“物品”，这里沿用门格尔《国民经济学原理》中的翻译，使用“财货”一词）；而诸如阳光和空气这些完全没有对我们的目的和行动产生影响的也不稀缺的东西，就不是经济学意义上的“财货”。

需要明确认识到的是，这里是经济学上的定义，不是物理学上的定义，是和目的紧密联系的。虽然空气、阳光或者地球引力非常重要，但它们的不稀缺程度已经完全不会引起我们的注意，它们不是我们为了达到某个目的而进行决策的参考因素，也不需要我们经济地去使用，我们就不把它们归类到经济财货中。

所以，一样东西（object）如果要成为财货，就必须被人有计划、有目的地使用。门格尔对此总结了四个条件：一是人类对此物有欲望；二是有使此物能与人类欲望的满足保持着因果关系的物的本身属性；三是人类有对此因果关系的认识；四是人类能够对此物支配，即人类事实上能够获得此物以满足其欲望。这四个条件缺一不可。比如，岛上的椰子并不会因为自身的固有属性就能够成为财货，它还需要依赖另外三个条件：一是我们对它有欲望，也就是需要它；二是我们需要具备椰子可以吃的认识；三是我们能够从树上获得椰子，能够支配它的使用来满足我们的目的。

比如，我们在岛上可能会生病，岛上有些植物可能具有药用属性，能帮助我们治好疾病。但这些植物要成为我们的经济财货，同样要满足四个条件：一是我们需要这些植物；二是这些植物需要具备治病的属性；三是我们需要知道这些植物能够治疗疾病；四是我们能够找到并采集到这些植物，从而加以利用。

四者缺一不可，同样的例子还有很多。比如煤炭、石油、天然气，在地底下躺了几千万年、几亿年，但直到最近两三百年才被人类大范围、高效率利用，同样的例子还有核能、太阳能等的利用。所以，我们说思维力量创造物品，不是随便说的。我们和老祖宗一直就是这么干的，只是我们现在把它总结成了规律。

财货的分类：消费品与生产品

我们知道了什么是经济财货，然后进一步对这些财货进行分类。我们发现，有些稀缺的财货可以帮助我们直接达到目的。比如，我们在岛上渴了要喝水，饿了要吃椰子，而溪水可以直接饮用，椰子可以直接填饱肚子，这些直接达到目的的财货被经济学家称为消费品。

另外，有些东西并不是直接拿来帮助我们实现目的的，而是间接的。比如，我们发现椰子树太高，又爬不上去，怎么办呢？我们找到了一根棍子，要用这根棍子将椰子打下来。这个时候，我们的终极目的是吃椰子填饱肚子，而棍子是拿来帮助我们打椰子的，那么这根棍子就被归到生产品中，也叫生产要素或者生产资料。

我在前面说过，财货到底是消费品还是生产品，不仅仅取决于财货的物理性质，还取决于我们利用它的目的，取决于我们在主观上所赋予它的价值。同样是一根棍子，如果我们拿它来将椰子打下来，它就是生产品；而如果我们拿它来挠痒痒，它就变成了消费品。

在生产品的范畴里，我们还可以做进一步的细分，由大自然赐予的生产品通常称为土地与自然资源。其中包括某种程度上的永久性物体，比如流动的小溪、椰子树，当然也包括那些可能耗尽的资源，比如鲁滨孙发现的锡矿。

还有一项独一无二、最重要且用途最多的生产品，那就是我们自己的劳动力，这种持续的生产服务需要我们用自己的身体来提供。劳动力是我们每个人都拥有的生产要素，同时也是每个生产过程都必不可少的生产品。当我们把脑力和体力用在满足间接的目的时，我们就是在从事劳动生产。另外，如果我们用自己的双手和大脑来获得直接的满足，那么经济学家通常称之为休闲。

不论是在荒岛上还是在日常工作、生活中，为了达到我们自认为最重要的目标，我们都将在劳动和休闲之间分配自己的身体力量。经济学家用“劳动的负效应”来强调这一事实，休闲是人的直接享受。只有当能通过劳动间接地达到更重要的目的时，人们才愿意牺牲休闲来进行劳动。

最后，我们来说说“资本品”。资本品的定义是，由人创造的生产要素。任何一件资本品都是由至少一件自然资源与劳动力结合生产出来的，大多数资本品的生产也要借助于其他已有的资本品。比如荒岛上的鲁滨孙，他要花费劳动力用藤条来编织渔网，要花费很多的功夫用石头、树枝、泥土和树叶来搭一个能挡风遮雨的小屋，等等，渔网和小屋都是典型的资本品。

鲁滨孙一个人的经济行为

科学研究的方法之一就是要有清晰的概念，概念的作用就是进行分门别类。前面对“财货”用不同的概念进行了分类，现在我们来看一下如何对鲁滨孙的行为进行分类。也就是说，我们分析的角度从对物的属性分析转向了对人的行为分析。

财货分为自然资源、劳动力、资本品和消费品，消费品包括休闲。这几项串在一起就形成了一个时间流，这个时间流就是，我们和鲁滨孙一样，用智慧、知识和劳动力把自然资源转化为资本品或者消费品，来满足我们的各种目的，包括休闲。

简单来说，我们在今天的储蓄和投资能增加未来的收入，鲁滨孙也知道这一点。所以，我们来看一下收入、储蓄和投资的定义。收入是什么？收入是人在一定时期内获得的新增消费品与服务的产出。储蓄是什么？储蓄就是“量入为出”，消费量少于全部收入，剩下的就是储蓄。而投资又是什么？当生产要素被用于获得未来的收入而不用于当前的消费时，那就是投资。

现在我们还是一起来看一下，鲁滨孙在荒岛上的生活是如何帮助我们理解这些概念的。

一开始，鲁滨孙到了岛上，要吃椰子活下去，赤手空拳，只能爬到椰子树上摘椰子，而这个过程需要1小时。他每天必须工作10小时，剩下的时间用于睡眠和休闲。也就是说，鲁滨孙的原始劳动力每天可以从岛上的自然资源中收获10个椰子。但这仅仅维持了他的生计，而且他处于没有安全感的状态。如果他有个小病小灾的，他就没法爬树摘椰子，就得挨饿，说不定还会因此死掉。

所以，要想改进这个生存状态，鲁滨孙就要想办法并且采取行动。鲁滨孙意识到，他可以通过储蓄与投资来提高生活水平，他评估了自己在岛上的状态，然后决定每天储蓄20%的收入。也就是说，他依然每天工作10小时，获取10个椰子，但克制消费，只吃掉其中8个椰子，每天省出2个椰子。

这样坚持25天，他就能够积累50个椰子的库存。但同时他也发现，一旦椰子从树上摘下来超过5天，椰子就会变坏。因此，他决定，停止储蓄椰子，而是恢复之前每天吃10个椰子的状态。从此，他每天摘10个椰子，并且吃10个椰子，但与之前不同的是，他先吃掉原来库存中的10个椰子，并重新储存10个椰子。

这样进行循环，鲁滨孙依然是每天吃掉10个口味还不错的椰子，同时又有了50个椰子的库存以备急用。一旦生病无法摘椰子，他还可以少吃一点，然后有足够的时间恢复身体。所以，我们看到，正因为鲁滨孙努力工作，并且愿意储蓄他的劳动成果，他不再每天都面临饥饿的状态，而是有了5天的缓冲期。

有了这个缓冲期，他重新考察自己能够支配的物质资料，然后准备做一些新的冒险，那就是决定暂停两天爬树摘椰子。这两天他只吃库存的椰子。他在这两天干吗呢？他也没闲着，而是继续考察和想办法提高自己的效率。这个过程其实就是动用储蓄来投资的过程。

第一天，他花费10小时详细考察全岛，同时搜集长短适中、粗细均匀的树枝。这一天他没有摘椰子，纯粹吃掉了10个椰子，库存剩下40个椰子。这一天他唯一的收获是，他搜集了一些坚固的长树枝，而这些树枝是从树上的原始状态加工而来的。

第二天，他又花了很多时间来寻找树枝，并找了一些藤条，最后用这些藤条把树枝首尾相连固定起来，变成一根又长又结实的杆子。这一天他依然没有收获新的椰子，吃了10个椰子，库存仅剩30个椰子。

第三天，鲁滨孙带着通过劳动力和自然资源生产出来的资本品（也就是杆子）出发了。他用这根杆子去敲椰子，在短短一个小时里就能敲下5个椰子。也就是说，原来一天他用10小时才能摘10个椰子，现在用杆子敲，他2小时就能敲下10个椰子，这极大地提高了他的生产效率。

既然生产效率提高了，那么接下来，鲁滨孙就恢复了原来的储蓄传统，并且还把库存增加到100个。在新的均衡状态下，他每天花4小时敲20个椰子下来，并将其放入库存，同时吃掉最早敲下的20个椰子。

第一，从工作时间上看，他从原来每天工作10小时，下降到现在每天工作4小时；第二，从每天消费椰子的数量上看，他原来每天吃10个，现在每天可以吃20个；第三，从椰子库存数量上看，库存原来只有50个，现在增加到100个。所以，我们说，鲁滨孙的储蓄和投资是极其成功的，极大地改善了他的生存状态和生活质量。

简化来看，整个过程就是，先降低自己的生活水平，进行储蓄，再利用知识、劳动力和自然资源进行投资，生产出一个资本品，最后用资本品来提高生产效率，提高生活质量，进入一个良性循环状态。

这一讲我们通过鲁滨孙一个人荒岛求生的案例认识了财货、资本品、消费品、储蓄等几个经济学的基本概念。而从行动的角度来看，鲁滨孙所做的决定都是为了达到自己最重要的目的，用经济学表达，那就是他在行动之前会进行评估和排序，他采取的行动总是为了优先满足排序最高的偏好。鲁滨孙（也包括我们）的一切行动都是由预期引导的，预期也就是他对未来的预测。预期有可能对，也有可能错。如果预期对了，我们就可以得到奖赏；如果预期错了，我们就会受到惩罚。但最终在我们决定采取行动的那一刻，是我们的知识、信念和偏好形成的预期在引导着我们的行动。

第13讲　两个人就有了市场、社会

上一讲我们借助鲁滨孙一个人的荒岛世界，用很长的篇幅厘清了一些基本的定义和概念。另外，我们也知道，即便鲁滨孙处在一个人的世界，也需要进行选择和行动。一个人的世界不涉及市场，也不涉及社会，但只要多一个人（变成两个人），情况就会大不一样，就会复杂多了。

稀缺永远存在，竞争不可避免

我们都知道有句话叫作“物以稀为贵”，稀也就是稀缺的意思。我们的生活中无时无刻不存在着稀缺的现象，也就是东西永远都不够。没房子的人想要买房子，有房子的人想换更大的房子；没车的人计划买车，有车的人计划换车；就算看上去免费的空气和阳光，在不同的地方，我们享受的质量也是不一样的。总而言之，相对于需求而言，稀缺永远存在。

我们还知道另外一句话叫作“天下没有免费的午餐”，任何事情都是有成本的，要想获得稀缺的物品，我们就要付出代价。稀缺必然存在，东西必然不够，代价无可避免。既然代价无可避免，人类的需求又是多种多样的，那么我们该怎么办呢？面对一个房子，张三、李四、王五都想要，如何解决呢？自然而然，竞争的问题也就出现了。

竞争因人而起，而“竞”字的繁体字“競”从甲骨文到金文的象形含义，都是两个人站在一起，如图13-1所示。经济学上的“竞争”是指人与人之间的竞争，所有经济学的基础假设都是为人设立的，要解释的行为大都是人与人之间的竞争行为。

甲骨文

金文

楷体

图13-1　“竞”字的发展

但需要注意的是，“竞争”不同于“争抢”，也不同于“争夺”。争抢和争夺的意思是，我把东西抢过来，你就没有了，这是一个零和游戏。竞争并不是一个零和游戏，而是一个正和的博弈过程。比如，一款新的手机上市了，虽然你看到人们都在争相购买，但这个竞争的过程伴随着财富的创造和交换，而不仅仅是简单的你争我抢。

所以，鲁滨孙在一个人的世界可能要和大自然抗争，要和野兽争抢食物，那是“争”。但到了人与人之间，那就是“竞争”，所以经济学要解释的行为也大都是在分析人与人之间的竞争行为。比如：为什么火车票不涨价，但会有黄牛？为什么医生挂号费便宜，也会有黄牛？为什么全世界都有黄牛，连买个苹果手机都有黄牛？这些都是因为有了竞争。

两个人就有了市场

竞争因人而起，市场就是来解决人与人之间的竞争问题的。市场是什么？市场就是人们交换财货或服务的过程。两个人只要发生了自由交换，这两个人之间就形成了市场。他们可以面对面交易，也可以相隔万里通过网络完成交易。市场也是我们通过自愿交易来处理问题的机制，这个机制可以是最原始的物物交换，也可以是今天各种复杂无比的金融工具。可以说，有人的地方就有“恩怨”（竞争），有“恩怨”的地方就会有“江湖”（市场）。

在只有鲁滨孙一个人的荒岛上，有稀缺，有选择，有行动，但就是没有市场。因为荒岛上只有鲁滨孙一个人，没有人可以跟他发生交易。没有市场的鲁滨孙，拼尽全力也只能勉强维持自己的生计，能活下来就不错了，连一支最简单的铅笔都造不出来。

而在市场全球化的今天，对于很多一个人完全无法生产制作的东西，我们花一点钱就能买到，比如我们最常见的铅笔。市场的力量之所以如此强大，是因为市场可以让我们每一个人发挥自己更擅长的东西，然后形成互补。

比如，比尔·盖茨写程序和打字都很厉害，但写程序能够给他带来更大的收益，所以他应该雇一个打字员，而不是自己去打字。再比如，我们既要工作，又要做家务，并且我们都比家政公司做得好，但是如果工作相比家务的优势足够大（你一小时的工作价值

1万元），那么我们还是应该去请家政公司的人来做家务，而不是亲力亲为。

这就是我们所说的“比较优势理论”，每个人都有自己的比较优势，每个国家也有自己的比较优势。所以，我们应该尽可能地做自己擅长的事，然后到市场上进行交易，这样才对大家都有利。关于“比较优势理论”，我会在后面用一讲做详细分析。

对社会的理解

马克思说过，“人的本质是一切社会关系的总和”。那么，什么是社会呢？从词源上讲，“社”指的就是“团体”，“会”指的是用来聚集的地区，两个字合并在一起就是“在一个地方所聚集成的一个团体”。对应的英文单词society被严复翻译为“群”，后来被日本人翻译为“社会”，因为双音节词又比单音节词更适合口语，所以“社会”就被沿用并流传下来。

对于社会，我们原先的理解是由人与人形成的关系总和。张五常教授在《经济解释》中说，有两个或者更多人的世界就是社会。米塞斯则认为，社会就是合作，就是协同一致的行动，并由这些协同行动而形成的全部复杂而多边的联系。社会既是劳动的分工，又是劳动的组合。

社会是有意识、有目的的行动的结果。但这并不等于说，我们人类祖先缔结过契约，互相说“来，大家一起建立个社会吧”，并不是通过这样的方式来建立人类社会的。

人具备行动动物的资格，所以被称为社会动物。我们一出生，就处在一个社会组织环境中。仅仅从这个角度来考察，“逻辑地或历史地，社会先于个人”这个说法是有一定意义的。但脱离了具体的语境，这句话是没有其他意义的。作为个体，我们的确身处在一个社会里生活和行动，但正如我在前面所说的，社会只不过是一种关系组合而已。

或者说，“社会”这个词仅仅作为一个我们认识世界的概念而存在，它并不是行动的实体，并没有生命、灵魂，也没有自己的自由意志和行动能力。在个人行动之外，并没有作为一个行动实体的社会存在。我们也无法在个人行动之外去寻找、观察和记录一个叫“社会”的行动，我们能够观察、记录和分析的都是一个个有血有肉的活生生的人。

如果我们把社会做一些拟人化的比喻，那么这很容易让人误以为“社会”跟作为个体的人一样，是具有自由意志和行动实体的人。实际上，并不是这样的，这一点我们要清楚地认识到。人的行动学所研究的行动，终归是个人的行动，成为社会一分子实际上是个人行动的某一取向。或者说，在一个具体的组织里，你的行动跟所有其他人的行动保持一致，这归根结底还是你自己的选择。

是社会还是个人应该被当作终极目的？社会利益重要还是个人利益重要？这些问题本身就是伪问题，没有意义。“目的”这个范畴，只有在讨论真实的人的行动的时候才有意义。至于神学或者形而上学上探讨的人类“终极目的”，是跟行动学没有关系的。

我们的祖先从动物的蒙昧走到今天的文明状态，既有偶然，也有必然，但形成合作、社会和文明必定是基于两个事实：一是分工下完成的工作比自给自足的生产力水平更高，二是人的理性都有能力能够认识到前面这个真理。如果这两点都做不到的话，那么我们作为人类，大概并不比其他动物生活得更好，也基本上不大可能以弱小的身材站在食物链的顶端。

人类社会的特征是有目的的合作，社会是人类行动的结果，也就是有意地要实现某些目的才形成了社会。而社会中的分工原理是一个最基本的原理，社会正是有意地去利用这个原理才有了今天的结果。

人类社会是一种心智的和精神的现象，分工是一项基本的自然原理，就像牛顿定律一样有效、亘古不变。但这样的原理并不是我们生下来就知道的，而是需要我们不断在实践和学习中去理解和认识的。就像我们生下来都不知道牛顿定律一样，我们需要通过学习、实践和感知来认识牛顿定律。正是我们对分工原理这个自然法则的认识，才使得我们能够去努力改善我们的生存条件。

这一讲从鲁滨孙一个人的世界，进入了既有竞争又有合作的“二人世界”或者更多人的世界。虽然一个人有行动，但两个或更多的人才会有交易，才会有市场，也才会形成人类社会。正是人类合作社会的形成，才让人类文明达到了今天的高度。

第14讲　有社会就有规则

前面讲了如何对世界的物以及人的行动，利用概念进行分类，从而帮助我们更好地认清人类行动的本质。我们用鲁滨孙的例子来帮助我们理解他的行动，并从对他以及他所在荒岛环境的理解，向外延伸到对他人以及他人所在社会环境的理解。这一讲我们来看一下一个人走向社会之后，需要面对哪些不同的变化。

社会需要规则

从与世隔绝的荒岛上回到两个人或者多个人的真实世界，我们首先要面对的一个问题就是：如果两个人对同一个物品的使用发生了争执，那么我们该怎么办？这就是我们要解决的稀缺问题。我们知道，稀缺永远存在，我们永远都无法达到物质资源极大丰富的情况。在社会中，稀缺这一问题往往还会导致冲突，或者说，几乎所有的冲突都是由稀缺以及对稀缺资源的竞争造成的。

比如，动物界普遍存在的雄性动物对雌性动物的追求。再比如，电影《血钻》中人们对钻石的争夺，还有人们对水、石油、海洋等资源的争夺，都是由人们的需求和欲望造成的竞争引起的。从竞争的表现形式上看，在有市场可以花钱的地方，竞争最常见的表现形式就是价格的竞争。在没有市场、没有价格的地方，竞争常常会以非货币的形式表现出来，比如排队、走后门、论资排辈等。而在极端情况下，抢劫、盗窃等侵害别人权益的行为还会发生。

这就牵扯出下一个问题，我们该选择哪一种方式来竞争？也就是游戏规则和产权制度的问题。我们从经济学的角度来看我们生活中常见的和竞争有关的游戏规则，那就是法律、法规，还有不成文的风俗，等等。这些法律、法规或者风俗约定所发挥的作用是什么呢？就是明确一件东西的产权，我的就是我的，你的就是你的，别乱。也就是以一定的约束性的办法来界定人与人之间的权利，这种权利的界定就是产权制度。

换句话说，产权制度就是竞争的游戏规则，也是约束竞争行为的一种局限条件。

私有产权维持社会秩序

在一个自由市场上，假如人们都认可和平共处和自愿交易，人们所遵循的胜负准则就是一个价格机制。卖方通过提供“物美价廉”的产品或者服务来取悦消费者并赢得利润，而买方则遵循“价高者得”的规则获得商品或服务。而促成这个游戏规则成立的，只能是私有产权制度。

私有产权就是，说好了你的是你的，我的是我的。先有产权，即竞争获得别人东西的准则，也就是怎么决定胜出的准则，就会影响和改变人们的行为方式。我想要别人的东西，或者别人想要我的东西，怎么办？双方在产权私有的基础上交换，价格决定胜负。所以，我们看到，私有产权是一个基础和基石。

在这样的制度安排下，物品和服务由公民个人或企业所有，物品的所有者拥有物品的处置权。这个处置权可以再进行细分一下，那就是使用权、收入权和转让权。也就是说，假如你有一块土地，你应该自己决定种什么、怎么种，然后自行处置自己种的粮食——自己吃或者卖掉，又或者拿来喂养牲畜，怎么都行，与别人无关。

但是，在历史上，我们曾经有很长一段时间，地不是自己的，种什么、怎么种以及种的粮食怎么办都不是自己能决定的。“大锅饭”最终造成的结果是，大家一起没有饭吃。基础不牢，地动山摇，历史上无数的动乱和退步，无一例外地都是因为这个产权私有的基石被破坏了，然后天下大乱，民不聊生。

正如奥地利学派经济学的一个观点，正义就是效率。私有产权神圣不可侵犯，并不是一个神话、一种信仰，而是一个经济效率问题。很多问题的根源实际上恰恰是因为对私有产权的侵犯。法国经济学家巴斯夏在他的《论财产权与法律》一书中就写道：“财产权的存在并不依赖于法律，恰恰相反，是先有财产权，然后才有了法律。”

19世纪，德国社会学家弗兰茨·奥本海默指出，社会中有且只有两种获得财富的方法：一是通过生产自愿地与他人进行交换，这是自由市场的方式；二是通过对他人生产的财富暴力征收。奥本海默把第一种方法叫作“经济的方式”，把第二种方法称为“政治的方式”。罗斯巴德也指出：“从自然法的逻辑出发，获得物体所有权的方式只有一种，即生产，然后进行交换。”

价格机制让我们用行动说实话

传统教科书告诉我们，市场会失灵，所以需要政府干预。同时，我们也说过，要让市场在资源配置中发挥决定性作用。这些听起来好像是说，市场是一个拥有意识且独立存在的实体。其实，并非如此，我们常说的市场、市场经济，仅仅指的是交换私有财产的整个网络。市场并不是一个有意识、有思想的行动实体，也没有“看得见的手”，更没有“看不见的手”，它指的是私有财产的主人之间的一种互动合作关系。

市场经济的好处被人们深刻认知和发现，是最近两百多年的事情。历史上，市场和价格的作用被否定过无数次，但每次都顽强地重新壮大。包括莎士比亚的作品《威尼斯商人》，都在贬低商人的地位，说商人冷酷无情；中国也一样，经商在很长一段时间被视为不体面的事，人们甚至用“无奸不商”“为富不仁”这样的词在道德上贬低商人。但是，市场和价格还是顽强地生存了下来，因为市场和价格的作用无法被取代。有了市场和价格，价高者得是唯一促使人们增加生产来换取所需的激励机制。也就是说，要想满足自己，先要满足别人。

还有非常重要的一点，那就是价格让我们说真话、说实话。出价的高低反映着我们对一个东西需求的轻重缓急，价格让我们表达真实的诉求，这样社会运转才会高效。这也是“正义就是效率”的原因所在。阿尔钦说：“价格决定什么，远比价格是怎样决定的重要。”这句话确实有一定的道理，不过我会在后面的讲解中解释价格是怎样决定的。

还有一个经济学的基本常识，就是竞争之下，同一个商品，不止一个买家想要得到，同时不止一个卖家想要出售。买家和买家竞争，卖家和卖家竞争，买家提供钱，卖家提供商品，交易是买卖双方之间的互利行动。买家和卖家从来都是互惠互利的关系，而不是敌对关系。

这个常识向来都被歪曲了。买家和卖家经常被放到矛盾的对立面，有些人制造出了买家和卖家矛盾不可调和的假象，捏造了一个“无奸不商”的形象，认为商业只有靠欺诈才能生存。最典型的应该是，有些人认为开发商提高了房价，让需要房子的人买不起房子。要想破除这个谬误，我们需要等到在后面学习了与价格相关的理论之后，才会有一个更加清晰的认识。

稀缺永远存在，竞争不可避免。两个人就可以构成社会，社会需要规则，而规则的基石则是私有产权。价格可以让我们用行动来表达最真实的需求，进而形成一个良性的互动模式，也就是市场。虽然今天我们已经将保护私有产权写进宪法，但我们对私有产权的理论认识还远远不够。希望通过本书不断地深入学习，读者能够对私有产权有更深刻的认识。

第15讲　边际价值递减定理

上一讲讲了产权、市场和价格的重要性，按照逻辑顺序，这一讲我们应该进行价格问题的探讨。但要探讨价格问题，我们就必须先搞清楚一个重要的定理，那就是“边际价值递减定理”。当我们在理解这个定理之后再来理解价格问题时，这个问题就会相对简单了。

传统“边际效用递减规律”的失误

正如本讲标题所写的“边际价值递减定理”，而不是“边际效用递减规律”，其中有着非常必要而且重要的考量。一方面，两者的含义截然不同；另一方面，“边际效用递减规律”的错误传播导致了一些错误而且有害的经济政策。

我们先来看一下传统教科书对“边际效用递减规律”的认识。翻开萨缪尔森的全球畅销教科书《经济学》，书中对效用的定义是，效用表示满足。当多吃1单位冰激凌时，你会得到新增的效用或满足，效用的这一增加量就被我们称为“边际效用”（marginal utility）。

而对边际效用递减规律的介绍是这样的：当某物品的消费量增

加时，该物品的边际效用趋于递减。萨缪尔森认为边际效用基于这样一个事实：你从某物品中得到的享受随着对该物品消费的增多而下降。

而如果我们使用搜索引擎来检索关于“边际效用递减”的条目，那么其中的解读也大致不会跳出萨缪尔森的定义范围。比如，网上可能会用喝水来举例：当你极度口渴十分需要喝水的时候，你喝下的第一杯水是最解燃眉之急、最畅快的，但随着口渴程度降低，你对下一杯水的渴望值将不断减少，当你喝到完全不渴的时候就是边际，这时候你再喝下去甚至会感到不适，再继续喝下去会越来越感到不适。或者，网上还有可能会用吃包子来举例：你在吃第一个包子的时候觉得很好吃，吃得越多，就越不愿意吃了，吃饱了就会停止吃。这些都是“边际效用递减规律”在发挥作用。

以上传统经济学的解释，不能说完全错误，但有很多漏洞。比如，它虽然看上去很符合我们的直观经验感受，但需要借助我们心理或生理上的感受来说明问题，这种感受一方面违反了“如无必要，勿增实体”的“奥卡姆剃刀原理”，另一方面使得这个规律丧失了普遍必然性，因为人的心理或生理感受总是不尽相同。

无论是喝水还是吃包子，抑或吃冰激凌。其中边际上的“1单位”，对于水来说默认使用的是1杯，对于包子来说是1个，对于冰激凌来说是1支。我们可能很容易想象这种情况之下“边际效用递减”的那种感觉。

但是，如果说这个边际上的单位取值并不是1杯、1个或1支，而仅仅是一口呢，那么我喝的一口水也是一个边际上的单位，吃的一口包子也是边际上的单位，吃的一口冰激凌当然也是。那么，我们根据日常的生活经验来判断，有没有可能在以“口”为单位的边际上，边际效用并不完全是递减的？

这并不是故意“抬杠”，而是说即便不用“口”作为边际单位，仍然用“1杯、1个或1支”来作为边际单位，无非是把水杯、包子或者冰激凌做成“一口一个”那么大，我们的分析同样成立，逻辑是一样的。喝水解决口渴的问题，吃包子解决饥饿的问题，这种解决生理问题上的感受也许差异并不明显，但有些则不然，感受因人而异，并不具备普遍必然性的规律。

我们用喝酒来举例，也许更容易发现问题所在。有的人喜欢微醺，但有的人喜欢不醉不归。那么，对于喝酒的人来说，他们完全有可能在喝下去第一杯后都还没有进入状态，第二杯或者第三杯的边际效用会显著大于前面的。当然，喝酒的边际效用并不会一直增加，最终还是会减少。也就是，对于喝酒来说，它的边际效用有可能先增后减，而未必是一直递减。依赖于心理或生理感受来解释“边际效用递减规律”，很容易被反例证伪。

另外，如果我们承认了以萨缪尔森为代表的主流经济学关于“边际效用递减规律”的这种认识，即你从某物品中得到的享受随着对该物品消费的增多而下降，那么我们很快会发现一个很多人都认同的观点，即富人的钱越多，钱对富人就越不重要。

比如，对于一个千万富翁来说，100元钱的边际效用是非常小的，也就是不重要的，但这100元钱对于穷人的边际效用却很大。于是，我们就会看到，今天全球很多国家都会对富人征收高额的累进税。或者，可以更进一步地说，所有累进税制的理论源头，恐怕都可以追溯至对“边际效用递减规律”粗陋的运用：同样的一点钱，对富人不重要，对穷人很重要。

2010年诺贝尔经济学奖得主戴蒙德就认为：“边际效用递减是个常识性概念，即额外1美元给高收入者带来的满意度相较于低收入人群要低很多。如果给一个年收入2万美元的家庭额外增加1 000美元收入，那么这会给他们的生活带来重大的变化；但给一个年赚百万美元的人额外1 000美元，他不怎么会看在眼里。这在经济政策中的含义是，我们不该关心政策对富人收入的影响。让富人变得穷一点的政策，只会影响极少数人，并且几乎影响不到他们对生活的满意度，因为他们仍然可以购买任何他们想要的东西。”

马云很有钱，100万元对他来说可能不算什么，我们也可以通过税收的办法把他这100万元拿来帮助穷人。这就是很多国家的现行做法。但是，如果他这100万元由他自己做决定，那么他有可能会去捐建一所希望小学，也有可能去投资从而创造更多的就业岗位，这样会帮助更多的人。对于这100万元来说，哪一种使用方法的边际效用更有价值呢？这就还是巴斯夏提出的看得见的和看不见的问题。

很显然，传统经济学对“边际效用递减规律”的解释是有缺陷的，理论错误导致了人们的观念错误，进而导致了错误的政策决策。

奥地利学派对“效用”和“价值”的区分

在奥地利学派这里，“效用”和“价值”的使用略微有些混乱。

门格尔在《国民经济学原理》中对“效用”的定义是，“一物用以满足人类欲望的能力”。这个定义侧重于“物”的客观属性，说具备某种能力其实也不严谨，更好的表达是，一物有满足人类欲望的属性、特性，比如煤炭、石油、天然气等。

而奥地利学派对“价值”的定义则是，“经济人对于财货具有的意义所下的判断，因而它绝不存在于经济人的意识以外”。这个定义侧重于“人”对“物”的主观判断，尤其是侧重于具体的个人目的和“物”之间因果关系的判断。比如，煤炭、石油、天然气在远古时代就存在，它们一直有“效用”。但当时的人们知识有限，认识不到这些“物”的作用和价值，这些“物”对他们来说无法使用，也就没有“价值”。再比如，空气和阳光有着非常重要的客观“效用”，但对于大多数人来说，空气和阳光通常并没有太多的“价值”。

米塞斯在《人的行动》第一篇第七章中，把效用解释为主观使用价值，这其实在某种程度上造成了混乱。实际上，我们沿用门格尔最初的定义，更能够帮助我们厘清这些概念的真实含义。而且，门格尔对“效用”的定义，与萨缪尔森的定义冲突并不严重，都在强调“物”的客观属性。这样也有助于我们不至于在门格尔、米塞斯和萨缪尔森三者之间相互混淆这些概念。

简单来说，“效用”是一种“物”的客观属性，可以满足人的欲望，但不能决定人的行动。而“价值”是一种“人”的主观判断，用以判断相对于一个具体的目的而言，是否能够发挥“物”的属性，从而让“物”来发挥作用。更简单一点，具备“效用”的“物”，需要经过“人”根据目的的判断，才能决定这个“物”的真正“价值”。或者极简一点：效用（客观）—人（目的）—价值（主观）。

所以，按照门格尔的定义，“效用”不存在递减，因为它仅仅是一种属性，而这种属性无法测量和比较。同样1单位的煤炭能够释放的能量理论上是一样的，但很显然这并不是我们经济学要研究的内容。同样，水对于生命来说至关重要，但从“效用”上说，水能够维持生命，这是水的一种作用属性。这种属性本身，并不存在什么边际效用递减。

在对门格尔的介绍中，人们通常把他与杰文斯和瓦尔拉斯并称为“边际三杰”，因为他们同时发现了边际效用原则。那么，严格来说，门格尔提出的并不是什么边际效用原则，而是“边际价值递减定理”。而这个“边际价值递减定理”并不依赖于任何生理或心理上的感受，仅仅是建立在人们对目的和手段之间因果关系的判断上。

紧扣“目的-手段”的“边际价值递减定理”

那么，我们能不能不经过人生理或心理上的感受来认识边际价值的变化规律呢？答案是能。只不过，我们要通过“目的-手段”这个分析框架来认识边际价值的变化情况。

我们在面对选择和行动的时候，总会区分轻重缓急，做一个重要性的等级排列，这是我们每天都在重复的过程。如果没有这样的重要性排序，那么我们很难想象自己该如何行动。实际上，假如没有对目的重要性的排序，我们最终将无法做出选择和行动。

我们每天都要做大量的排序和决策，在本书的讨论范围内，我们需要考察的是，对于可以实现我们不同目的同一种物品，物品的价值变化规律是怎样的。

举例来说。同样的水，可以用来解渴（维持生命），可以用来洗脸，也可以用来洗衣服。也就是说，水的“效用”可以同时满足三种不同的目的，也就对应三种不同的价值。那么，假设我们对水考察的边际单位是一瓶，我们对目的重要的排序是解渴、洗脸、洗衣服。当然，这是我的目的排序，因为每个人的主观价值排序不同，不同的人可能会有不同的目的排序。

这个时候，假如我只有一瓶水，那么我会拿它来做什么？我只会拿它来解渴。对不对？因为解渴是我排序中排第一位的目的，它的重要性最高，所以第一瓶水的价值也就最高。假如我有两瓶水，我解渴的目的就可以满足了，这个时候我就会用第二瓶水（也就是边际上增加的那一瓶水）来满足我洗脸的目的。

洗脸是我排序中排第二位的目的，它的重要性比解渴有所降低，所以这总量上的第二瓶水，就是边际上增加的那一瓶水，其价值就比前面那一瓶水降低了。这个时候，我有了第三瓶水。我前面两个目的都实现了，我就会用第三瓶水来洗衣服。这总量上的第三瓶水，就是边际上又增加的那一瓶水。洗衣服排在我三个目的的最后，它的重要性最低，所以第三瓶水的价值对我来说就进一步降低，也是这三瓶水中价值最低的。

所以，我们看到，这三瓶水的价值依次降低，也就呈现出了“边际价值递减”的规律。

这个规律明显不同于传统经济学对“边际效用递减规律”的分析，即我们喝第二瓶水的感受明显是会受到第一瓶水影响的，是与第一瓶水的作用相关联的。而我们基于“目的–手段”框架推导出来的“边际价值递减”的规律，三瓶水的作用是互不相干的，仅仅是人的目的重要性的排序不同，让三瓶水的价值排序发生了变化。

而且请注意，当我们一开始有三瓶水，却因为某些情况不得不放弃一瓶水用于交换时，我们可能还没有开始使用剩下的两瓶水。也就是说，当在决定交易的时候，我们是不需要把另外两瓶价值排序更靠前的水用掉之后，才放弃最不重要的那瓶水的。我们完全有可能一开始就放弃了最不重要的那瓶水，用它来交易其他东西。这个当时的决策，仅仅是我们基于因果关系的预判，而不是已经使用了价值排序更靠前的那两瓶水之后的感受。

这一点至关重要，正因为这样，当我们把这个具象的水抽离出来后，这个规律依然成立，而且它的成立不依赖于任何心理学或者生理学。

对于同样的规律，我们可以用来简单分析一下玉米的情况。玉米的客观物理属性决定了它的效用，玉米可以用来吃（比如煮玉米或者做成玉米饼），可以用来饲养牲畜，还可以用来酿酒。假设我的目的重要性排序是自己吃、饲养牲畜、酿酒。

如果我考察的边际单位是“袋”，那么当我只有一袋玉米的时候，我肯定只能自己吃，不会拿这唯一的一袋玉米来饲养牲畜或者酿酒。而当我有两袋玉米的时候，只有我最重要的“吃饱”目的满足了，我才会用第二袋玉米来饲养牲畜。第二袋玉米就是边际上的那一袋。同理，当我有三袋玉米的时候，第三袋玉米成了边际上的那一袋，并被用来满足我最不重要的目的，也就是酿酒。

至此，我们看到，无论是水还是玉米，都仅仅是在帮助我们理解“边际价值递减”的这个规律是如何形成的。而且，在我们“目的-手段”的分析框架之下，这个边际价值的递减仅仅跟我们的目的排序和手段选择有关。

即使人与人之间的目的排序各不相同，我们基于“目的-手段”的这个分析框架依然有效。边际价值递减的规律，并不会因不同的人而失效，也不依赖于心理学或者生理学的研究而成立。另外，这个规律是可以从人的行动公理中推论而来的，所以我们可以称之为“边际价值递减定理”。

我们用表15-1可以更清晰地看清楚，传统经济学的“边际效用递减规律”和奥地利学派经济学的“边际价值递减定理”之间的差异。

表15-1　“边际效用递减规律”与“边际价值递减定理”的差异

	传统经济学	奥地利学派经济学
名称表述	边际效用递减规律	边际价值递减定理
基本定义	效用是满足（萨缪尔森） 效用是一物用以满足人类欲望的能力（门格尔）	经济人对于财货具有的意义所下的判断（门格尔）
主要特点	效用是客观的，满足物能够满足人类欲望的属性	价值是主观的，人要通过目的和手段之间的关系来判断物的价值

（续表）

	传统经济学	奥地利学派经济学
分析方法	需要借助心理或生理上的感受，需要经验支撑，存在不确定性，部分现象无法解释	纯粹逻辑推理，经验可以帮助我们理解，但定理本身可以独立于经验而成立，具有确定性
分析方向	得到：你得到了什么决定了你之后会有什么样的感受。过去影响将来	放弃：目的重要性的排序决定了你最先放弃什么。当资源稀缺时，最先放弃的是最不重要的目的和对应的手段，这就是在边际上做决定
分析框架	效用（手段）-人（感受）	人（目的）-价值（手段）

传统经济学对于“边际效用递减规律”的分析，当然不是全错的。但奥地利学派经济学对于“边际价值递减定理”的论证以“目的-手段”为框架展开分析，不需要借助心理学或生理学上的研究就可以得出确定的结论。很明显，奥地利学派经济学的“边际价值递减定理”更具有一般性。

第16讲　价格的形成

人们在私有产权的基础上开始自由交换，于是市场随之出现。上一讲分析了“边际价值递减定理”，这一讲我们就来看一下价格是如何形成的。

为什么人们要互相交换

鲁滨孙一个人在荒岛上需要与天斗、与地斗，需要和大自然进行“交换”。当然，这里的“交换”需要打引号，鲁滨孙需要通过劳动来获取生存的机会。在现实世界中，我们是不可能靠一个人单干来生存的，如果什么都自己造的话，那么我们的生活质量估计跟原始人差不多，所以我们需要真正的人与人之间的交换，这也就是经济学实质性的研究内容。

要理解市场经济，我们就要从源头、基础开始，我们必须理解一个人与另外一个人的交换，因为个体间的交换行为是构建整个市场经济的基石。

鲁滨孙一个人和大自然的每一次“交换”都是为了自己活得更好，他会根据自己的知识和经验做出判断，选择对自己最有利的行动方案。当我们的视角从一个人的身上增加到两个人的身上时，实际情况并没有发生质的变化。交易双方都期待着利用交易来改变自身的处境，从而达到一个更满意、更舒服的状态。

让我们想象一个原始人的场景，假如有两个原始人小伙伴，一个人会钻木取火但不擅长打猎，而另一个人是打猎高手（打了好几只兔子）但不会取火。两个人碰巧相遇，并且都意识到烤兔子更好吃，两个人因此萌发了交换的想法，于是就有了最原始的物物交换，也就是直接交换。

也就是说，自愿交易的双方都期待交易的收益大于成本，双方都期待着各自的处境和感受在交易发生之后比交易发生之前更好。如果预期受损，交易就不会发生。既然交易已经发生，当时的预期就一定是受益的。当然，这个预期并不意味着一定正确，预期对或错都是有可能的。如果预期错了，当事人就要承担损失。

但我们看到，一些对市场经济、资本主义的批评者认为，一方在交易中的收获，一定来自另一方付出的代价。或者说，一方的收益转换成了另一方的损失。简单来说，他们认为交易是零和博弈，一方赢必然伴随着另一方输。有了前面的逻辑分析，显然这个逻辑漏洞也就很容易被识破了。

奥地利学派方法论的一个核心就是主观价值论。你的蜜糖，可能对糖尿病患者来说是毒药。但是，糖尿病患者可能正好有很多蜜糖的资源，你恰恰又很需要蜜糖，那么从物质角度来看，蜜糖和其他东西的总量不变，双方仅仅发生交易，也是会让这个世界的财富增加的。

财富增加通常是因为有更多的产出。但从逻辑上看，物质总和没有变，但这些物质通过自由交易到了认为它们更有价值的人手中，那么这个财富也是增加的。这个逻辑给更多的产出提供了原始的行动思维或者原始的行动力。

价格的形成

在理解了人们为什么会发生交换后，我们接下来的问题就是人们怎么交换。交换意味着交易的双方都要放弃一部分自己已经有的东西，然后换得那些自己没有的东西，这是一个有舍有得的过程。

在上一讲的最后，我们说奥地利学派对“边际价值递减定理”的分析方向是“放弃”，也就是我们对目的重要性的排序决定了我们会最先放弃什么。这就是在边际上做决定。当资源稀缺时，我们最先放弃的一定是那个最不重要的目的以及它所对应的手段。

我们依然用上一讲“三瓶水”的案例来说明，不过我们换一个更容易理解的场景。假设张三在沙漠里旅行，他身上有三瓶水。对于这三瓶水的利用，他的目的重要性排序是解渴、洗脸、洗衣服。

张三在沙漠里旅行的时候，正好遇到了李四，李四正好有三匹骆驼。李四可能是一个旅行者，也可能是一个贩卖骆驼或者其他商品的商人。骆驼对于李四的重要性排序是自己骑行、运输货物、备用。

总之，不管怎样，李四只有骆驼而没有水，张三有水却没有骆驼。这个时候，两个人相遇，都发现了彼此的特点，于是就有了交流。

如果张三的旅行目的就是坚持徒步走完全部行程，那么他对骆驼便没有需求，交易也不会发生。而同样，如果李四一点儿都不口渴，也不缺水，那么交易还是不会发生。但是，当张三感觉徒步有点累了，而李四也觉得口渴的时候，双方就会对彼此有需求。

前面说过，交换就意味着有舍有得，就意味着放弃。张三和李四想放弃多少的水或者骆驼，取决于他们的需求到底有多强烈。

如果张三不是很累，介于可以继续走下去和骑骆驼之间，那么他可能只愿意放弃水用来洗衣服的作用，也就是只愿意放弃三瓶中的一瓶水。而如果张三觉得很累了，觉得骑骆驼完成剩下的行程才是最明智的，那么他可能会放弃三个目的中的后面两个，也就是不洗脸，也不洗衣服，相应放弃三瓶水中的两瓶水。

张三会不会三瓶水都放弃呢？不会，因为没有水，他会渴死，他最重要的那个目的就无法得到保障。所以，即使再累，他也不会同时放弃三瓶水，而最多只会放弃两瓶水。

有骆驼的李四也面临着同样的放弃选择。如果李四不是特别渴，对于水的需求不是那么强烈，那么他可能只愿意放弃一匹骆驼。如果他特别渴，那么他可能会放弃两匹骆驼。

张三和李四都会根据自己的目的和需求来判断，在边际上到底该放弃多少自己的东西，以换得自己没有的东西。最终双方各自放弃的数量呈现出来，那就是价格了。比如，张三最终决定放弃两瓶水，李四决定放弃一匹骆驼，交易达成。这个时候呈现出来的价格就是2瓶水：1匹骆驼。也就是说，在直接交换的情况下，两瓶水的价格是一匹骆驼，一匹骆驼的价格是两瓶水。

当然，这是一个非常简单的思维模型，有助于我们理解价格形成的过程。当我们在这里做分析演示的时候，这个过程看上去复杂，但在日常生活的交易中，人们实际做出决策的过程很多时候几乎是在一瞬间完成的。

当然，一些商务谈判会涉及更多、更复杂的实际情况，双方都希望以更低的代价来换得更多的东西，那就会涉及更多的技术细节问题，比如交易双方对对方信息的刺探和掌握，谈判时的技巧，等等。但这些就不在经济学的讨论之列了。

以货币形式表现的价格

当理解了直接交换以及由直接交换形成的价格时，我们就不难理解间接交换以及最终形成的以货币形式表现的价格。

直接交换，就是根据当时的目的，人们互相交换东西并拿来使用。在直接交换的时候，双方换来的物品对彼此都有“直接的”用处。间接交换，就是人们换来的东西不是为了直接满足使用或者消费，人们需要等待下一次或者下下一次交换，直到交换到自己需要直接消费的东西。

所以，在间接交换中，必定有东西充当交易的媒介。历史上曾经充当过交易媒介的东西有很多，比如贝壳、香烟、食盐、黄金、白银等。这些交易媒介被越来越多的人共同使用、共同认可，最后就形成了货币。

我们知道，在一切市场交易中，我们买卖的任何东西都是有单位的，如斤、两、个等。那么，物品或者服务之间交换单位的比率就是价格。

假如我们不用人民币去买牛肉面，而是用10斤小麦来交换，也就是进行物与物的直接交换，变换的只是比率罢了，那么其中的逻辑内涵和实质并没有变。我们吃一碗牛肉面需要花20元，意思是我们放弃20单位的人民币，换来1单位（也就是一碗）牛肉面，两者之间的比率是20：1，我们说的价格其实就是我们快速换算的结果。这就是以货币形式表现出的价格。

货币的作用是，让我们不再依赖于物物交换的价格，不必再罗列每一种物品（服务）和其他物品（服务）之间的交换比率。货币扮演的角色是，让我们只需要关心其他物品（服务）跟货币的交换价格就可以了。这样我们在不同村子、不同城市和不同国家之间进行交易的时候，就方便多了。

人会有目的地行动，渴望用行动改变自己的状态，让自己的感受更好一些。发生交换的逻辑是，预期交换之后的状态比交换前要好，否则交换一开始就不会发生。我们从直接交换理解了价格的形成，然后可以顺理成章地理解间接交换以及以货币形式表现的价格。

第17讲　需求定理

上一讲从“边际价值递减定理”的角度分析了价格的形成，我们知道价格源于交换，要交换就要有舍有得，就要有所放弃。实际上，你所支付的价格，就是你愿意放弃的东西，就是你的代价。理解了这一点，我们很容易就推导出与此有关的需求定理。

需求定理的推导

我们沿用上一讲的案例，有水的张三和有骆驼的李四在沙漠中相遇，张三想要李四的骆驼。根据对张三的判断，李四会考虑用一匹骆驼换张三的一瓶水还是两瓶水。

张三总共有三瓶水，目的重要性排序是解渴、洗脸、洗衣服。那么，李四开口要一瓶水换一匹骆驼，基本上没问题，甚至张三还有可能愿意用两瓶水换两匹骆驼。

如果李四的条件是两瓶水交换一匹骆驼，那么这也有谈判成交的可能性。但是，张三的成交意愿肯定会下降。另外，张三总共只有三瓶水，他如果以这个价格成交的话，就只能换一匹骆驼。

如果李四开口要价三瓶水，那么张三肯定会拒绝。因为如果双方成交，张三就没有水喝，就无法完成最重要的解渴目的。

也就是说，从张三的角度来看，换取骆驼所支付的水越少，他就越有意愿和可能去交换骆驼。而同样的视角换到李四身上可以得出同样的逻辑，李四要想通过交换得到水，就必然需要考虑交换骆驼所要付出的代价。

代价越高，交换的意愿就越低；代价越低，交换的意愿就越高。我们把这个规律从这些假想的案例中抽离出来，并不影响这个逻辑的正确性。于是，我们就得到了需求定理。

需求定理是：在其他条件不变的情况下，代价越大，需求量越小；或者说，代价越小，需求量越大。如果把这个代价替换成价格P，并把它放在坐标轴的纵轴上，然后用横轴来表示需求量Q，那么我们可以把需求定理表示成一条从左上角到右下角的曲线，如图17-1所示。这条曲线的基本特征就是“向右下方倾斜”。

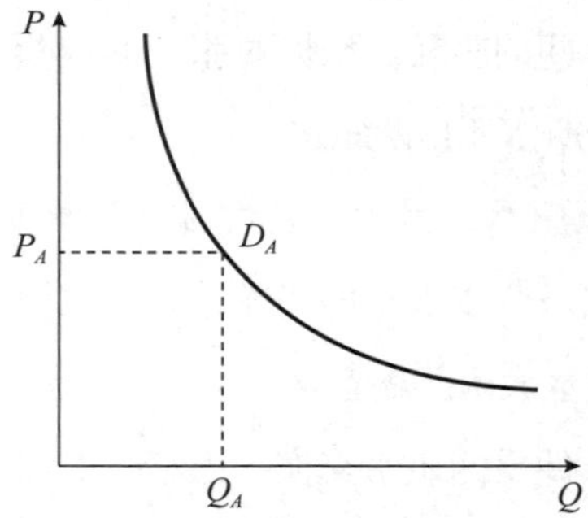

图17-1　需求曲线

对需求定理的理解

需求定理可以说是经济学的灵魂，我们可以从对需求定理的把握是否精准上看出一个人经济学的基本功是否扎实。需求定理本身不难理解，但是学到家、用到家很难。因为需求定理是我们从“人的行动公理”推导出来的，它本身很简洁，也很优美。但是，世事复杂，不可能用需求定理简单地加以解释，而是需要加上具体的局限条件。

比如牛顿定律$F=ma$和爱因斯坦的质能方程$E=mc^2$，这些最基本的公式很简单，但如果我们要解释天体运动以及原子之间的运动，那么我们还需要考察非常多、非常具体的变量才行。

需求定理是：当其他条件不变时，价格越高，需求量越小；价格越低，需求量就越大。其真正含义说的并不是真实的成交数据，即东西卖得多还是少，而是一个趋势。很多人会简单地认为，东西便宜就卖得多，贵了就卖得少。这个意思跟需求定理很接近，但并不是它的真正含义。

让我们来看个例子：假设你是一个品牌手机的粉丝，该品牌刚刚发布了最新款的手机。如果手机的定价是1 999元，那么你可能会觉得这个价格不贵，想买的欲望会很强烈。而如果这款新手机的定价是8 999元，那么即使你是铁粉，你也可能会犹豫不决。你的购买欲望就会比定价为1 999元的时候小了很多。

需求定理并不能直接解释你最后买了还是没买手机，它所揭示的是一个普遍的规律，并没有决定性。需求定理能够告诉我们的仅仅是，我们看到新款手机面世了，如果手机价格不高，我们就有想立刻拥有它的冲动；但对于同样一款手机来说，如果价格定得高一点，我们就会想是不是等降价的时候再买。最终是否购买，恐怕还是取决于我们自己的钱包。我们的钱包才是决定性因素，经济学通常称之为“局限条件”或者“约束条件”，也就是真正约束行为的那些条件。

另外，有些物品没有市场，或者属于非金钱物品。还有可能在某些制度下，市场不存在，物品没有价格。没有价格，并不是说没有代价，此时我们的考察就要转到对代价的观察上去。市场价格是代价的表现形式之一，代价并不一定全部以市场价格的形式表现出来。所以，有些情况的转变就要考察代价的转变。

比如，在醉驾入刑之前，很多司机酒后开车是常有的事。但是在醉驾入刑之后，我们会发现，开车的人通常都不喝酒了，或者喝酒后找代驾。这是因为立法使酒后开车的人所要付出的代价上升了，人们原来的行为就会做出相应的改变。

再比如2012年国庆节期间，中国第一次推出节假日高速公路免费的“惠民政策”。在政策公布之初，大家普遍鼓掌叫好。但真到了实施的时候，这项政策第一天就造成了前所未有的大面积拥堵，在最堵的路段，100千米要开上六七个小时，这个速度就跟我们平时骑自行车的速度差不多。高速公路变成了大型停车场，相信很多人还记忆犹新。

因为免费政策直观上让人们感觉价格降低了，刺激了人们的需求，原来没有计划在这个时段出行的人也选择了等着这个时间上路。原本是为了让大家节约出行成本，结果大家一起堵在了路上。货币成本下降了，但大家的时间成本上升了。

免费造成拥堵的情况在日常生活中并不少见。超市经常会做一些活动，我们会看到很多人排队领取免费的赠品。排队的人的时间成本一定相对较低，他们愿意用自己的时间来换取赠品。当再遇到“优惠政策”时，我们就可以预测一下这个政策是否会造成拥堵或者排队现象。

需求定理容易产生的误解

需求曲线是不是必定向右下方倾斜的，这在中国引起过一次广泛讨论。曾经有人向张五常教授提问：国内MBA（工商管理硕士）的学费连年上涨，但还是有很多人来报名参加，这不明摆着推翻了需求定理了吗?

面对这个疑问，张五常教授的回答只有八个字：“需求增加，价格上涨。”很明显，张五常是对的，提问者是错的。这里提问者所犯的错误明显是把他看到的成交量当成了需求量，这个案例看上去好像推翻了需求定理，但实际上提问者没有抓住问题的实质。

张五常教授那八个字“需求增加，价格上涨”的意思是，人们收入增加、对知识能力等需求的增加，导致了人们对MBA整体需求的增加，进而导致价格上涨。请记住，成交量是一个历史事实，而需求定理中的需求量永远是一个理论上的变化趋势。把成交量当成需求量是很容易犯的一个错误。

另外一个很容易出错的地方则是，忽略了需求定理中那句关键的描述，即“其他条件不变”。这句话看上去不起眼，但对于需求定理的掌握和运用却非常关键。哪些是不能变的其他条件呢？需求定理主要是说价格变化带来的需求量的变化，所以凡是那些直接影响需求量的因素都不能变。比如，在购买水时，你突然变得很有钱或者你运动后非常渴，这些因素在使用需求定理的时候都是不能变的。

向张五常教授提问的人实际上忽略了“其他条件不变”，他没注意到的是，在他比较MBA价格不同时，其他条件已经发生了变化，不仅仅是MBA的价格发生了变化。

再比如，我们都见过路边卖雨伞的小贩。假设你就是那个在路边卖雨伞的小贩，突然遇到了下雨天，平时卖10元一把的雨伞涨价到了20元一把。这个时候你发现，虽然雨伞涨价了，但是雨伞卖得更好。这是为什么？因为下雨了，而不是因为雨伞涨价了。也就是说，下雨和没有下雨这个关键的条件发生了改变。

正因为这个关键条件的改变，需求定理的适用范围也就发生了改变。雨伞销量的增加和涨价并不构成直接的因果关系。雨伞销量的增加和下雨有关，因为下雨使得雨伞的总需求增加了。需求定理可以分别在晴天和下雨天这两个不同的场景下应用，我们不能忽视天气这个条件。需求定理说的是由价格本身引起的人们需求量的变化趋势，下雨增加了人们对雨伞的需求，改变的是整个市场的需求，但这个需求的增加不是由价格引起的。要想用需求定理来解释雨伞的价格和需求量之间的关系，我们就要假设天气不变。

这一讲分析了需求定理的推导过程，我们知道了需求定理的具体内容，那就是当“其他条件不变时，价格越高，需求量越小；价格越低，需求量越大”。另外，需要注意的是，价格未必一定是货币价格，价格是一种代价。需求量不是成交量，我们在使用需求定理时要注意其他条件应该保持不变。需求定理本身是不能用于解释现象的，我们必须加上其他验证条件，利用可以观察到的局限条件的转变进行解释或者推断。

第18讲　货币的起源和职能

前面我们推导并分析了价格的形成，而且我们知道今天大多时候价格的形式已经不是最初物物交换时的实物比例，而主要是以货币价格的形式出现的。那么，这一讲我们就来看一下货币的起源。

货币的起源和历史

关于货币的起源，传统经济学和奥地利学派经济学之间并没有太大的分歧，都是从以物易物的直接交换开始的。但这种直接交换存在着非常大的局限，那就是必须满足“需求的双重巧合”，也就是我需要的正好是你要卖的，而你需要的正好是我要卖的。比如，我包了饺子需要醋，你可能有醋但不需要饺子，而需要饺子的人却未必有醋。在一个只能进行直接交换的地方，饺子和醋需要满足“需求的双重巧合”才能够发生交易，但这显然很难。

这个时候，人们就开始寻求使用间接交换来达到目的。比如，当无法用饺子直接换到醋的时候，我可以先用饺子换苹果，然后用苹果去换醋，这就是一个间接交换的过程。当这种间接交换大范围发生，并且协助间接交易的第三种交易物在这个过程中被大范围接受的时候，“货币”也就诞生了，虽然当时的人们未必将它命名为“货币”。

货币就是这样一种普遍被人们接受的交换媒介，它最初是作为交易的商品出现的。门格尔在《论货币的起源》一文中指出，货币之所以有用，其最重要的原因在于，只要别人觉得它有用，并且愿意接受它，它就起作用了。门格尔认为，货币的起源、形态，和语言的发展非常相像。对于一种语言来说，一起用的人多了，接受的人多了，它就形成了一种“自发秩序”。货币就是在不断的交换过程中形成的一种自发秩序。

历史上金属常常充当货币，比如金和银，这是由它们的性质决定的。质地稳定、易辨别真伪、容易分割、储藏和运输方便等性质，让金和银在很长一段时间内成为货币的首选。但是，历史上还有很多东西都充当过货币，比如我们熟知的贝壳，很多汉字都暗示着贝壳和货币有关，比如“财”“贵”“贱”“贩”“货”“赏”等。另外，铜、铁、宝石、牲畜、盐、丝绸、烟草甚至石头，都充当过货币。

以上是货币的起源和最初的形态，随着人类文明的发展，货币的形式和内涵也发生了变化。许尔斯曼把从自由市场发展出来的货币称为“自然货币”，与之相对应的则是由统治者强制推行才能流通的货币，比如今天的“法币”。而从自然货币到法币的过程，是一个漫长复杂而又充满偶然性的历史。

当大多数人选择贵金属（比如银）为货币的时候，人们会用碎银子、银块、银锭等来做交易，有时候还需要通过称重来进行交易，总之这还是不够方便。于是，人们就发明了“铸币”，就是将贵金属制造成统一的成色和重量。在交易的时候，大家只要看到这种“铸币”，就不用再称重了，只需要简单数一数个数即可。铸币的形式被广泛采用，我们今天熟悉的很多货币单位，比如英镑、马克、法郎，最开始都是一些重量单位，都是从铸币时期沿用下来的单位。

但是，铸币有时候使用还是不够方便。如果人们要进行大宗交易，那么货币运输费时、费力，路上还不安全。于是，有人发现了这个商机，并提出了解决方案：你把银子存在我这里，我给你开具一张纸质的凭据。假如你去外地交易，你带着这个凭据，就可以在当地取出银子，然后完后交易。这就是银行的雏形，在中国出现的就是“票号”或者“钱庄”，对应的银行券或者银票就是一种货币凭证。

货币凭证的好处是，方便携带和交易，还更安全；其坏处当然也很明显，那就是银行有可能作弊。如果我们存进去100两银子，银行老老实实按照约定只给我们保管，然后我们支付给银行保管费而不是银行支付给我们利息，那么我们的银子在里边便是安全的。但是，银行完全有可能根据经验判断“银子都存在我这里，你们不可能同时都来提取”，于是银行决定拿其中90两银子去放贷。这样银行可以获得更大的利润，这剩下的10两银子就是我们熟悉的“部分准备金”。

我们把钱放在银行，不用给保管费，而且银行还支付利息，这是多么好的事情。部分准备金制度在今天看来好像是再正常不过的事情，但从它的历史起源来看，这种挪用客户储蓄的行为要么是因为银行的竞争不够充分，要么是因为某种强权的强迫导致。总之，这并不是由一个完全的市场自发秩序形成的。

从贵金属货币到货币凭证，即便是银行的部分准备金制度，其背后终归还是有贵金属支撑的。其背后作为货币属性的本质并没有丢失，也由于金属开采困难的特殊性，贵金属货币时代并没有特别剧烈的通货膨胀。但到了近代，西方各国相继成立了中央银行，而且中央银行的银行券获得了法定货币地位。最初这些银行券可以兑换黄金或白银，这些中央银行也各自保留着部分准备金制度。

1871年普法战争以后的世界走向金本位制，并形成了相对统一的国际货币体系。第一次世界大战和第二次世界大战之后形成了金汇兑本位制和布雷顿森林体系，各国货币和美元挂钩，而美元挂钩黄金，世界各国中央银行的黄金储备现在基本都掌握在了美联储手上。曾经很长一段时期，人们都称美元为“美金”。但由于这个体系内在的通货膨胀特性，1971年美国宣布美元与黄金脱钩，布雷顿森林体系解体，世界进入与任何贵金属都无关的纸币本位时代。

今天我们看到和接触到的“法币”，其背后已经没有了贵金属，也没有了最初作为交易媒介的商品，它的信用支撑完全来自“国家信用”。货币完全变成了一种“信用货币”，而一同被保留下来的还有银行市场的垄断和部分准备金制度。换句话说，今天货币制度的形成与货币最初由市场竞争自发秩序的形成已经大相径庭、相去甚远。

萨缪尔森在《经济学》中写道：“自从中央银行开始控制货币，通货体系就比从前要稳定得多。现在，货币的内在价值已经成了它最不重要的方面。”真的是这样吗？对于它存在的问题，我们等到后面讲解通货膨胀和经济周期的时候再做分析。

货币不是价值的尺度

作为交易媒介是货币的基本职能之一，但当我们翻开经济学的教科书时，书中通常还会告诉我们货币的另外一个基本职能，那就是作为商品的价值尺度，用以衡量其他商品的价值，价格就是商品价值的外在表现。但是，很遗憾，教科书错了，错在货币的性质决定了它无法胜任价值尺度这一功能。

作为一个尺度，其最基本的要求是，它的基本单位必须是可以准确定义并且稳定不变的。然后，我们以这个基本单位为标准，在这个稳定不变的标准之上，建立测量物和这个标准单位之间的比例关系，继而可以更方便地进行合作生产。

我们看到，最常见的“米”、“秒”和“千克”，作为一种“尺度”的基本单位，其最重要的特性要求就是稳定。但是反观货币，我们完全看不到这样的稳定性。我们每天都在使用人民币，但我们无法对“1元”做出一个准确清晰而又稳定不变的定义。“1元”在不同的地方可以买到不同的东西，在同一个地方不同的时间购买力也不相同。

不光是人民币做不到，美元、欧元也做不到准确定义自己的“1美元”或“1欧元”。国家做不到，国际就更无法做到了。即便是黄金，我们可以从质量的角度准确定义1盎司黄金，但我们无法从货币的角度来准确定义同样的“1盎司”黄金。作为货币，黄金质量的稳定性与其购买力的稳定性之间没有任何关系。

而货币不能成为价值尺度的另外一个原因则是，价值是主观的。基于主观价值理论的“价值”概念，并不是一个商品的固有属性。一个商品的价值是人们基于自己的目的和主观偏好赋予它的。也就是说，商品的价值完全取决于人对它的评价，而我们知道，这个评价只能通过重要性的排序和行动表现出来，无法进行度量。

我们看到，要想作为某一种“尺度”，基本单位的稳定性是一项基本要求，而货币显然不具备这样的要求。另外，从主观价值论的角度出发，我们知道商品的价值并不是一个可以度量的量。所以，货币绝不可能成为商品的价值尺度。

货币的非中立性

货币中立性是货币数量论一个基本命题的简述，是指货币供给的增长将导致价格水平的相同比例增长，对实际产出水平没有产生影响。很多经济学家都认为，货币供给量的变化只影响一般价格水平，不影响实际产出水平，因而货币是中立性的。

但是很显然，货币并不是独立于经济活动之外的一个外部变量，而是众多经济活动中普普通通的一种，它的生产也天然受到复杂的、动态的市场条件约束。钱不是生产得越多越好，也不是越少越好。作为一种商品，钱也遵循“边际价值递减定理”的约束。生产的货币多了，利润率就下来了，就不会有更多的人来生产货币。

所以，在自由竞争的市场上，以贵金属货币的生产过程为例，货币的生产既受到技术条件的约束，也受到个人选择的制约。这种对货币生产的约束，会有效地将货币的生产量维持在市场需要的一个水平上。假设货币在市场上不够多，流动性不足，但因为货币市场是自由的，人们会选择其他交易媒介作为货币，而不会只使用固定的一种货币。在理论上和事实上，我们都无法准确统计出市场到底需要多少货币，所谓的货币流动性过剩和不足都是不应有的伪概念和伪问题。

既然货币和其他商品的生产并没有什么本质上的不同，那么货币的生产必然会带来“分配效应”。“分配效应”的意思是，我们通过生产然后在市场上进行交易，就必然会涉及商品资源的配置和调整。通常来说，谁的生产能力更强，即能够生产更多的商品，谁在交易过程中往往就占有更大的主动权，就有更大的余地决定怎么通过交易来分配财富。但需要注意的是，这种源于自由市场和生产过程的“分配效应”，鼓励生产者去满足消费者的需求，是市场的自发激励机制，与计划经济语境下的人为收入分配决然不同。

货币生产的分配效应就更加明显。一个人若能生产更多的金子，就能开出更高的价格去买更多的商品，这些商品的价格也就随之上涨。而拿到金子的那批人，转身又可以去买其他人的商品。就这样，商品资源的配置和物价的变化会一波波地扩散出去。也就是说，货币生产造成的物价上涨并不是平均的，也不是立即产生的，而是通过交易一波波传递出去的。

如果在贵金属作为货币的时代，人们对贵金属的开采没有被政府垄断的话，那么大家对货币的生产能力和其他商品是一样的。谁的生产效率更高，谁生产的货币更多，谁就更占优势，这并没有什么不妥之处，这是一种自由市场的竞争机制。而且从历史角度来看，这个过程也会和其他商品一样，会有市场接受程度更高的货币生产商在竞争中胜出。

但今天我们看到的现实情况是，在一个国家，人们通常只能使用这个国家的法币来交易。而法币的生产则完全不同于贵金属货币的生产，它并不受制于技术因素和生产法币的人的成本和选择约束。它的约束更多来自政治层面，而不是单纯的经济层面，但是它同样需要面对“分配效应”的问题。

今天新增的货币并不会按比例神奇地进入我们每个人的钱包中，这部分新增的货币总是先进入一小部分人的手中。如果我们要通过货币政策来刺激经济，那么很显然那些更容易从银行获得贷款的客户会最先拿到钱，他们可以购买自己想要的商品或者服务，这使得为他们提供商品或服务的卖家成为第二拨获得更多货币的人。

新增的货币就这样通过一环一环的交易流入经济体中。先获得新增货币的人得到好处，后获得新增货币的人遭受损失，这个过程是社会群体间财富转移的过程。在法币时代，货币生产的成本并不是由货币生产者来承担的，所以这个过程中的财富“分配效应”要比贵金属货币时代猛烈得多。

对于“分配效应”这个问题，信奉货币中立性的弗里德曼的回答是：“新增的货币像水，流到人间就迅速、均匀地流淌开，对所有人的机会均等。”

米塞斯则告诉我们：“无论如何，我都反对这样的信念，即货币政策的目标是使货币中立，而经济学家的责任就是决定怎么做到这一点。我想强调的是，在活生生的不断变化的世界上，在行动的世界上，不存在中立货币。货币是非中立的，要不它就不存在。”

很显然，弗里德曼是错的，米塞斯是对的。无论是历史上的贵金属，还是今天的法币，货币中立性都不成立。

这一讲简要地讲解了货币的起源和历史，我们知道了货币是人们普遍接受的交易媒介。我们重点破除了两个关于货币的谬误：第一，货币是价值的尺度；第二，货币中性说。无论是从货币单位的稳定性角度来看，还是从主观价值论角度来看，我们都不能说货币是价值的尺度。而无论是贵金属还是法币，货币的生产和流通过程都决定了货币一定是非中立性的。

第19讲　为什么会有利息

前面讲了价格的形成以及货币的出现，但是生活中还有一个非常重要的现象，那就是利息。很多宗教文化和文学作品都对利息有明显的厌恶态度。即便在今天，人们依然对“高利贷”三个字有着天然的敌意。那么，为什么会有利息呢？这一讲就来回答一下这个问题。

传统经济学的利息理论

萨缪尔森对利息的认识来自资本的收益率，他认为利率就是以每年百分比来衡量的资金收益。他用了一个“稻谷案例”（100单位的稻谷在一年内成熟为110单位的稻谷）来说明要素生产力对跨期交换率（利率）的影响。萨缪尔森解释说，稻谷的所有者仅仅靠拥有“稻谷资本”存量这一事实，就能拥有一个可能永久性的、源源不断的“稻谷收入流”，稻谷所有者每年都可以得到10单位“真实的利息收入”。

张五常教授举的例子是种树，树种下之后会成为木材，最早的种树投资就会产生利息。张五常教授在《经济解释》中并没有提出自己对利息的看法，他主要介绍费雪的观点，认为“利息是资本的回报”。而费雪认为，利息高于零并且是正数的主要原因有两个：一是消费者不耐，急于享受，急于消费，表现为“时间贴现”；二是投资机会，表现为“边际成本收益率”。在资源稀缺的情况下，利息就是资本的回报。

另外，费雪认为，利息不是收入的局部，而是收入的全部。因为财富乘以利率等于年金收入，而财富乘以利率还等于利息，所以利息与收入相等。利率是一个市场价格，如果没有市场，利率就不存在，财富也就不存在。

无论是萨缪尔森，还是费雪和张五常，他们都简单地把生产要素分为土地、资本和劳动，加上他们在价值理论上的缺陷，导致了他们在“利息、利润与租金”这些概念上的含糊，于是把“利息”等同于这个自动的收入流的一部分。而事实上，他们眼中的“利息”在大多数时候指的是“租金”——要素使用的租金。

他们是从“要素生产力”的角度来构建利息理论的，认为“利息是生产要素的生产力的表现”。由于生产要素，即资本品和资本，在生产期延长的过程中，能增加每单位投入的产出量，或者能生产出在较短生产期里根本就不能生产出来的商品，从而导致财富增加，所以这个增加的财富所具有的价值就必然包括资本品或资本所起的作用，这就是利息的来源。

纯时间偏好的利息理论

奥地利学派对利息产生的原因有不同的看法，米塞斯明确指出，利息源于人的时间偏好。利息产生的唯一原因是，人们有“正的时间偏好”，也就是人们对“现货”的评价要高于对同质的“期货”的评价。利息可以看作现在与未来跨期“交换”的产物，是“期货”相对于“现货”的一个“折扣”。

米塞斯完全否定了“要素生产力”产生利息的理论。米塞斯指出，生产力利息理论把利息现象追溯到生产要素在生产中的贡献，但事实上，要素在生产过程中的贡献已经由价格支付，所以要素并不是产生利息的原因。物质的、资本的要素控制者，确实能得到要素参与生产过程时所做出的贡献的报酬。这种贡献很明显会体现在企业家购买这些要素时所要支付的价格上。但这一收入，与源于时间评值的差异带来的利息收入，是完全不同性质的。

利息的唯一来源是时间偏好，也就是行动人对于同质财货的价值判断，期货的价值要低于现货的价值，这个差异额就是利息。而我们这里的“时间偏好”，并不是一个“心理学”上的考虑，更不是为了某种“功利”的需要的设计，它是人的行动的固有逻辑，它属于行动学的范畴，我们可以从“人的行动公理”中推理出来。

不一定有了货币之后才会有利息，最初的物物交换时代也是有利息的。我们用一个简单的例子来解释一下。

假设我们生活在一个物物交换的原始社会，我会养鸡，而你会养鱼，我们就可能有对彼此的需求，就会发生交易。如果彼此同意我以1只鸡换你的4条鱼，那么此时1只鸡：4条鱼这个交换比例就是我们的交易价格。

现在假如价格不变，我把鸡先给你，你说鱼要一年后才能给我。

也就是说，我给你的鸡是现货，而你给我的鱼变成了期货。那么，我必然要求到期给付更多的鱼，比如5条鱼。这多出来的1条鱼就是“利息”。

前面讲了货币的起源，即货币起源于被广泛认可用于协助交换的普通商品，所以它仍然遵循商品交换的一般原理。

现在，我把鸡换成货币，比如100克金子。此时，现货价格是100克金：4条鱼。也就是说，1条鱼的价格是25克金子。假如我把这100克金子先给你，你的鱼还是一年的期货。此时，我跟之前一样，必然要求你到期给付我更多的鱼，比如还是5条鱼。那么，这多出来的那1条鱼仍然是“利息”。

其实，在交易的一开始，鱼的所有权已经发生了转移，但真正的鱼的支配权并没有立刻交付，而是变成了远期交付，鱼就变成了一种抵押物。

而假如一年以后，我说你不用给我鱼了，而是给我钱（金子）。如果这一年鱼的价格没有变的话，你就需要从原来给我5条鱼，变成支付给我125克金子，那么这多出来的25克金子便是我们日常生活中直观表现出来的货币利息，它就是由人的主观时间偏好决定的纯粹利息。

这就是真实货币利息的全部原理，也就是单次交换行动中真实货币的纯粹时间偏好的利息理论。

对时间偏好定理的证明

我们刚才简要说明了奥地利学派关于纯粹时间偏好利息理论的

计算方式，但我们还没有进一步回答它是如何从“人的行动学公理”中推导出来的。也就是说，我们需要进一步追问：为什么利息是一种纯时间偏好？这个推理过程大致如下。

人的行动是有目的的行为，而这个过程就是人使用手段满足目的的过程，这个过程就是时间。人总是在时间中行动，不可能脱离时间而行动，行动的先后次序就是行动人对时间的直观洞察。换句话说，时间也是人们行动所必不可少的手段之一。

时间作为手段，人们也总是倾向于用更短的时间，也就是更少的手段，实现行动的目的。也就是说，当其他条件不变时，我们一定希望尽快地满足欲望，这就是“时间偏好定理”。

我们可以简单地用反证法来证明这个定理。如果一个人不是尽可能少地使用作为手段的时间，不是希望尽快地满足欲望，那么他势必会一再推迟自己的欲望满足，直至永远不再去满足。但如果他永远不去满足他的欲望，他就不会去行动。而如果一个人不行动，这就跟我们最初的行动公理相矛盾。于是，“时间偏好定理”得证，而且这个时间偏好一定是一个“正时间偏好”。

我在前面讲过，不同目的之间必然要进行排序，先行动的目的就是必定想要先满足的，也就是靠前的。如果用同质的手段来满足不同目的，那么最先使用的那个单位一定是我们主观价值判断更大的目的，这个先使用的单位必定存在着价值判断上的“溢价”；否则，没有溢价也就没有排序，或者无法排序。无法排序就无法行动，这也会与我们的行动公理相矛盾。

而这个我们内在的主观价值判断“溢价”的外在表现就是，假如通过交易要放弃排序更靠前的目的和手段，那么对方需要支付的价格也会更高。

更简要一点：人的行动是有目的的行为（人的行动公理）→人的行动是使用手段满足目的过程→行动必然需要时间（时间也是手段之一）→人一定会尽快地满足欲望、实现目的→人必然要对目的进行排序才能在时间上有先有后→排序靠前的目的需要支付溢价→即使是同一个目的，提前满足也要支付溢价（利息），推迟满足获得溢价（利息）。

最后推论得出：同质手段满足最靠前目的的那个单位价值最大。如果排序提前，比如提前消费，那就需要支付溢价；如果推迟满足，那就需要收取利息。

时间偏好产生的溢价就是利息，这就是纯粹时间偏好的利息理论。以上推理过程是一个基于“人的行动公理”的纯粹演绎，不掺杂任何经验条件。如果“人的行动公理”没有错，这个推论就没有错。

而在我们用鸡和鱼进行交换的例子中，如果直接交换（1只鸡：4条鱼），那么这个时候是没有利息的。而如果发生远期交付（1只鸡：5条鱼），多出的1条鱼就是利息。因为买到鸡的人提前消费了，他需要支付溢价；而买鱼的人则选择了推迟满足，他就需要收取1条鱼的利息。

所以，我们看到，因为绝对的“正时间偏好”的存在，人们对同质的现在商品与未来商品的评价，一定是当前商品的价值高于同质的未来商品。在货币没有出现的时候，“利息”表现出来的就是多给付实物。而如果在一个有货币的经济体中，利息就体现为这两个不同价格之间的比率。

即便是假定在一个物质极大丰富的“天堂”里，作为“行动人”的人，也同样存在着“正时间偏好”。而我们赖以生存的这个世界，远不是一个假想的“天堂”，也永远不可能达到物质极大丰富。我们总要面对无穷无尽的各种欲望以及手段的稀缺，总要面对较近的与较远的欲望的满足，并因此进行价值判断、权衡、取舍和行动。

所以，米塞斯说：“只要人们还有行动，原始利息就不会消失。”

这一讲简要介绍了传统经济学的“要素生产力利息理论”，并着重分析讲解了奥地利学派的“纯粹时间偏好的利息理论”。我们可以从“人的行动公理”出发推论得出人一定具有正的时间偏好，进一步推理得出利息的本质是行动人在时间上对较早或较晚实现目的的评价差异的结果。利息是人的行动范畴，只要人还有行动，利息就永远不会消失。

第20讲　成本永远向前看

在介绍完边际价值递减定理、价格以及需求定理后，我们转向经济学另外一个重要的概念，即成本。成本的概念可深可浅，阿尔钦的一句“成本就是放弃了的最大代价”让多少人陷入了沉思和争论。这一讲我们就试着厘清关于成本的认识。

什么是“成本”

成本，在英文中是cost，这个单词还可以翻译为代价、费用、耗费等。因为说到成本，我们的第一反应往往是历史成本或者沉没成本，也就是过去我们花在一件事情上的时间、精力或者财物。

但经济学中的成本，并不是我们以前做的那些努力，不是向后看的，而是朝前看的。所以，从代价的角度去理解成本是最容易的，成本就是无可避免的最高代价，“代价”就是为实现一定目的而放弃了的东西。

所以，成本指的是机会成本 (opportunity　cost) 。所有的成本都是代价，都是机会成本，所以“机会”二字就显得多余，可以省去。就好像价格永远是相对的，所以“相对价格”就多了两个字。

在不影响准确表达的情况下，我们可以不用“相对”两个字。经济学上的成本都是“机会成本”，所有的成本都是代价。

成本因为有选择而存在，没有选择就没有成本。成本是最高的代价，也就是放弃的最有价值的机会。在理解“机会成本”的概念的时候，我们需要注意的另外一个问题是，“机会”二字说明它首先是你的机会，是你可以选择而没有选择的机会。假如一个选择看上去像个机会，但你根本没有选择的机会，那么它也不能算作你的机会，当然也就不能算作你的成本了。

比如，现在很多孩子放弃国内的高考，直接去国外读大学。虽然他们放弃了在国内参加高考的机会，也许放弃了清华、北大的录取机会，但如果他们本来也考不上清华、北大，那么清华、北大便不是他们的成本。他们在做出决策的时候，也就不会把是否去清华、北大读书放在考虑的范围之内。

如果你考虑做一件事，而放弃了去做其他的事，那么在你放弃的那些事情中，对你有最高的价值的那一个便是你去做的这件事情的成本。注意：成本是你选择放弃的那个“最高的代价”。如果你放弃的不是最高的代价，它就不能算作成本。

比如，中国的酒文化源远流长，现代社会的需求已经和之前的需求不同，酒桌文化有人喜欢有人讨厌。如果有人请你去参加饭局，那么你的成本是什么呢？你无法陪家人，无法看看书、写文章，还有最重要的是，你的身体可能要进行“酒精考验”，这些都是成本，其中对你价值最高的那一项才是你的成本。

这里需要注意的是，在你放弃的那些东西中，价值最高的那个到底是哪个呢？其实，是你自己的主观排序，不足为外人道也，别人可能也很难知道。因为你已经选择了一个，剩下没有选择的哪个排第一是很主观的一件事情。这个逻辑跟我们在分析“边际价值递减定理”的时候一样，价值是主观的，所以成本也是主观的。

成本永远向前看

所有的成本都是机会成本，而所有的历史已成为过去，所有的机会都在未来。所以，成本永远需要向前看，而不是向后看。而沉没成本，也叫历史成本，是向后看的。

这里确实容易造成理解上的混乱，因为在生活中，我们对“成本”的理解更接近于会计成本，也就是历史成本，即已经支出的那些资金、材料。经济学上的成本实际上指的是代价，即面对未来做出决策时需要放弃什么的代价。在经济学界没有找到更好的词汇来彻底替换掉“机会成本”这个词之前，我们姑且继续使用它，但需要时刻注意的是，这个成本永远是向前看的。

我们在日常生活中的决策，其实也都是向前看的，只是我们大多数时候并没有认识到。比如，有人炒股被套了，他要割肉就真的亏了，但最后还是割了。那么，他是基于历史和过去的成本核算且觉得亏钱才割肉的吗？不是的，因为他担心如果今天不割肉，那么明天会亏得更多，所以他今天割肉是在止损。

再比如，我们去电影院看电影，虽然电影很烂，但我们还是坚持看完了。我们是舍不得电影票钱才不走的吗？也许是，但实际上我们是因为衡量了电影剩下的时间机会成本不够高，才不走的。我们做决策也都是朝前看的，是根据预期来做决策的。

曾经有道题在网上广为流传，据说90%以上的人都算错了，这道题有助于我们对成本概念的理解。

一天，有个年轻人到鞋店买了一双鞋。这双鞋的成本是15元，标价是21元。这个年轻人掏出50元要买这双鞋。店主没有零钱，用年轻人的这50元向街坊换了50元的零钱，找给年轻人29元。但街坊后来发现这50元是假币，退给了店主，店主无奈，重新给了街坊50元。请问店主在这次交易中损失了多少钱?

你可以先试着合上本书，不看我的解答，看看自己的思路是不是和我的思路一样。其实，这道题可以作为经济学专业的考试题，考查学生对历史成本与机会成本的概念掌握情况。解题方法有两个。

方法一：直接求和计算。店主的损失实际上就是找给年轻人的29元和一双鞋子的钱，这里的难点是鞋子如何算价，是按照成本15元算，还是标价21元算？这是本题的关键所在。这里所说的成本，实际上是历史成本，在经济学教科书中也叫沉没成本，简单理解就是，过去的就让它过去吧，并不影响未来的价格定价——多么深刻的哲理啊。日常生活中的定价看上去和历史成本有关，但这是一个假象。所以，在计算损失时，我们不应该按照历史成本来计算，而应该按照机会成本来计算，因为鞋子的制作已成为历史，损失实际上是原本应该赚的钱却没有赚到。所以，鞋主的损失=找零29元+鞋子21元=50元。

方法二：宏观视角法。我们换个角度更好理解，这比直接求和计算更直观。这个世界上本来是没有假币的，但是因为有了这50元的假币，整个世界遭受了50元的损失，这个损失的承担者就是卖鞋的店主，他要为自己不会识别假币买单。换个视角，豁然开朗。

决策要从今天看

前面说了，我们做决策都是向前看的，是根据预期来做决策的，其最根本的原因在于，历史成本不是成本。历史成本在很多教科书上也叫作沉没成本，对我们做决策没有影响。

假如我是一个卖西瓜的，进了一车西瓜。最后，西瓜卖得差不多了，还剩100个，如果今天不卖完，明天就烂掉了。如果西瓜烂掉了，那么我一分钱都赚不到。我今天肯定是想方设法出清，把西瓜全部卖出去，不管进价是多少钱，能卖一点是一点。这个决策和我进西瓜的价格是没有关系的，进西瓜的价格是历史成本，也就是沉没成本。

我们每个人的决策都是在今天做的，历史成本实际上对我们不会有影响，但是有时候会产生干扰，造成误导。张五常教授在书中介绍过他卖镜头的经历。喜欢摄影的同学都知道，镜头不是电子产品，不像机身那样很快贬值，好的镜头（像蔡司、徕卡那些手动镜头）还会升值。张五常教授卖镜头就是受到了历史成本的误导，参考他自己的历史成本来作价，结果比市场价格便宜很多。这中间其实就是信息费用。

我们在卖一套10年前买的房子时，会去参考同一小区或者周边小区的成交价，但绝对不会去参考10年前我们购买时的价格。影响我们行为的因素有两个：一个是我们对选择的价值预期，另一个是我们要放弃的成本。这两个因素中的任何一个变动都会对我们的决策产生影响。历史成本越远，对我们决策干扰就越小，否则干扰越大。但我们的决策终究是要向前看而不是向后看的。

经济学上的成本永远都是机会成本，永远都要从代价的角度来看成本。成本就是我们放弃了的最大代价，如果最高的代价不变，成本就不变。而这个代价永远要面向未来向前看，而不是面向过去向后看。这不是经济学家构建的模型，而是我们每时每刻的决策过程。

第21讲　比较优势原理

上一讲分析了成本的问题，这一讲我们继续看一下跟成本有关的“比较成本”问题，以及与此有关的“比较优势原理”。

比较成本是自己跟自己比

比较优势原理的意思是，不同的人或者地区在生产同样的两种或两种以上物品时，只要生产成本的比例不同，各自选择在比例上成本较低的来专门生产，然后通过市场交易，就可以相互得利，实现共赢。这个原理最早是由大卫·李嘉图发现并提出的，他用两个国家举例分析，一个国家虽然在两个方面都有绝对优势，但仍专注在其中一个方面生产，然后双方通过交易之后获利更大。

李嘉图给出的例子是这样的：假设英国人用100小时能做1件衣服，用120小时能酿1瓶酒，所以英国人如果有220小时，就分别能生产1件衣服和酿1瓶酒。而葡萄牙人在做衣服和葡萄酒两个方面都比英国人厉害，葡萄牙人用90小时就能做1件衣服，用80小时就能酿1瓶酒。

我们列表梳理一下这两个国家的情况，如表21-1所示。

表21-1　英国与葡萄牙的生产情况

项目	英国		葡萄牙		两个国家
	劳工	产量	劳工	产量	总产量
生产1件衣服所需要的时间（小时）	100	1	90	1	2
酿造1瓶酒所需时间（小时）	120	1	80	1	2

假设英国和葡萄牙只生产两种东西（衣服和酿酒），这两种东西的产量都是一样的，都是1。我们可以发现，葡萄牙在生产衣服和酿酒上的劳动时间都比英国要少，也就是拥有绝对优势。

对于英国而言，生产1件衣服，需要100小时。如果英国用这100小时都去酿酒，那么它能生产多少酒呢？那就是，用100除以120（因为生产1瓶酒需要120小时），结果等于0.833。也就是说，英国生产1件衣服所付出的机会成本是0.833瓶酒。

回头再来看葡萄牙，葡萄牙生产1件衣服需要90小时。葡萄牙如果用这90小时去酿酒，那么能生产多少酒呢？生产1瓶酒在葡萄牙只需要80小时，90除以80等于1.125。也就是说，葡萄牙生产1件衣服需要付出的机会成本是1.125瓶酒。

我们继续列表来看它们之间的比较优势，如表21-2所示。

表21-2 英国与葡萄牙的比较优势

项目	英国	葡萄牙	比较优势
生产衣服的成本	0.833 瓶酒/件	1.125 瓶酒/件	英国<葡萄牙
酿酒的成本	1.2 件衣服/瓶	0.889 件衣服/瓶	英国>葡萄牙
比较优势	生产衣服的成本更小	酿酒成本更小	

我们可以看到，衣服的生产成本显然是在英国更低，在英国是0.833瓶酒，而在葡萄牙则需要1.125瓶酒。按照同样的算法，我们计算一下两个国家酿酒的成本，英国生产1瓶酒需要的成本是120除以100，结果是1.2件衣服；而葡萄牙生产1瓶酒的成本是80除以90，等于0.889件衣服。很明显，在酿酒的成本上，葡萄牙比英国更便宜。

分工合作然后交易互利

上面的比较意味着什么？一个国家跟另外一个国家相比，可能其所有产品所需的生产要素都比较少，该国家存在绝对优势。但如果是一个国家内部相比较，那么从成本上算，一个国家不可能所有产品的成本都比较低，或者一个国家必定有些产品的成本是比其他国家低的。这就是比较成本的概念。

这个时候，如果英国和葡萄牙能够认识到这一点，知道了自己的比较优势所在，并且英国将全部精力都放在生产衣服上，而葡萄牙专门负责酿酒，那么英国在原有的220小时的时间里可以生产2.2（220÷100）件衣服，而葡萄牙在170小时的时间里可以酿2.125（170÷80）瓶酒。

这个时候我们看到，在没有分工之前，两个国家加起来的总产量是2瓶衣服和2瓶酒，而在分工之后变成了2.2件衣服和2.125瓶酒，总财富增加了。也就是说，分工生产然后相互贸易对大家都有利。

英国与葡萄牙分工后的生产情况如表21-3所示。

表21-3　英国与葡萄牙分工后的生产情况

项目	英国	葡萄牙
生产1件衣服所需要的时间（小时）	100	90
酿造1瓶酒所需时间（小时）	120	80
制造衣服总量（总时间 ÷ 单位时间）	220 ÷ 100=2.2	0
酿酒总量（总时间 ÷ 单位时间）	0	170 ÷ 80=2.125
分工后总量	2.2	2.125
分工前总量	2	2

暂时不考虑货币的问题，李嘉图假设葡萄牙和英国一对一进行

贸易，葡萄牙用1.125瓶酒去换英国1.125件衣服。在相互贸易之后，葡萄牙得到了1.125件衣服，剩下了1瓶酒；而英国可以得到1.125瓶酒，剩下1.075件衣服。两者都比原来不分开生产的时候获得的要多，这就是专业分工生产与互相贸易带来的好处。

可以说，这个模型非常精彩和精辟，深刻地揭示了贸易的本质和好处。以前我们会看到有文章通过批评“我们要生产多少双袜子才能换回一架飞机”来说明我们的制造业大多集中做低端行业。在学习了比较成本和比较优势原理之后，我们很容易看出这种批评的问题所在。

这个分析不仅仅适用于国与国，同样适用于人与人、企业与企业。比如，比尔·盖茨写代码和打字都很快，但雇用一个人专门处理一些打字的事情，仍然比他自己打字更合算。再比如，在全球化的今天，手机、电脑等很多产品的设计、研发和生产大多是在不同国家完成的，这就是不同国家发挥各自的比较优势然后通过市场实现合作的。

李嘉图的缺憾

李嘉图对比较优势原理的揭示在今天看来好像非常简单，但第一个把这个原理抽象出来的人很伟大。此人虽然伟大却留有缺憾。我认为李嘉图这个分析模型最大的问题在于，不应该以国家来举例论证。

以国家举例论证，很容易让人误以为国家间的比较优势是以国家或者政府的意志为转移的，很容易导致不同国家、地区形成形形色色的产业政策或者保护政策——目的就是寻找和利用自己的比较优势。但实际上我们知道，比较优势的发现并不是这样一个自上而下的过程，而是在一个自下而上不断试错的过程中呈现出来的。

李嘉图的分析很精彩，只是以国家为认识的切入点很容易让后来的理论学习者忽视“个体的行动人才应该成为理论分析的起点”。也正是这样的大意和失误，让今天诸多的理论批评者和政策制定者找到了突破口。

李嘉图的分析模型是极为简化的模型，类似于我们在做物理分析时假设真空或者摩擦力为零的条件。但在现实中，摩擦力显然不为零，国家之间的贸易除了不同货币和货币政策外，还有关税、劳动法等。劳动力在一个国家之内是可以自由流动的，而在国家之间却不行。李嘉图的分析没有错，而我们需要做的就是寻找和分析这些摩擦力具体是什么，来自哪里，以及我们如何应对。

上一讲讲了成本是最高的代价，这一讲通过分析成本要自己和自己比，进一步分析得出了比较优势原理。通过分析，我们认识到，即便我们在一个行业有绝对优势，接受分工还是要比什么都自己做更好一些。这个分析既适合国与国，也适合人与人。

第22讲　亚当·斯密和米塞斯对于分工合作的分析

上一讲对李嘉图的比较优势原理进行了分析和讲解，李嘉图以英国和葡萄牙为例，对生产衣服和酿酒的情况进行了对比分析，得出的结论是，即使葡萄牙相比英国在两个方面都有绝对优势，葡萄牙也应该专注生产自己更擅长的东西，然后通过贸易交换获得更好的结果。这一讲我们来看看米塞斯对于分工合作有什么不同的看法。

亚当·斯密对世界的观察

对于分工问题的论述被引用最多的，应该是亚当·斯密在《国富论》中的版本。虽然有的人可能已经很熟悉了，但这里还是简单介绍一下，以供大家对比学习。

《国富论》第一篇第一章就是“论分工”，其中第一句话是：“劳动生产力上最大的增进，以及运用劳动时所表现的更大的熟练、技巧和判断力，似乎都是分工的结果。”简单来说，生产效率的增进来源于劳动分工。提高生产效率就是提高产出，产出高了，财富才会增加。想要增加财富，我们要先进行劳动分工。

紧接着，亚当·斯密就以作坊里制作扣针（pin,《国富论》中译为扣针，从描述上看更像大头针）的垂直分工为例，形象地说明了分工和专业化的好处。他分析说，一个没有受过训练的劳动者，即使竭尽所能，一天也做不成一枚扣针。一个人抽铁线，一个人拉直，一个人切截，一个人削尖线的一端，一个人磨另一端以便装上圆头，整个工作分为18种工序，由十多个工人来完成。有些工人只专注完成一道工序，有些工人完成两三道工序，然后再配备一些必要的机器设备。这样的话，如果他们努力工作，那么一整天下来，他们能够做出12磅扣针，这相当于每人做了4 800枚扣针。

我们看到，从每个人做不了一枚扣针到平均每个人可以制作4 800枚扣针，分工合作使效率提高了不止百倍、千倍。分工使效率提高的原因是什么？亚当·斯密列出了分工专业化的三大好处：第一，熟能生巧；第二，每个专业工人不必花时间转换工种；第三，因长期专注个别工种，专业工人有机会改良工艺机械。

亚当·斯密更进一步分析到，如果市场规模太小，且扣针生产多了，扣针就只能滞销。因此，劳动分工是受制于市场规模的，或者反过来讲，市场扩张引发了分工合作与专业化的深化。这一步推论把分工和市场联系起来，只有与市场联系起来，分工才真正地与增加国民财富联系起来。因为单纯提高生产效率，没人买账，那也不是财富，还很有可能是浪费。只有自由交易才能产生财富。

亚当·斯密在这里把生产领域的劳动分工和交易领域的市场机制建立起了联系。也就是说，在亚当·斯密确定了生产（劳动）领域与交易（市场）领域之间一个相关度最强的问题之后，其他的比如与市场相关的货币与价格问题以及与生产要素相关的资本与土地问题，就会自然而然地依次纳入视野，我们才开始讨论生产与价值理论等国民财富的增加问题。

就这样，关于生产、定价和生产要素所得分配的结构性分析一步步构建起来了。这一步步搭起的古典经济学框架，是由劳动分工奠基的。正是劳动分工与市场规模建立了关系，才搭出了可以供思路向上攀爬的讨论财富的框架。

米塞斯对分工合作的分析

李嘉图从国家的视角切入，以简洁有力的模型论证了分工生产的好处。亚当·斯密的分析以小见大，从对真实世界的观察细节入手，揭示出分工对效率作用，并进一步指出市场经济在人的自利驱动下可以造福整个社会。从易于传播的角度来看，亚当·斯密的分析更形象，更有故事性，因此更容易传播。

而米塞斯走得更远，他把李嘉图的“比较优势原理”推广到普遍的人际协作原理，以此论证劳动分工能带来普遍的物质繁荣，并结合奥地利学派的主观价值论，论证以分工为基础的市场交换能够增加所有参与者的价值满足感。

对于分工合作的分析，米塞斯从三个方面进行了阐释：第一，人们从事各种工作的能力先天就不相等；第二，地球上由自然界赐予的非人力生产机会的分配也不相等；第三，许多工作不是个人力量能够完成的，需要若干人共同合作。

米塞斯进一步指出，社会之所以为社会，绝不仅是为某一特定目标而开展的一时结合。米塞斯认为，只有意识到行动一定是由个人实施的，我们才有可能认识广泛的人类合作。从方法论个人主义的视角来看，集体不能独立于个体而存在，一切社会行动都由个人的行动组成，一切历史事件也可以还原成个人行动。

坚持方法论个人主义，并不是否认集体行动的存在，而是把集体社会的行动作为个人行动合作的结果。社会并不起源于某个统治者的命令，人在理性的指引下认识到，交换、分工和协作能给每一个人带来好处。社会是基于人的自利而自发组成的，自利是人类组成社会的根本原因，劳动分工是一切社会关系的基石。

但我们需要强调的是，绝不存在集体主义意义上的“集体行动”，任何集体主义语境中所谓的“集体行动”都必然是某个人、某个指挥者意志下的行动。群体为了一个相同的目标行动，并不是集体主义意义上的“集体行动”，而是一种“共同行动”，即群体中的每个人在其独立意志支配下与具有相同目标的其他人合作是一种共同的合作行动。

另外，米塞斯认为，分工是人类对自然条件多样性的反应结果，分工本身又是一种差异性的因素。这个差异一方面是关于资源的，另一方面是关于人的。关于资源，分工让一些地方成为都市，让一些地方成为乡村，也让不同的地方发展不同的产业。关于人，人天生的能力和禀赋，有些发展了出来，有些受到了阻碍。熟练于某一职业以后，人变成了专家。

关于分工，米塞斯还提醒我们，机械化以及自动化、智能化，甚至人工智能，都是分工的结果，而不是分工的原因。专业化的机械只有在分工的环境下才能使用。趋向于更专门化、更精致、更有生产力的机械的使用的每一步，都要以工作的更进一步分工为要件。我们要认识到这个因果关系，不要犯因果倒置的错误。

商场不是战场，市场也不是丛林

“商场如战场”，这是我们常见的一个比喻，用来说明市场竞争的激烈程度。还有人把市场比喻成“丛林社会”或者“黑暗森林”。在他们看来，所谓的分工合作只不过是富人对穷人的欺压，强者对弱者的压榨，以及资本家对工人的剥削。他们认为，自由市场就是一种社会达尔文主义，竞争失败意味着就要被社会淘汰。

但是很明显，战场上的失败往往意味着伤亡，意味着屈服于对手和敌人。而在真正的物竞天择、适者生存的自然丛林法则中，失败常常意味着死亡，意味着被吃掉。我们只要坦诚地面对事实，就会很容易发现，在基于产权的市场规则中，竞争失败仅仅是消费者不愿意把钱给你，不愿意买你的产品。

消费者根据自己的需求，把钱给了你的竞争对手，从他们那里而不是你这里购买产品。他们用钱投票，以这种方式告知你的产品不行。你要么改进产品增强自己的竞争力，要么退出这个领域的市场，把资源投入你更擅长的领域中。

自由市场并非像社会达尔文主义描述的富人和穷人的斗争，也不是强者对弱者的剥削。市场竞争中的失败，既不需要付出生命的代价，也不需要臣服于竞争对手而失去人身自由。这种失败与战场上的失败以及丛林法则下的失败，有着完全不同的性质。用比喻来说明激烈程度尚可理解，但把战场、丛林与市场混为一谈，混淆其本质的差异，明显失之于偏。

实际上，我们生活中使用的商品，绝大部分都不是一个人生产出来的。小到铅笔、衣服、手机，大到汽车、高铁、飞机等，没有一样是一个人能生产出来的。而生产这些东西，往往涉及全球化、大规模的社会分工合作。

如果没有自由市场和分工合作，那么我们每个人恐怕只能过着自给自足的生活。每个人只能吃自己种的粮食，只能使用自己生产的工具，这种状态恐怕和原始人没有什么差别，但自由市场和分工合作把我们从原始人那种看上去自给自足实际上穷困潦倒的状态中解救了出来。

拥有弱小身躯的人类如果没有分工、没有社会协作，就几乎无法在丛林中与野兽竞争。人类之所以站到了食物链的顶端，战胜了采用丛林法则的野兽，很显然是因为分工合作。市场竞争以及分工合作的社会状态，大大提高了人类的生活水平和人类应对自然灾害的能力，使人类走出了丛林，而不是停留在丛林中。

这一讲分享了亚当·斯密和米塞斯对于分工问题的分析。两个经济学巨匠从不同角度的分析告诉我们，分工合作的优势既是人类财富累积的基础，也是人类走出丛林状态进入文明社会的基石所在。市场并不是一个强制和剥削的地方，而是一个自由交易让所有人都获利的机制。

第23讲　价格对成本的影响和定价策略问题

价格理论是经济学的一个难点，也就是我们一般所说的市场定价过程理论。更通俗点说，价格理论就是解释市场中商品（包括消费品和生产要素）的价格是如何形成的。其中，生产要素价格形成的解释，又是重点中的重点、难点中的难点。另外，经济学家们又因为认识不同，往往持不同的解释方法，形成针锋相对的理论派别。这些不同认识又将影响经济问题的分析。前面讲了价格问题和成本问题，这一讲我们就来看一下价格对成本的影响，以及由它牵出的定价策略问题。

古典经济学和新古典经济学对价格的认识

古典经济学认为，"价值"是客观的，每一样物品都有它"内在的"不变的价值属性，所以最终商品的价值是由生产它的上一阶商品决定的。这一关于价值的认识反映到价格理论上，就是"（历史）成本决定价格"。在古典理论中，土地、劳动与资本三要素是商品成本的三个源头。

马克思的价格理论也是“（历史）成本决定价格”中的一种，不过由于它把商品的价值来源主要赋予在“劳动”这一个要素上，所以马克思认为，在市场经济中，商品的价格是由生产它的社会必要劳动时间决定的。成本决定价格的理论还有许多变种，但它们的理论逻辑是一样的。在这种价格理论的影响下，人们会强调“等价交换”和“公平价格”。

比如，我们经常会看到一些新闻报道，记者通过拆开手机来判断它的零售价格是不是暴利，或者通过暗访等手段考察一副眼镜的生产成本和流通成本，以揭示眼镜行业是不是一个暴利行业。类似的还有记者对房地产行业成本的梳理，计算出一套房子的成本具体是多少。这些背后其实都隐含着人们希望能够有一个更加“公平”的价格，而不是利润过高的“暴利”价格。

新古典经济学倒是没有刻意强调客观价值论，但我们翻开萨缪尔森、曼昆等著作的传统经济学教科书，会发现他们对价格形成过程的介绍通常用一个均衡状态下的供给曲线和需求曲线来演示。向右下倾斜的需求曲线和向右上倾斜的供给曲线相交的点就是均衡点，其所对应的价格就是均衡价格，也就是成交价。

张五常教授对这个均衡分析法不以为然，他认为均衡的分析方法是借鉴物理学的分析方法。物理学中存在均衡，但真实世界的经济活动中并不存在均衡。均衡意味着不再发生变化，意味着没有进一步的行动，但在真实世界中，人们时时刻刻都在做出新的决定和行动。所以，张五常教授是对的，均衡分析的方法不适用于经济学。

前面介绍过奥地利学派关于价格的分析方法。与客观价值论正好相反，奥地利学派秉持价值上的主观主义，认为价格是交换双方在边际上的取舍所得到的结果。这个取舍的依据是各自对所交换商品的主观价值评价。之所以双方会发生交易，是因为双方都觉得交易之后自己的状态更好了，认为交易是互惠互利的。

所谓“公平合理”的这种想象中的价格是绝对不存在的。市场价格的决定最终还是所有市场参与者的主观价值判断与边际选择相互作用的结果，也就是买家的相互竞买抬高价格，卖家的相互竞卖压低价格。市场参与者基于价值排序的边际选择是价格的逻辑前提，它仍然是“主观的”。

价值评价是个人的、主观的，而价格则是一个市场现象。每个人对交易获得的商品的价值评价总是大于对交换出去的商品的价值评价。交换行动中这种主观价值判断的不等价以及市场参与者对商品评值的参差不齐，正是市场价格得以形成的基础。

价格对成本的影响

在介绍价格对成本的影响之前，这里要先介绍一下门格尔关于“低阶财货”和“高阶财货”的定义。所谓“低阶财货”，比如一阶财货，就是你直接用于消费的财货。比如一杯水，你即将喝下去解渴，这杯水对你来说就是一阶财货。而“高阶财货”，比如二阶财货，则是相对于直接消费的一阶财货而言的，它是一阶财货的中间财货。

这里需要注意的是，对于高阶财货和低阶财货的划分，还是一贯地在奥地利学派“目的-手段”的分析框架下展开的。对于同样一杯水，如果你用来解渴，它就是低阶财货；如果你用来蒸馒头或者煮米饭，这杯水就变成了高阶财货。因为目的不同，同一杯水从低阶财货变成了高阶财货。再比如一块砖头，如果你拿它来盖房子，它就是高阶财货；如果你拿它来防身，它就变成了直接消费的低阶财货。

在经验上，我们很容易受一种叫作“成本加成法”的定价策略的影响，它让我们误以为生产出一件产品的价格是由生产要素过去的历史成本决定的，也就是“（历史）成本决定价格”。“成本决定”的价格理论放在一个无限趋近于“定量”的且静止的经济世界里，也许是可以成立的。

我们可以假想一个这样的世界，在这个世界里，全部要素都是绝对特殊的专用要素。在这样的一种状况下，最低阶商品与高阶商品之间存在着一种一一对应的关系，于是我们就可以由产品价格往后推出生产要素的价格，反之亦然。但是，在这样的一个世界里，一切都是确定的，也就不存在“如何有效配置资源”“如何提高生产效率”这类问题。

很明显，真实的经济世界不是这样的。真实的经济世界是一个要素并非专用的世界。在这样的世界里，水可以直接喝，也可以用来生产面包；砖头可以用来盖厂房，还能用来盖商品房。每种要素都有多种用途，人的各种欲望都在竞争这些要素的使用。对要素用途的竞争就是一个如何有效配置才能满足最迫切的欲望的问题。

在主观主义的边际效用价格理论中，高阶商品的定价过程与消费品的定价过程在逻辑上是一致的。对于消费者而言，只要他们对商品的评价高于他们所要付出的货币，他们就会购买商品。对于企业家而言，他们在市场中叫价寻求生产要素，并与其他企业家竞争。要素所有者则与其他要素所有者的出价形成竞争。与最低阶商品的定价过程一样，买者和卖者（这里是企业家和要素所有者）的边际选择确定了要素价格。

对于两者的不同，我们只需要注意：消费者在购买商品时，是直接评价该商品相对其主观价值的；但企业家在购买生产要素时，并不直接评价要购买的要素的主观价值，而是以这些要素所能生产的产品估价为基础的。也就是说，消费品的市场价格形成直接依赖于“主观价值评判”，生产要素的市场价格形成则与消费品的“价格”相关联。

所以，消费者的价值判断决定了最低阶商品的市场价格。接着，在市场上寻求利润的企业家又对这些价格可能的未来变动做出预测，也就是估价。然后，企业家依据这种估价来指导自己购买生产要素进行生产，这个过程导致第二阶、第三阶……直到最高阶商品的市场价格形成。

这就是奥地利学派主观主义的价格理论，市场决定消费品的价格，并以相同的方法决定生产要素价格。这也是“价格决定成本”的逻辑含义：价格最终源于人的最基本的行动范畴——选择和取舍。米塞斯对此总结道：“市场的价格结构，生产要素配置于各种欲望满足的途径，以及每个人分配额的决定，并不是三件不同的事情，它们是同一个现象的三个不同侧面。……在市场程序中，它们是由一个行为完成的。”

定价策略问题

厘清价格理论对我们理解市场的运行机制很有帮助，但对于已经成交的那个价格本身来说，它的价值也许并没有我们以为的那么大。门格尔准确地指出：“价格是一个偶然现象。”的确，买卖双方无论目的和动机是什么，也无论在边际上最终放弃了什么，一旦他们成交，成交的价格就变成了一种历史信息和记录。

价格是我们观察到的行动人的行动结果，交易双方在边际上都有一个各自的放弃范围。在这个放弃范围内，交易都有可能成交，具体的成交价格要看交易双方的谈判技巧和急需程度。一旦需要放弃的东西超过了这个放弃的范围，交易就不会发生。

一旦交易达成，一个确定的价格就会出现，这个价格便成了一个历史信息。这个信息代表着已经成交的交换比率，交易双方和旁观的第三者都可以看到这个信息，但价格信息本身并不会对未来可能产生的新的交换价格产生影响。原因还是我之前说过的，成本永远向前看，我们今天所做的所有决策也都是立足今天、面向未来的。

那么，真实市场中的企业家对产品的定价策略是不是也像我们分析的这样呢？这是一个常见的问题，这个问题有点类似于“经济学家那么懂市场，是不是应该都很有钱？”。但是，这个问题不仅混淆了经济学家和企业家分工的不同，而且混淆了经济学研究的价格理论和企业经营管理中的价格制定策略问题的不同。因此，我们还是简单地谈一下定价策略问题。

经济学所研究的价格理论是我们此前从行动公理到边际价值递减，再到因为取舍所呈现出的交换比率，而我们的理论分析都是发生在有明确买卖双方的情况下的，都有具体的交易场景。而对于企业家的定价策略来说，在研究定价策略的时候，企业家大部分情况下是没有具体交易对手的。

在制定价格策略的时候，企业家通常需要解决的问题是，哪些人会购买，以及进一步预测在哪个价格上能够精准地让消费者支付那个他们愿意支付的上限，也就是让消费者乐意花更多的钱。做这些定价策略的目的就是，追求尽可能多的盈利。

大多数时候，作为消费者，我们面对的市场是卖方定价，没有什么议价空间。但实际上，这个“议价”的过程，只不过是从我们通常印象中面对面的讨价还价变成了消费者用脚投票的阶段。

比如，在苹果公司发布新产品的时候，我们经常会看到国内外排队购买苹果产品的现象，还会看到有黄牛第一时间拿到货之后转手卖个好价钱。在苹果产品还没有上市之前，苹果公司是没有明确的具体交易对手的，但这并不妨碍苹果公司的营销专家对苹果产品进行有效的定价，而且我们看到他们的定价策略非常成功。

单从价格上看，造成排队现象的原因是定价过低。理论上，苹果公司可以抬高一下产品定价，在消除排队现象的同时说不定还能获得更高的利润率。但是很显然，苹果公司把产品定价到其认为合理的水平，排队现象本身加上全球媒体或者自媒体的网络传播完全是一套利用产品质量和定价策略打出的绝佳广告组合拳。苹果公司在卖产品的同时打广告。

另外，对于那些市面上从来没有过的全新产品来说，企业的定价策略基本上就是靠猜测。也许有复杂的预测模型帮助它们做出决策，但本质上仍然是对消费者支付能力和产品需求的一种综合预测。这也是企业家才能的一种。

这一讲简要介绍了古典经济学和新古典经济学对价格的认识，还以奥地利学派理论为基础分析了价格是如何对成本产生影响的。我们可以看到，经济学的价格理论来自从“人的行动公理”出发的逻辑演绎，这种分析不同于企业家的定价策略。企业家的定价策略是一个经营管理问题，企业家未必懂得经济学的这些基本原理，但他们的行动依然受到这些原理的约束。正如不是每个人都懂得牛顿定律，但要想骑自行车，每个人必然要受到牛顿定律的约束。

第24讲　企业家精神与竞争

前面讲了劳动分工与专业化的问题，我们知道了比较优势的概念，也知道了经济学对价格理论的认识和企业家的定价策略。这一讲我们来一起看一下奥地利学派着重强调的企业家精神与竞争，这一点也是传统经济学基于均衡模型的分析中所没有的。

企业家精神

应该说，企业家也是分工合作的产物，企业家用他们独到的眼光、果断的判断力和勇敢的执行力对市场形成预判，并满足市场需求，他们是市场经济的驱动力。那么，什么是企业家精神？用通俗一点的话来理解，企业家精神就是“敢想敢干”，有洞察力，能想到和发现消费者的需求，而且有信心、有毅力、有行动，能把事情干成，消费者愿意付费购买。

无论是资本积累、资源配置，还是技术进步，其实都是企业家精神作用的结果。主流经济增长理论存在的一个问题是，通常忽略了决定增长的一个最重要的因素——企业家精神。

亚当·斯密的《国富论》，探讨的是财富是什么和财富如何增加的问题。在亚当·斯密看来，经济增长就是一个自我强化的循环过程：经济发展取决于生产率的提高；生产率的提高来自技术进步和创新，以及资本的积累；技术进步和创新依赖于劳动分工和生产的专业化；而分工和专业化的深度由市场的规模决定。

于是，市场规模的扩大，导致分工和专业化的提升；分工和专业化的提升，导致技术进步和生产率提高；技术进步和生产率提高，导致财富增加；财富增加又进一步扩大市场规模。因此，这形成一个正向循环，经济持续增长。

亚当·斯密的增长模型如图24-1所示。

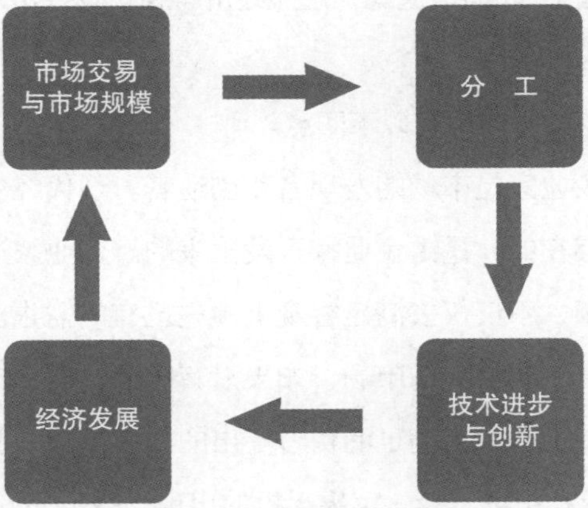

图24-1　亚当·斯密的增长模型

按照亚当·斯密的增长模型，经济增长的同时一定表现为市场规模的扩大、专业化和分工的深化、产业结构的变化、技术的进步、劳动生产率的提高、国民财富的增加。市场规模扩大和分工深化的产业结构变化是经济增长的重要特征。新古典增长模型只注重总量的增加，不注重产业结构的变化，这是一个很大的缺陷。

亚当·斯密的模型有个问题没有回答，或者说它没有注意到这个问题：整个增长过程是谁来驱动的？实际上，这个驱动的主体就是企业家。这就是经济学家熊彼特在《经济发展理论》一书中提出的主要思想。在熊彼特看来，企业家是市场经济的灵魂，是创新、生产要素“重新组合”的主要组织者和推动者。

企业家出于逐利的动机，不断进行着发现不均衡、创造不均衡的工作。正是在他们的努力下，市场才被开拓，新的分工才得以出现，技术进步和创新才变得可能。从这个意义上讲，企业家才是经济增长的“国王”。但很遗憾，主流经济学在讨论经济增长时忽略了企业家的核心作用。

企业家的核心作用有以下四点。

第一，企业家是市场的发现者和创造者。现代经济的大部分市场本来是不存在的，是由企业家开发出来的。企业家通过创造新产品来创造市场，不仅仅去满足客观上事先已有的需求。比如，微信市场已经是一个非常大的市场，如果没有微信，微信市场就不会存在。马化腾并不是为了满足消费者提出的微信需求，而是创造出了微信这个需求和市场本身。苹果手机的出现，并不是消费者发现的，而是乔布斯创造的。

第二，企业家创造了分工。以微信和苹果手机为例，它们的出现造就了一批利用这些平台致富的人，这就是新的市场带来的新的分工和市场机遇。

第三，技术进步主要是企业家创新的结果。按照熊彼特的观点，创新就是实现生产要素的“新组合”，包括创造新的产品、发展新的生产技术、开发新的市场、发现新的原材料和实现新的组织方式，这些都是企业家的功能。

第四，人们的收入提高了，需求结构就会发生变化。如何把新的财富变成新的市场，从而使得市场规模不断扩大，主要取决于企业家的创新。

亚当·斯密-熊彼特的增长模型如图24-2所示。

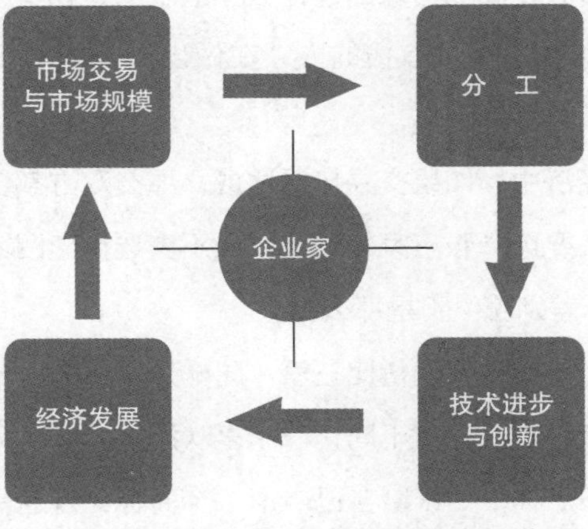

图24-2　亚当·斯密-熊彼特的增长模型

在亚当·斯密-熊彼特的增长模型中，我们可以看到，企业家成为理解经济增长的核心，他们的行为应当被视为支撑经济增长的微观基础。只有这样，我们对经济增长的理解才能更深刻，而不至于流于表面上的技术关系。

另一个至关重要的问题是企业家的制度环境。一个国家是富有还是贫穷，其经济是增长还是停滞，主要取决于这个国家是否允许企业家精神充分发挥作用。米塞斯是这样论述企业家的：“成功的企业家以及创业者的与众不同之处在于，他不会纠结于过去和当前，而会根据自己对未来的洞见来处理事务。他和别人一样看到过去和当前，却以独到的眼光去判断未来。”

竞争保护消费者

说完了企业家精神，我们再来说说竞争是如何保护消费者的。作为普通消费者，我们追求的是什么？追求的是物美价廉，追求的是性价比。即便是非常有钱的人，在做出选择的时候，也是有对比的。

在市场经济中，如果交易自愿达成，那么双方都会受益。问题是，我凭什么要选择张三家的猪肉，而不去选择李四家的猪肉呢？同样的猪肉，差别貌似不是那么明显。

在市场经济中，我们货比三家。同样是卖猪肉，一家店面干净点和另外一家脏点，就有不同；一家喜欢添点零头，另外一家正好够秤，这也不一样；一家给自己申请了个商标，打造品牌来卖，另一家还是通过老作坊来卖，这也不一样。

竞争是全方位的、多维度的，一定是差异化的。同样是卖矿泉水，农夫山泉在外包装上做足了功夫，屡屡拿到设计大奖，这都是在刻意制造、创造差异化。这种差异化在消费者的心智中会产生印象，消费者在选择的时候就会有倾向。

在差异化竞争之下，只要没有有关部门的行政命令设置门槛，行业的利润空间就一定会逐渐压缩、逐渐趋零。在这个过程中，消费者选择的余地越来越大，种类越来越多，这就是为什么竞争保护了消费者，这也可以从一个侧面来论证自由市场、自由竞争的正义性所在。

竞争保护工人

竞争不仅能够保护消费者，还能够保护工人。这与我们印象中的剥削理论不同，竞争之下，指望通过“剥削”来赚钱，往往不是那么容易的。为了长远发展，各大公司往往都非常重视自己的人才储备。人才不一定是程序员、金融高管，你只要能胜任某个工作岗位，干好某个工作，就可以被称为人才。当行业产生竞争的时候，经常会出现同行业的相互挖人的情况。

所以我们看到，在管制不是那么严重的IT（信息技术）领域，行业的竞争非常激烈。但正是这种逆水行舟、不进则退的激烈竞争，造就了许多高质量的互联网公司和优秀的互联网产品，比如我们常用的微信、微博、淘宝、京东等。整个IT行业的蓬勃发展，造就了大量的从业人才。整个价值链传导下来，程序员也更受欢迎，因为大家都知道他们是未来的“潜力股”。这倒是也符合经济学的基本规律。

在工厂流水线上的那些工人，也会因为竞争受到保护吗？答案是肯定的。比如著名的代工企业富士康，别看前几年富士康的负面新闻很多，并且媒体把富士康描绘成“血汗工厂”，但真实情况是，当地年轻的打工者排长队、挤破头都想进去。

为什么？归根结底还是因为富士康有工资、有加班费。但媒体的报道却完全有失水准，这暴露出它们不具备基本的经济学常识。但我们还是不禁要问，为什么富士康的工人或者其他流水线上的工人那么辛苦，其基本工资却很低呢?

答案是，行业竞争，人才竞争，工人也是要相互竞争的。像富士康这样的代工企业，面对的竞争更是来自全球各地。如果企业按照媒体的要求涨工资，越过成本线，那么工厂要么被迫关闭，要么被迫迁到其他国家工人工资更低的地方，或者使用流水线机器人来代替工人。这些并不是空谈，而是已经发生了。是竞争在保护工人，而不是媒体的舆论裹挟在保护工人。如果你认清楚这一点，你的经济学基本功就算过关了。

这一讲简要介绍了什么是企业家精神以及它在市场中的作用。企业家出于逐利的动机，不断开拓创新，新的分工才得以出现，技术进步变得可能。从这个意义上讲，企业家才是经济增长的“国王”，但是企业家精神的发挥需要有制度保障。这一讲也简要分析了竞争是如何保护消费者和生产者的，这应该成为我们经济学的基本功。

第25讲　反垄断的迷信

说起“垄断”，估计很多人的第一反应就是垄断不好、垄断有害，所以一定要反垄断。而对于哪种情况才算是形成了对市场的垄断，很多人通常会认为市场份额一家独大就是垄断了市场。这样的理解很符合直观的经验，但是正如你即将在这一讲看到的，这种对“垄断”的广泛误解正在伤害市场，也正在伤害支持反垄断的消费者。

反垄断的历史

汉语的“垄断”一词出自《孟子·公孙丑》：“必求垄断而登之，以左右望而罔市利。”垄断原指站在市集的高地上操纵贸易，后泛指把持和独占。中国自古称垄断为“榷”，古代盐、茶长期属于官办垄断，所以有榷盐、榷茶之称，还有榷酤。

“垄断”一词的英文monopoly源于希腊语，有“单独出售”的意思。传统经济学教科书对“垄断”的定义是，产业里只有一家企业时就会出现垄断。也就是说，传统教科书是从某种产业市场里的企业数量来定义垄断的。

反垄断法最早起源于美国。19世纪中叶，美国南北战争结束后，地方性和区域性的市场迅速融为全国统一的大市场，这虽然推动了美国经济的迅速发展，但也催生了垄断组织，即托拉斯（trust）。它的意思是，许多生产同类商品的企业聚在一起形成一个垄断组织，目的就是垄断销售市场、争夺原料产地和投资范围，最后获取高额的垄断利润。

美国民众对这些托拉斯组织一直怀恨在心，因为在大多数民众看来，正是这些组织的垄断导致了社会不公、贫富不均。过度的经济集中让社会底层人士日益不满，引发了大规模抵制浪潮，社会矛盾日益激化。

在这样的舆论压力下，一个叫谢尔曼的参议员提出，应该在法律上对托拉斯或者任何破坏商业及市场竞争的行为进行制止。最终，美国国会于1890年7月2日通过了第一部反托拉斯法《保护贸易及商业免受非法限制及垄断法案》，因为它是由谢尔曼提出的，所以简称为《谢尔曼反托拉斯法案》或者《谢尔曼法案》。

这部法律的核心是，凡以托拉斯形式订立契约、实行合并或阴谋限制贸易的行为均属违法，违反该法的个人或组织必须受到民事或刑事制裁。《谢尔曼法案》成为美国历史上第一个授权联邦政府控制、干预经济的法案，也成为世界上最早的反垄断法。它的目的就是打击垄断行为，规范市场秩序，鼓励公平竞争。反垄断法在美国被称为“自由企业的大宪章”，在德国被称为“经济宪法”，在日本被认为是“经济法的核心”，其地位凌驾于其他所有经济法规之上。

目前，世界上已经有100多个国家和地区制定颁布了反垄断法，对垄断踩刹车、开罚单、亮红灯已经成为世界各国的通行做法。欧盟在反垄断的行动上最为积极，曾经以反垄断的名义对苹果、微软、谷歌等科技巨头开出过巨额罚单。

我国反垄断法于2008年8月1日起施行，之后我国在反垄断领域的行动不断，高通、微软、奔驰、大众等知名外企以及国内部分企业纷纷遭遇反垄断执法调查。其中包括可口可乐拟收购汇源果汁一案，被认为并购将损害汇源果汁消费者的合法权益，具有排除、限制竞争的效果，未能通过反垄断审查，收购被迫中止，成为反垄断法实施后首个被禁止收购的案件。

垄断带来的危害已是老生常谈，传统教科书通常告诉我们，垄断者会妨碍公平竞争，会降低产量、提高价格，会减少消费者的选择、损害消费者利益，还会增加行业的准入门槛，阻止别的竞争者进入这个行业，最终会阻碍创新，损害国家发展，等等。于是，全球很多国家出台法律法规采取各种措施反垄断，看上去也就成了顺理成章的事情。

但是，从20世纪60年代开始，随着经济学研究的深入，许多曾被视为理所当然的反垄断观念慢慢被经济学家推翻，反垄断的经济学基础已经发生了转变。现在美国，无论是学术界还是法律实务界，都已经认识到反垄断法本身的危害，并开始反思。而在我国，尤其是法律实务领域，这种反思并不多见。

经济学家对反垄断问题的看法

在萨缪尔森的《经济学》中，关于垄断的定义来自“不完全竞争”。当个别卖者在一定程度上具有控制某一行业产品价格的能力时，该行业就处于不完全竞争之中。不完全竞争的极端情况就是垄断：单一的卖者完全控制某一行业。单一的卖者是其所在行业的唯一生产者，同时没有任何一个行业能够生产出相近的替代品。

萨缪尔森在后续分析中指出，垄断行为往往是有损于公众利益的：第一，不完全竞争是缺乏效率的；第二，市场力量滥用（价格过高和质量低劣）主要在产业出现垄断时发生，政府承担了防止垄断出现以及在垄断不可避免时对其加以管制的责任。反托拉斯政策试图防止垄断或反竞争市场力量的滥用。对垄断问题的传统认识和批判大致脱离不开上述框架。

张五常和薛兆丰都从“租值”的角度分析过反垄断的问题，指出市场一家独大未必就会对消费者不利。这个世界上有很多“独此一家”的人或东西，比如邓丽君、杰克逊、梅西等不同领域的明星，他们对消费者而言是独一无二的，是存在垄断的，但并没有损害消费者的利益。同样的分析也适用于企业的生产和合作。薛兆丰的反垄断专著《商业无边界：反垄断法的经济学革命》，综合理论和案例做了细致深入的分析，值得一读。

米塞斯在讨论关于垄断的问题时，出现了极为罕见的失误。他在《人的行动》中区分了“竞争性价格”与“垄断价格”两种价格形态，并在讨论这两种价格形态的过程中隐约地受到了新古典经济学中的“均衡”“刚需”“无弹性的需求曲线”等概念的影响。而这与米塞斯一直坚守的主观价值、主观成本、消费者选择和市场过程理论出现了割裂和抽离。

米塞斯认为，有些掌握着某种商品或某种特殊要素的企业家，限量生产、出售他们的产品，但把价格定得高于市场竞争价格，此时他们的净收益比不限量出售时还要高，这就是“垄断价格”。一旦出现了垄断价格，“消费者主权”的原则就会受到破坏，消费者的利益也会受到损失。

但实际上，正如罗斯巴德所指出的，现实中我们从不知道竞争性价格是什么。竞争性价格是行动的结果，而不是给定的。即便我们可以看到一个人限制自己对某种产品的投资和生产并提高价格，我们永远也无法知道这是从“竞争性价格”到“垄断价格”，还是从“次竞争性价格”到“竞争性价格”。

当米塞斯认为自由市场也可能出现“垄断价格”，并进而“侵犯消费者主权”时，事实上他是极罕见地承认了某种意义上的“市场失灵论”。这是他整个理论体系中唯一一处“市场失灵论”。

罗斯巴德对于垄断问题的看法则更加彻底和直接，那就是除了权力干预形成的行政垄断之外，自由市场上并不存在垄断和垄断价格这回事。同时，我们应该放弃使用“竞争性价格”这个术语，应使用“自由市场价格”来代替。因为自由市场价格是市场上交易参与者自愿达成的价格，它永远是一个“最好的价格”。这样我们就可以把“自由市场价格”和强制推行的行政垄断价格做对比，而不是和自由市场上不同合作模式的各种定价策略做对比。

反垄断法的本质是反竞争

科斯对反垄断法做过一段精彩的评论：“价格涨了，法官就说是垄断性定价；价格跌了，就是掠夺定价；价格不变，就是勾结定价。我被反垄断法烦透了。”科斯的话不无道理，因为从企业角度来看，定价策略随时都有可能面临其中一种处罚。

对于垄断的潜在危害，传统教科书给出的理由通常是，垄断者会降低产量、提高价格和空置资源，从而会带来无谓的损失，会伤害消费者利益。反垄断法从“限制企业做大”到“禁止企业勾结”，再到“审查企业合并”，这一连串政策针对的都是经济学理论对垄断者的这三项指控。

传统经济学指出，垄断的这些危害要想成立都有一个前提，那就是必须假设企业对它们同样的产品只能收取同一个单价。问题是，这个假设并不符合现实，即便是那些市场中看上去一家独大的“垄断者”，也不会去使用单一价格的策略。所以，这个假设纯粹就是一个假设，对垄断问题的传统分析都建立在一个错误的假设之上。这里也可以看出弗里德曼在方法论上坚持“假设不重要”的问题所在。

现实中，只要不受到过多的管制和干预，企业的定价策略可以非常灵活。一旦企业允许进行区别定价，也就是价格歧视，企业就必然增产，直到那些被经济学理论家误认为的“损失”消失为止，结果社会资源错配和消费者福利的损失就不复存在，对垄断的全部指控也就不再成立。

也就是说，反垄断法的措施——“限制企业做大”、“禁止企业勾结”或者“审查企业合并”，实际上把目光集中在了一些具体的商业行为上，是看错了重点、打偏了靶子。被反垄断法禁止的那些商业操作，其实都是有利于提高经济效率和促进社会福利的。

所以，薛兆丰在《商业无边界：反垄断法的经济学革命》中指出了反垄断法带来的三种结果：对于被市场淘汰的勾结，反垄断法多此一举；对于被市场认可的勾结，反垄断法是错杀良民；而对于被官府保护的勾结，反垄断法则无能为力。薛兆丰在书中还通过美国铝业公司的案例，用事实和理论分析得知，企业做大甚至“一家独大”并不是什么坏事，因为“大的也可以是美的”。

张维迎教授曾经在一个讲座中点评薛兆丰对反垄断法的剖析，他说：“首先我同意薛老师所讲的每一个细节，他讲的我都同意，但是他用的方法是芝加哥学派的方法，就好像是一个人拿着一块砖头在审视，说这块砖头这里有毛病，这块砖头不应该这么来做，那一块砖头也不应该这么来放。而从奥地利学派的角度来看，这不是每一块砖头的问题，而是这整整一堵墙就不该建的问题。薛老师的办法或者说芝加哥学派的办法太琐碎了，我的看法是，根本就不应该有反垄断法。”

张维迎教授的观点也是奥地利学派的观点，判断是不是垄断不能看规模，而是要看行业准入是否自由。对于自由竞争下的公司来说，规模再大也不是垄断；对于行政力量介入下不准外人进的行业来说，公司数量再多也是垄断。唯一需要反对的垄断是行政力量强加的垄断。

另外，反垄断条文和逻辑的含糊不清，也会增加在反垄断执法过程中“寻租”和腐败的可能性。反垄断法的条文越宽泛，执法机关越庞杂，执法权力越大，对真正的市场竞争的破坏力也就越大。这也是各个国家在推进反垄断的立法和执法过程中不得不面对的一个问题。

这一讲简要回顾了反垄断法的历史，经济学家们对反垄断问题的看法，以及反垄断法在理论上的缺陷。综合来看，“垄断”一词在中文语境下的贬义，传统经济学教科书对垄断的错误认识和分析，以及立法者不理解诸多商业行为的效率含义并对某些看似有害的组织行为形成了误解，造就了我们对垄断问题认识的大环境和今天的局面。实际上，只要市场准入自由，竞争就从不消失。有害的垄断只有一种，那就是权力导致的行政垄断。

第26讲 知识产权的僭妄

传统经济学通常并不涉及知识产权的问题，这个问题具有很大的争议，从整体舆论来看，保护知识产权已经成为一种“绝对正确、无可辩驳”的共识。但是，从具体的知识产权案件来看，我们深究下去就会发现，这些案件通常又有很大的争议，输赢双方的错与对似乎并不那么明显。所以，这一讲试着从经济学的角度来分析一下知识产权的问题。

知识产权的逻辑和问题

底层伦理逻辑

对知识产权的保护，应该是从对产权的保护这个大多数人的共识中延续过来的。人们认为知识产权只不过是产权的一个子集、一种特殊形式，既然产权需要保护，那么知识产权当然也要保护。这是最简单的一个三段式推理。那么，为什么会有产权，为什么会有法律，以及法律是干什么的？

这些问题其实不难回答，产权出现的最根本原因在于物质资源的稀缺。有稀缺就有竞争，有竞争就有和平的友好竞争，也有残暴的烧杀掠夺。产权的作用在于“定纷止争”，确定一个东西是我的就是我的，你不能抢走。但是，我们要注意的一个前提是，这个东西是稀缺的，是有排他性的。

比如，在原始社会，我打了一只兔子准备吃，如果你抢走了兔子，我就没有了，我就会挨饿，所以我一定会反抗。在反抗过程中，大家达成共识：互相抢夺并不是最优选择，最优选择是尊重产权，合作打猎，物物交换。所以我们说，产权关系是先于文字、法律、国家而存在的，它的出现是针对具有稀缺性、排他性的物品的。

表象逻辑关系

产权的出现是为了定纷止争的。看上去保护产权和保护知识产权是顺理成章并不矛盾的事情，但是我们要进一步考察和追问产权和知识产权的细节。

产权是经济所有制关系的法律表现形式，包括财产的所有权、使用权、收益权和转让权。对照这个定义，我们很容易判断：一个苹果是有产权归属的（对于同一个苹果，你吃了，我就没有了），一本书是有产权归属的，一套房子也是有产权归属的。

进一步追问，什么是知识产权？在通常意义的理解上，知识产权仅仅是产权的一个子集，和房屋产权等我们通常理解的产权是一样的，是知识创造者和拥有者的一种财产属性。

但是请注意，关于知识产权的定义是这样的：权利人对其智力劳动所创作的成果享有的财产权利，通常是国家赋予创造者对其智力成果在一定时期内享有的专有权或独占权（exclusive right）。知识产权一般只在有限时间内有效。各种智力创造，比如发明、文学和艺术作品，以及在商业中使用的标志、名称、图像和外观设计，都可被认为是某一个人或组织所拥有的知识产权。

我们把产权和知识产权的定义做下简单对比，就能看出其中的差别，特别是“国家赋予创造者对其智力成果在一定时期内享有的专有权或独占权”。前面说过，产权的出现是先于文字、法律、国家而存在的，而知识产权是国家之后的产物，是附着在国家强权之下的产物。

我们说，我有一个苹果的产权，你不能抢，因为你抢了我就没有了，这是苹果的独占权，苹果是具有排他性质的，这是一个共识。这个产权的共识是不需要等着先有国家、成文法再达成的。

苹果的颜色是知识，这个知识的产权归属于谁呢？是苹果的拥有者吗？但我看到苹果的颜色了，我也有这个知识了。我该将知识还给苹果的拥有者吗？怎么还？对于一本书中的思想和知识，书是你的，我借来看完了，我也有书中的思想和知识了，那么这个知识的产权归谁？归书的作者还是书的拥有者？

苹果公司申请了一个手机倒角的专利，倒角的设计的确很美，但是苹果公司先申请了专利，其他公司就不能用这个知识了。倒角的专利并没有起到定纷止争的作用，反而引发了更多的官司，类似的还有滑动解锁等。如果发明车轮的人当时也去申请专利，别人要花钱才能设计同样的车轮，那么这个专利制度是促进社会进步，还是阻碍人类文明的发展？只要我们坚持逻辑一致性，车轮的问题和苹果公司注册手机倒角的案例是一样的。

产权需要国家来赋予这种专有权或独占权吗？不需要。我的就是我的，你的就是你的。但所谓的知识产权却需要国家的强制力来赋予独占权，这就是区别所在。所谓的知识产权，其实是“假保护、真垄断”，通过国家的强制力来达到独占的效果。我们恐怕很难说这是人类文明的进步。

被专利保护起来的大公司同样也是专利保护的受害者，每年它们都不得不在一些已经问世的技术上投入重复的研发力量，只因为这些技术属于其他公司，而且被申请保护在专利盒子里。不光是技术专利有问题，现在很多计算机算法都开始申请专利了，以至很多算法被申请专利之后，即便是别人独立想出来的，都不能使用。苹果公司曾经在专利问题上告赢过三星，当时库克宣称，这是人类文明的胜利。但转过身来，苹果公司也输在别人告它的知识产权官司上。这真的是人类文明的进步吗？

问题出在哪里

从逻辑上看，只有本质上稀缺的东西才会是人们争夺的对象，才需要规范。这里需要特别强调的是，知识本身并不稀缺，知识在被生产出来为人所知后并不稀缺。但是，在知识被我们知道之前，生产知识的那个人是稀缺的。知识本身的不稀缺和生产知识的人的稀缺，存在本质上的不同。

比如勾股定理、牛顿定律、爱因斯坦方程式、滑动解锁、倒角设计，这些知识都可以为全世界所用，而且并不妨碍他人。法律强制性禁止他人使用这些知识，不过是人为地制造“稀缺”而已，而这种稀缺的制造方法有害无益。发明专利与版权的保护，在性质上与其他资产的保护是不同的：一个是资源稀缺带来的效果，一个是由法律刻意创造出来的稀缺。

我认为，知识产权的概念本身就有问题。但是，我还有疑问，就像很多人经常会问道：“你不保护企业的知识产权，企业花了几十亿美元才研发出来药品，你不仅不出研发费用，还靠仿制药品赚钱，那么谁还有动力来研发新药呢？”

市场能不能自己保护知识

知识在公开之后便不再稀缺，知识本身并不具备产权的属性。试图通过各种立法来赋予知识一个稀缺的特性，让它具有产权的属性，恐怕会制造更多的麻烦。但我们并不是要求生产知识的人或者企业，一定要去主动公开自己的知识或者商业秘密。市场的自由是，你有主动选择公开或者不公开的自由。同时，一旦这种知识公开，别人怎么利用这些知识也是别人的自由。

比如，以药物的研发和生产为例，我花费了10年，投入10亿美元，研制了一款神药，我想利用它大赚一笔，我有什么办法来保护我药物里边的知识吗？我怎么来保护我药物的主要成分不被竞争对手知道，不被别人模仿呢？

可口可乐都没有公开配方，所以药品理论上也是可以不必公开它的具体成分和药物原理的。但是，我们今天在买药时通常都能看到这些药物的分子式，公开这些关于药物的核心信息才给了模仿者机会，而逻辑上这些信息是完全可以不公开的。因为普通消费者通常根本不关心也看不懂那些复杂的分子式，我们要的是“不看广告看疗效”。

另外，生产商可以不公开药物的核心信息，也无权阻止别人进行逆向破解。买药的人把药买回去用于治病还是逆向分析，这是别人的自由。但我们支持药品生产企业利用技术手段，防止自己的药物成分被逆向破解。要想不被外人知道自己的药物配方，最直接的方法就是加密。计算机软件可以加密，药品同样可以加密。很多核心算法都不公开源代码，药物的分子式同样可以不公开。

药物加密有很多种方法，比如，一瓶药可以用有效药物和无效添加物混合，增加破解难度，让想逆向破解的人无从下手。其实，我们传统的中医药就包含了这种类似的“加密技术”，一服药有很多成分，但我们并不知道发挥主要作用的是哪种成分，也没有深究它们的分子式。但我们信任靠谱的老医生，尤其是口碑好的、信誉高的。

中药的“加密技术”，当然是无意为之，但在药企生产上，逻辑是一样的。你吃我的药，我赚你的钱，我负责治病，你负责给钱。理论上，消费者并不需要知道其中具体的成分是什么，更没有必要知道这些分子式。正如我们买手机、电脑，我们完全不知道其中的电路设计图是什么样的，但这并不妨碍我们购买和使用。

你吃我一瓶药，我用信用保证你把病治好。假设一瓶药有100片药，但只有10片是起关键作用的。这100片药看上去一模一样，其他90片都是掩护这10片的。而在这10片药中，发挥作用的关键分子式也藏在重重加密之中。和软件加密的道理一样，药企总归会有办法。既然复杂的药物都能被研发出来，那么药企加密防止别人逆向破解也是可以做到的。

但有两个问题需要我们直接面对：第一个是伦理问题，第二个是现实法律政策问题。前面的分析可以明确回答，药企卖药是为了治病救人的，不是卖成分的，也不是卖分子式的。药企对自己生产的药物负责，怎么加密是药企自己的问题。关键是第二点，法律政策不允许，美国FDA（食品药品监督管理局）不允许，其他国家同样不允许。

所以，面对必须保护制药企业知识产权的诘问，我们可以厘清的逻辑是：第一，药企可以自行直接保护，最简单的方法是，不公开作用药物的分子式，对药物进行加密；第二，方法、伦理、技术都没有问题；第三，现行法律不允许药企自己保护（全球人民都在喝的可口可乐可以不公开配方，但药物必须公开分子式）；第四，创造出一个概念，如知识产权、专利制度，再加个年限，通过国家行政部门这个第三方来管。

知识产权问题的极简分析

保护产权的重要性无须赘言，但是为什么知识产权的问题会不断产生争议呢？看上去保护知识产权好像是一个基本共识，但在具体案件上又有巨大分歧。假如从功利主义的角度来论证知识产权的必要性，也就是比较知识产权保护或不保护的社会成本与收益，或者说效率问题，我们就容易陷入无休止的争论中。

支持知识产权的人会说，支持才会有效率，不支持就不会有创新。而从功利角度反对的人则会说，知识产权的保护是没有效率的，是弊大于利的。最后，双方都无法说服对方，双方也都无法拿出切实可信的证据来证明到底谁更有效，谁更准确。更何况，功利主义的论证角度（社会效益、社会成本）从根本上来说是无法统计的，也是无法比较的。

另外，功利主义的论证涉及哪个更好、哪个更有效以及哪个更利于生存，这个比较法也不容易让双方达成共识。对于知识产权问题的认识，我们应该尽量回到真的产权属性上去，从其自身属性和逻辑来看，回答知识是否具备产权的特性，着眼于知识本身的“是否具有某些属性”的问题上，而不是从功利的角度去看谁更好。这样我们也许更容易看清楚，也更容易寻找共识。

产权的起源在于，人要达到自己的目的就必须借助于一定的手段，而有经济价值的手段必定是稀缺的，稀缺必然会引起纷争。于是产权出现，产权的作用在于定纷止争。但需要注意的是，引发产权的是物质的稀缺性和排他性这两个特性。如果一个东西连稀缺性和排他性都不具备，人们就压根没有必要争抢它，产权也就没有必要出现。

问题的关键就在于，知识是否是稀缺的。非常关键的一个问题是，知识一旦被生产出来，就变得不稀缺了。但这里需要注意区分的是，知识本身、生产知识的人以及知识的载体是三种截然不同的东西。这三种东西都跟知识有关，其中生产知识的人必定是稀缺的，知识的载体也必然是稀缺的。生产知识的人和知识的载体都归属于产权范围，我们应该对此都没有异议。

唯独知识本身，既不是人，也不是物，而是我们每个人对外在世界的认识，是我们每个人对世界认知的一串信息编码。所以，知识一旦被公开就会被大家知道，只不过是每个不同的人对这个世界的认识又增加了一些内容，是人的大脑的认知变化。

知识以某种形式存储于人的大脑中，所以知识一旦被公开，就没有了稀缺性，也不具有排他性。也就是说，知识可以进入一个人的大脑形成认知，这完全不妨碍同样的知识进入其他人的大脑形成认知。所以，从属性上说，知识并不具备产权所需要的两种属性：稀缺性和排他性。

所以，知识产权并不是产权的一个子集，与传统上我们认为必须加强保护的那个产权的缘起是完全不同的。

从更极简的角度来看，因为资产的稀缺性和排他性，产权才会有产生的必要。然后，人类在漫长的演化中，找到了不同的产权处理方式。而知识产权因为不具备稀缺性和排他性，是人类最近才找到的利用立法的方式来强制推行的一种协作方式。

从逻辑上看，产权的确定是为了让人们更好地合作。产权的出现先于国家，也早于成文法，产权是人类文明进步的产物，并不是人类文明发展到文字之后才有的。产权的存在基于两个事实：一个是物品的稀缺性，另一个是物品的独占性。但是，知识在被创造出来之后既没有稀缺性，也不具有独占性。

在现实中，知识产权仅仅是人为地通过行政手段赋予了知识生产者一定的特权。而这种特权无法从逻辑上证明是有益的，反而造成了很多麻烦，浪费了很多资源，比如专利流氓、法律资源，甚至现在计算机算法也可以申请专利。即便没有知识产权，市场也有保护自己知识的能力。

有真产权的物品会随着使用而被耗尽，但知识并没有这个特性。相反，知识是通过使用而获得增长的。阅读和解释一部作品的人越多，有关该作品的知识就越多。知识遵循的是不断丰富的规律，而不是逐渐耗尽的规律。知识产权不具备产权的特性，不是产权的一种，也不是产权的一个子集。

第27讲　两种常见的价格管制

实际上，我们此前的分析都是基于理想状态下的分析，也就是在没有外界因素干扰的情况下，人会做出怎样的选择和行动。但是，我们都知道，外界干扰不可避免。所以，这一讲我们就来看一下最常见的一种干扰形式——价格管制。

管制价格的上限

关于管制价格的上限，用一句话说就是“你不能卖得太贵”。这句话的意思是，有关部门规定，市场上某个商品或者服务的价格最高只能卖多少钱。超过这个上限，卖方就违法了。设定价格上限的理由和初衷当然是很美好的：世界上有那么多穷人，不能卖贵了，否则穷人怎么活?

常见的价格上限管制有对房屋租金的上限管制，对石油的价格管制，以及我们最近常常听到的房屋限价出售。在没有价格管制的情况下，市场自发自愿的交易行为会形成一个自己的价格，即出清价格，也就是传统经济学中的均衡价格。

而对于价格上限的管制措施来说，如果规定的价格本来就在市场的均衡价格之上，这就相当于这个规定并没有真正的管制作用。比如，市场均衡价格是100元，而规定的最高上限是200元，这个规定就失去了管制作用。当然，我们知道这并非坏事，因为它对市场原有的价格影响非常小。

如果一个价格上限的管制措施要想发挥作用，这个价格就一定要比市场自发的均衡价格要低。这个时候，价格被人为地压低，释放出了原本不会出现的需求，所以造成短缺。想象一下，超市里的鸡蛋平时卖5元/斤，很多人在买日常用的鸡蛋时都是随吃随买，否则鸡蛋放时间长了还不新鲜。但这个时候，如果有一项政策突然规定，鸡蛋的零售价格不能超过1元/斤，那么这会出现什么情况？

很多人都会去排队，一拥而上。原本没打算买鸡蛋的人也会去买鸡蛋。原本计划购买一周吃的鸡蛋的人，看到又是降价又是排队，担心后面买不到鸡蛋，一下子就会选择购买可以吃十天半个月的鸡蛋，甚至一个月的鸡蛋。即使后面排队的人排到了，鸡蛋也可能没有了。鸡蛋还是那么多鸡蛋，买的人一下子多了，买的数量也一下多了，所以鸡蛋短缺是必然的。限价规定的出台，改变了人们的时间偏好，也扭曲了人们对鸡蛋的真实需求。

实施价格上限的管制措施还会有其他的后果，比如非价格机制的出现和产品质量的下降。20世纪70年代，美国政府对石油价格的控制，给人们的生活造成了非常大的困扰和麻烦。正如限制鸡蛋的价格会造成排队抢购一样，当时的人们加油必须排队。如果有的人不想排队，那么怎么办呢？他就只能先加一点机油。本来花100

美元加汽油就好了，也不用排队，但在美国政府对石油进行价格管制以后，看上去汽油的名义价格好像便宜了，但排队又要浪费很多时间。

想要快速用相同的时间加同样多的汽油，车主就会加80美元的汽油和30美元的机油。对于车主来说，机油本来是没有必要加的，但是为了节省时间，车主必须加机油才行。这样一来，车主虽然节省了排队时间，但是多花了钱，又浪费了机油。所以，美国的石油价格管制最终以失败告终，这个失败是一开始就注定了的。

对价格上限的价格管制会造成质量下降，这也很容易理解。最典型的案例是，曾经有段时间兰州市政府规定，兰州拉面不得高于一个价格来出售，比如不能高于10元/碗。原本15元/碗的兰州拉面却被规定10元/碗，面馆老板怎么办呢？面馆老板肯定不能做赔本买卖。于是，兰州拉面中的面少了，肉也少了，拉面整体质量下降，口碑下降。

同样的逻辑适用于房租市场。1946年，美国旧金山开始实施房租管制，结果同一份报纸上出租房屋的广告大大减少，求租广告大幅增加。因为房租管制的存在，房东不愿意出租房子，更倾向于出售房屋。于是，在租赁市场上，房子就少了，而有钱人为了居住只好买房子。本来房租管制的目的是帮助穷人，让他们少花钱就能找到房子住，但最终事与愿违，好心办坏事。房租管制的结果是，他们更找不到房子住了。

管制价格的下限

对于价格下限的管制，一句话就是“你不能给得太少”。意思是，你是买方，是花钱的人，你购买的是劳动力或者其他商品，你不能给得太少。

也就是说，有关法律法规规定市场上某一商品或者服务的最低价格，买方不允许低于这个“下限”来购买。低于这个下限，买方就违法了，就会受到处罚。从目前来看，最常见的对价格下限的管制形式，恐怕就是最低工资制度了。

在讲对价格上限管制的有关问题时，我说过，当价格被人为压低的时候，市场会释放出一些原本并不会出现的需求，突然的需求增加导致供不应求，也就是短缺。与它相对应的逻辑则是，当价格被人为抬高的时候，市场就会释放出原本并不需要的供给，这个时候就会出现供大于求的情况。

最低工资制度的问题在于，想当然地把工人放到了弱势地位，认为企业家有责任提高他们的工资，而没有认识到工资的提高要么是整体生产效率、赢利能力的提高，要么是工人自身技能素质的提高。单纯以法律的形式来规定一个最低工资，结果只能是好心办坏事。

假如我们开工厂制造产品，一个人的劳动力水平用月工资来反映的话只值800元，有关法律法规却要求我们给这个工人开1 000元的工资，我们肯定不乐意。

劳动力也是一种商品，商品在市场竞争中就会有定价，企业雇主自有评价办法。最低工资制度并没有强迫雇主去雇用那些劳动技能水平较低的人，但它用法律来约束雇主不能低于某一个价格来雇用工人。最低工资制度也不会惩罚一个雇主不雇人，但它实际上加重了雇主雇人的负担。

最低工资制度所带来的后果大致有三种：一是雇主会裁员，以减轻负担；二是雇主会减少招聘新人；三是雇主既不裁员也不招新人，但会增加原有每个人的工作量，变相抵消最低工资制度带来的危害。

实际上，我们知道在劳动密集型的制造业领域，市场竞争非常激烈，利润率也几乎是公开透明的。在激烈的竞争之下，企业很可能是在生死线上挣扎。一个企业原本可能还有那么一点赢利能力，能给得起工资，但如果明确工资不能低于每个月多少钱，那么这家企业面临的很可能是关门大吉。

最低工资制度看上去是要求雇主多给钱，但是剥夺了低技能工人的谈判和竞争筹码。当自由谈判的时候，有些技能水平一般的劳动力是希望通过降低一下自己的薪水来获得工作的，这其实是另外一种加强自己竞争力的形式。

这里需要注意的是，对于同样的工作岗位，竞争总是发生在需要这个工作岗位的劳动力之间，而不会发生在劳动力和雇主之间。雇主和其他雇主竞争，而工人和工人竞争。

张三的市场价只值1 500元一个月，他对自己的水平也有认识，只要别人给1 500元一个月，他就愿意干，而且干得很开心。但最低工资制度明确规定，如果企业要雇张三，企业就必须给他2 000元一个月。按照张三的实际水平和产出能力，企业只好不雇张三，而雇李四。

所以，我们看到，和最高限价一样，最低限价看上去是为了保护弱势一方，但实际上害了他们。我们可以假设并相信出台这种价格管制措施的动机很高尚，但是经济学的规律决定了这是典型的好心办坏事。

管制的其他形式

除了价格管制，现实中还有很多其他的管制形式，比如常见的牌照管制、进出口配额管制，再比如利用公司法、反垄断法等法律法规直接或间接地干预企业经济活动，或者制定一些具体的规章制度对涉及环境保护、产品质量和生产安全等方面的生产经营活动进行管制。

形形色色的管制形式有很多宣称的目的，比如保护消费者利益，保护幼稚新兴产业，以及保护农民工等特定群体的利益。总之，这些管制总是有一些听起来很美好的理由。至于这些管制措施最终结果如何，我们可以结合日常生活中的新闻和学到的经济学思维方式做出一些自己的判断。

张五常教授在《经济解释》中分享过一个美国对中国香港的衣服进口管制的案例，美国要求中国香港的衣服卖到美国必须有配额限制。这个配额限制措施的原意是，保护美国本土衣服生产者的利益。最终的结果却是，中国香港的衣服专柜从最开始的地下，也就是最低端，一路向上，卖到了最高端的专柜。因为质量越来越好，价格越来越便宜，中国香港的衣服制造商把美国衣服制造商打得落花流水。

其中的原因不难分析，当实施配额管制的时候，配额本身就有了溢价。一件衣服要有配额才能出口卖到美国，档次低、价格低、利润也低的衣服和档次高、价格高、利润也高的衣服相比，我们卖哪一种更合算？当然是卖高档的更合算。

这个案例中还有一个关键的因素，那就是当年整个亚洲都受到配额管制，为什么唯独中国香港胜出呢？答案是，整个亚洲只有中国香港允许这个配额在市场上自由买卖，于是自由买卖使得配额通过市场竞争找到了能够更好地利用配额的企业手上。也就是说，最初拿到配额的企业未必会自己生产，而会转手将配额卖掉。

在卖配额的时候，价高者得，最后能够出高价购买配额的企业往往是在自己评估之后认为有利可图的。所以，我们看到的结果是，中国香港衣服的专柜从最低档的那一层一直卖到了最高档的那一层，淘汰了美国本土品牌。

对价格上限和下限的管制是我们最常见的管制形式，也是最容易被忽视的管制形式。管制破坏了原有的市场规则，往往会造成好心办坏事的结果，会与最初的管制目的背道而驰。用经济学的思维方式来看清楚管制的危害，应该成为我们学习经济学的基本任务之一。

第28讲　通货膨胀

上一讲分析了两种常见的价格管制，这是影响经济发展的常见因素之一。还有一个经常对经济产生影响的因素，这个影响有时候会如山呼海啸般的剧烈，有时候又会像温水煮青蛙让人在不知不觉中失去了自己的财富，这个因素就是“通货膨胀”。

关于通货膨胀的定义

什么是通货膨胀？传统教科书把通货膨胀定义为物价的普遍上涨。比如，在萨缪尔森的《经济学》是这样定义的：“通货膨胀意味着整体价格水平的上升。价格水平主要是指一个经济中商品和服务的价格经过加权后的平均价格。实践中，我们借助价格指数，也即商品和服务的平均价格来衡量整体物价水平。”

这个定义很容易理解和想象，但实际上它是错误的，因为造成物价上涨的可能原因有很多，但未必存在着通货膨胀。通货指的就是货币，而膨胀是一种现象，是一个相对概念。我们需要清楚的是，它相对于什么膨胀了，以及膨胀带来了哪些后果。

弗里德曼认为：“通货膨胀总是一种货币现象。”弗里德曼发现，只要出现迅猛的价格上涨，一定伴随着货币存量的快速增加。黑兹利特在《一课经济学》中说："通货膨胀一词原本仅指货币数量，意思是货币数量的增加、膨胀和过分扩张。如果把它的意思改成价格上涨，人们注意力就会被转移开来，从而忽视通货膨胀的真正原因和对策。"

所以，要弄清楚什么是通货膨胀，我们就有必要先弄清楚什么是"通货"（见图28-1）。通货其实有两种，一种是真正的货币（也就是贵金属），另一种是货币的替代品。流通中的贵金属大量增加虽然也有可能发生，但一般是比较难的，因为它的产量受制于采矿业的利润水平和技术条件，况且自然货币本身有商品价值，不像货币用品只有交换价值。

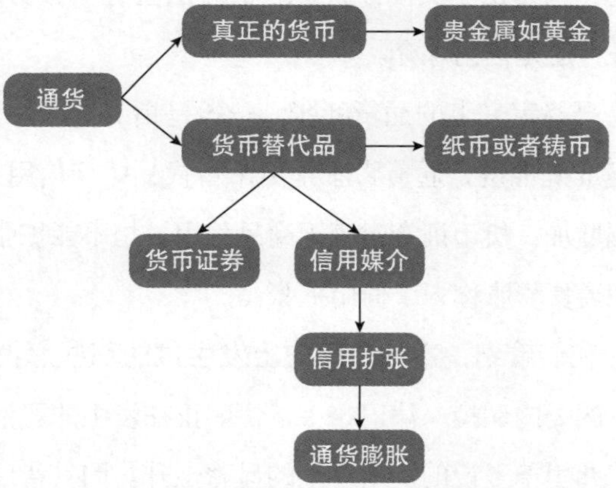

图28-1　通货的分类

而常见的货币替代品又有纸币和铸币两种。铸币就是金属铸造的货币，以前有很多，现在流通量总体上较少了。纸币和铸币都在充当流通媒介，有货币的功能，但它们本身不是商品，也没有什么价值。或者说，如果没有信用背书的话，那么它们的使用价值是远远低于票面上所标注的价值的。

在有了信用背书（无论来自政府的还是私人的信用背书）之后，这些货币的替代品（纸币或者铸币）就变成了“债”的凭证和一种要求权。这样我们看到，货币替代品实际上就是债务人发行的，这个发行方既包括政府，也包括银行。

货币替代品又分为货币证券和信用媒介，货币证券对应于商品信用，而信用媒介对应于流通信用。货币证券是有100%现金准备的，即只能贷出它自己的资金和顾客信托它的金额，信用媒介是指超出准备金部分的发行。货币证券和信用媒介被统称为“通货”，它们都在流通，但是由于其同质性，我们无法区分一张货币替代品究竟是货币证券还是信用媒介。

所以，严格定义上的通货膨胀，一般是指“货币替代品”的大量增加。更准确地说，通货膨胀是货币替代品中“信用媒介”供给数量的大幅增加。货币证券对应于商品信用，是不能扩张的。所以，米塞斯也把通货膨胀称为“信用扩张”。

于是，我们看到，不论在历史上发生过的那些恶性通货膨胀，还是在当下的委内瑞拉、津巴布韦、伊朗正在发生的恶性通货膨胀，总是伴随着弗里德曼说的货币存量的显著上升。而其背后实际上是，以政府主导和背书的信用媒介的肆意扩张。

政府如何制造信用扩张

那么，这背后的信用扩张又是如何实现的呢？其实，不论东方还是西方，各个国家的各个朝代都出现过，而且有组织、有系统地让货币贬值，手法都十分相似。

古罗马的统治者偷梁换柱、以次充好的做法，其实中国历朝历代也都用过。他们先把征税得来的金币融化，然后加入一些贱金属，这样就会生产出比原来更多的金币。虽然“金币”用的材料明显不如原来的了，但统治者仍然将其打上一模一样的标志，让别人将其当成原来的金币使用。

时间一长，这就会逐渐导致流通中的金币含金量下降。使用金币的人，也不是傻子，一定会发现这个现象。那么，为了使自己不吃亏，他们怎么办呢？他们只好提高价格。同一个东西，以前价值一个金币，由于金币含金量下降，他们就把价格提高到几个金币来卖，这样他们才不会亏。

但是，商人和普通老百姓从开始使用劣质的金币到逐渐认识到金币掺假需要一个时间和过程。与此同时，古罗马政府可以悄无声息地掠夺民间的财富。这个过程不光罗马有，根据郭建龙在《中央帝国的财政密码》一书中的梳理，我们会发现这一招在中国的历史上也是屡试不爽。

这很容易就进入恶性循环，商人或者普通老百姓发现了政府用“劣币”在驱逐“良币”，肯定不会坐以待毙。他们预期政府还会进一步这么干，就会进一步提高价格，最终的结果必然就是物价飞涨。

另外，我们都知道，现如今的经济都建立在各个国家的法定货币之上，简称法币。法币是由政府发行的背后并没有任何市场物品作为支撑的货币。比如美元，它是美国政府发行的，但是你拿着它并不能要求美国政府给你兑换什么东西。美元的作用只能限于在美国政府的信用背书下，你在和别人做交易的时候可以将其作为一种信用的凭证。

美元走到今天这个样子，其实是一个“温水煮青蛙”的过程，美国政府一步步地把原本属于市场竞争的地方抓到了自己手里。一开始，美国政府是有法定义务向纸币的持有人交付实物黄金的，到后来1933年罗斯福上任，他终止了政府兑换黄金的承诺。但其他国家的政府还是可以用美元兑换黄金的，美元还是和实物黄金挂钩的。1971年，尼克松切断了美元和黄金的联系，布雷顿森林体系瓦解，正式结束了美元和黄金的关联，美元从此没有以任何实物为锚。

很多国家的货币都与美元挂钩，这样一来，差不多全球经济都建立在了法币之上。到了今天，很多人的观念已经上升到了没有国家统一印货币就一定会引发金融系统的不稳定的地步，上升到了影响金融安全甚至国家安全的地步。但他们很难看清楚的是，国家在印制没有锚的货币上，是多么容易引发通货膨胀，轻易就合法地、合乎民意并且静悄悄地转移了民间的财富。

通货膨胀的危害

传统经济学还有一种错误的认识，那就是认为货币是中性的，通货膨胀、货币超发所造成的后果也是中性的。也就是说，他们认为货币超发一倍，所有商品的价格也都将上涨一倍。既然商品的价格都普遍上涨，货币超发的危害也就没有那么大，反而还会增加货币的流动性，这是有好处的。这种理论得到了很多经济学家的支持，被称为“货币中性论”。

很显然，正如我们前面讲解货币问题时所分析过的，“货币中性论”是错的。如果这个理论是对的，那么我们为什么不在每个人的银行账户后面都加上几个零，瞬间让大家发财致富并过上好日子呢？实际上，我们永远无法做到直升机撒钱，无法做到同时让所有人的手上都多一部分钱。通货膨胀、超发的货币，必然像一块石头扔进平静的湖面上，如涟漪般一圈圈地向外扩散开去。

对于那些能够在第一时间拿到这些超发货币的人来说，拿到钱转身就可以买任何他们需要的东西，无论是投资也好，还是消费也好，第一时间能拿到这个钱就是赚到。而对于资金链下游甚至末端的人来说，通货膨胀未必是好事。因为最先拿到钱的人无论是投资什么，都需要花钱来购买，他们的购买和投资会率先引起价格的上涨。

所以，从短期来讲，通货膨胀对你的影响是好是坏，首先取决于你和货币发行中心的距离、获得资金的能力以及获得资金的先后，其次取决于你手上的资产是否能够保值。但是从长期来看，通货膨胀的副作用则相对隐蔽和不易察觉。通货膨胀往往对政府和富人最有利，因为政府可以最先拿到钱，而富人则大多都有可以抵御通货膨胀的资产。受到伤害最大的则是工薪阶层的穷人，一方面他们的存款被通货膨胀吞噬，另一方面他们往往又是最后拿到通货膨胀那部分钱的人。

如果真的可以通过释放资金、创造货币、信用扩张发展经济，刺激经济进步，这个世界上就不会有那么多的经济难题了，经济学家也都可以下岗了。货币本身并不是财富，创造货币、扩张信用并不等于创造财富。委内瑞拉人民“很有钱”，他们的钱都数以亿计，但他们的生活很凄惨。没有实际的生产，再多的货币都不能增加财富，也不能改善生活。

另外一个最关键、最重要的原因则是，通货膨胀、货币超发扭曲了市场价格，给了市场上无数人错误的信号指导，进而使他们做出错误的决策。原来谨慎和保守的投资行为变得激进和大胆，原来不敢上马的生产线有了资金加速上马，使得市场短期内看上去很繁荣，看上去就像专家所说的达到了“逆周期”的调节效果。但我们都知道，中国有个古老的成语叫作“饮鸩止渴”，通货膨胀就是那杯止渴的“毒药”。

要真正看清通货膨胀的本质和危害，我们就必须从根子上、概念上入手，这样才能看出传统经济学的错误。通货膨胀并不是什么物价的普遍上涨，它的本质是一个国家政府主导的信用货币的肆意扩张。这种扩张，既造成了财富的重新转移，也扭曲了市场价格，给经济造成了“繁荣—萧条”的周期性困扰，这也是下一讲要讲的内容。

第29讲　经济周期和大萧条

很多人都一直把美国大萧条、金融危机等拿来作为市场或者资本主义的内生性问题。但是，真的是这样吗？这一讲我们就来看一下经济周期的问题。

对经济周期的不同看法

经济周期是指困扰市场经济的一种周期性规律，也称作商业周期或繁荣与萧条交替的周期。萨缪尔森给经济周期下的定义是："国民总产出、总收入、总就业量的波动，持续时间通常为2~10年，它以大多数经济部门的扩张或收缩为标志。"

很多人认为，经济周期是纯粹市场经济所固有的属性，是一种历史的必然规律。但是，如果从逻辑上讲，自由贸易促进分工合作与生产，那么从理论上讲，经济可以一路向上，而不应该有大规模、大范围的经济波动和周期。然而，正是某些错误观念的盛行，使得很多应对经济周期的"反周期政策"大受欢迎，他们认为这种反周期的政策能够驯服剧烈的市场动荡。

不同的经济学思想认识经济周期的看法不同，开出的"药方"

也不同。其中，凯恩斯主义者认为，对商品总需求的减少是经济衰退的主要原因，维持整体经济活动数据平衡的措施可以在宏观上平衡供给和需求。所以，他们主张国家采用扩张性的经济政策，通过增加需求促进经济增长，也就是扩大政府开支，实行赤字财政，刺激消费，维持繁荣。这也是凯恩斯和凯恩斯主义者受到政府欢迎的原因所在。凯恩斯的经济学理论认为，宏观的经济趋向会制约个人的特定行为，这一个分析方法和芝加哥学派、奥地利学派都差异巨大。

弗里德曼和施瓦茨合著的《美国货币史（1867—1960）》，用了大量的统计数据，从货币供应量的视角来解释美国20世纪20年代末的大萧条，认为货币存量的减少导致的货币崩溃加剧了经济危机。而其中最主要的责任又在于美联储："联邦储备体系未能阻止货币崩溃的发生，这反映的并不是货币政策的无效，而是货币当局所采取的特定政策的无效，并在一定程度上反映了当时特定货币安排的无效。"

更进一步，弗里德曼认为："货币当局如果采取其他的可行措施，就可以阻止货币存量的下降——事实上，可以带来货币存量几乎任意一个合意幅度的增长。相同的行动同样可以极大地缓解银行业危机。货币当局如果采取了措施来防止或抑制货币存量的下降，就可以减轻大萧条的危害程度，同时几乎毫无疑问可以缩短萧条的持续时间，更不要说采取货币扩张措施了。"

奥地利学派对于经济周期的分析，以米塞斯、哈耶克和罗斯巴德为代表，既反对凯恩斯学派，也反对芝加哥学派。其中，哈耶克和凯恩斯还展开了一场长达十多年的论战。这场论战实际影响了20世纪经济学的发展路径和各国经济政策制定，甚至影响了人类制度的选择和走向。今天从全球的现实来看，依然是凯恩斯主义占了上风。凯恩斯说过："经济学家和政治哲学家的思想，不论正确与否，都要比人们通常所理解的力量大。"凯恩斯最终成了那个有力量的经济学家。

哈耶克批评凯恩斯的总量分析方法，认为资本总量概念没有意义，应该以资本结构和生产的时序结构为重点讨论商业周期。哈耶克还认为，央行扩大货币供给、人为压低利率的做法，短期内会降低失业率、增加产出，但这个过程是不可持续的，这种繁荣也是不可持续的。这种人为压低利率下的"虚假信号"所造成的资源错配，不是"过度投资"，而是"不当投资"。最后，这些不当投资的产品滞销，经营亏损，企业无法偿付银行贷款，整个金融系统和生产过程就会突然断裂，萧条就会随之而来。

哈耶克在1976年出版的《货币非国家化》一书中指出："货币政策更可能是经济衰退的原因，而不是解药。因为货币当局很容易屈从于廉价发钞的诉求，从而将生产引向错误的方向，这必然产生一些不良后果，而不能助力经济从某些方向的过度发展中解脱出来。"

米塞斯认为，现代资本主义国家的经济发展呈现出"萧条—复苏—繁荣—萧条"的周期，这和持续的信贷扩张政策有关。如果货币超发，利率被压低，市场就会出现虚假繁荣。每一次信贷扩张，就是一轮繁荣。但是，企业家受错误价格信号误导，会做出错误投资。一旦物价普遍上涨，央行收紧货币的口子，依赖信贷的企业就会出现大面积“钱荒”，接下来就是大片错误投资的出清。因为缺乏资金以继续维持那些规模过大的商业计划，企业家被迫收缩经营；又因为这些企业急需现金流，它们不得不向市场贱价抛售其存货，所以价格会突然下跌；最后许多企业急于需要现金以免破产，被迫出售或者关门，市场一片萧条。

罗斯巴德和米塞斯的观点基本一致：正是政府不断扩张信贷，通过通货膨胀的方式来刺激经济增长，产生了虚妄的繁荣假象，一旦假象被戳破，经济就会衰退进入萧条。这并不是因为政府管制太少，恰是因为干预过多。因为政府的管制和干预扭曲了市场的价格机制，并且扩张的货币和财政政策使得经济动荡的风险加剧。

另外，与弗里德曼的结论不同，罗斯巴德认为，通货紧缩引起的信贷收缩是大萧条的次要特征：“通货紧缩中的信贷收缩大幅度加快了调整的过程和商业恢复的步伐。”所以，罗斯巴德给出的建议是：“萧条时期，正确的政府政策就是严守自由放任的信条，包括大幅削减预算，并积极鼓励信贷收缩。”

根据奥地利学派的理论和逻辑，每次经济衰退实际上是一个对原有错误进行“纠错”的过程，是市场对这种资源错配和生产结构扭曲的一种“纠正”，是市场自发地向正确的资源配置轨道的一种回归。正确的做法是：停止信贷扩张，让错误的投资得到清算，让衰退自然发生；采用减税和减轻管制的方法，帮助市场恢复元气，而不是进一步刺激，把危机延缓和放大。

为什么会有经济周期

米塞斯、哈耶克关于经济周期和大萧条的分析并不难理解，但我们需要做进一步深入探讨，所以有必要简单回顾一下鲁滨孙一个人在荒岛上的生活。鲁滨孙独自一人生活在热带岛屿上，通过自律、远见和节约来提高生活水平。他通过节省一些靠双手摘下来的椰子，建立起了储蓄，让他最终能够投入时间和岛上的其他资源来制作资本品，比如一根长杆子。

在长杆子和其他资本品的帮助下，他的劳动力和生产效率大大加强。比起刚刚到岛上的时候，未来他能够享受更多的椰子、鱼、住房和休闲等。我们把鲁滨孙一个人的世界带来的启发应用于现代市场经济，其背后的逻辑是一样的。在市场经济中，人们也可以减少当下的消费，并用于储蓄和投资，未来他们能够享有更高的生活水平。

那么，利率在中间发挥了怎么样的作用呢？当经济体中的大多数人决定削减当前开支，以便为退休做准备时，他们的决定导致了利率的降低。低利率向企业家提供了一个信号，促使他们更多地借贷以投资生产周期长的项目。

这是因为一个给定的投资项目在能够把制成品卖出去赚回来钱之前，要投入一定年限的钱。用不同的利率来评估开支和总收入的时机，将会导致不同的盈利状况。随着市场利率的下降，对长期项目的惩罚越来越少，也就是说，利率下降使得更长远规划的项目赚钱的稳定性预期越高，大家也就越愿意投长期的项目。

但这里需要注意的是，这是一个可持续的由市场推动的经济扩张。假如没有来自政府的干预，利率下降的原因是人们正在减少消费、增加储蓄，投入新项目的额外资源来自那些销售业绩下跌的部门。也就是说，生产当前消费品的工人和其他资源被重新部署到资本品的生产中去。

用鲁滨孙的例子来帮助理解，那就相当于鲁滨孙腾出一些采摘椰子的劳动时间，用于制作长杆子。当然，这两个用途的最终目标都是要享受更多的消费品。但是，因为资源一定是稀缺的，短期内鲁滨孙必须在两者之间做出取舍：一定要减少当前的消费，才能资助资本品的生产。最终这种节约将带来回报，就是吃得更多，生产更快，住得更好。

但需要注意的是，可持续的繁荣和经济增长需要依靠纪律和耐心。利率变低也是因为这种自律和节俭才发生的。假设某个国家的政府官员既想要政绩（想要短期就能够看到明显的经济增长的效果，想要投资带来的好处），又不想承担减少消费（也就是储蓄）带来的痛苦。他们的位置决定了他们想要达到这样的经济增长效果，却不需要花自己的钱，所以他们完全不必（也没有动力）去承担减少消费带来的痛苦。于是，我们看到，中央银行（比如美联储）就开始人为地干预市场利率，压低市场利率，使其低于原来自由市场自己所决定的利率水平。

对于人为压低利率，你可以简单地认为货币的价格下跌了，因为增加了货币的供给。从表面上看，这样运作的结果很像市场推动的扩张，低利率使得企业家也开始投资长期项目。假如用市场原有的利率水平来衡量，那么这些企业应该是亏损的，但是在美联储提供的廉价信贷之下，这类投资现在变得有利可图了。

但是，与市场上的人自己节约储蓄带来的利率变化相比，在政府推动的版本中，消费者并没有减少消费。相反，零售行业的销售额大增，因为低利率削弱了人们的储蓄动机，他们更愿意把钱花在一时享乐上。

原来，克制消费、增加储蓄是利率降低的原因。现在，政府人为压低利率变成了刺激消费的原因。这个时候，当制造资本品的企业家看到业务蒸蒸日上的时候，消费品行业也在繁荣发展。于是，每个行业、每个部门的经济都在增长——涨工资、招新人，景象看上去一派欣欣向荣。

但是，我们都知道，这背后有看不到的假象。政府并没有新的科技发明，也没有创造新的财富，它所做的不过是向经济体注水，扩张了货币和信用。这个行动本身并无法改变资源稀缺的本质。在政府的推动下，企业似乎不用缩减消费就可以扩大资本品的生产，好像可以既花天酒地又增加生产，这怎么可能呢？

天下没有免费的午餐，因为失真的利率误导了企业家，政府人为压低借款价格误导了投资者，让他们误以为储蓄比实际数量多，造成了虚假繁荣。虚假的繁荣会导致虚假的价格，虚假的价格会误导企业家，让他们在不知情的情况下开始进行没有足够真实储蓄支持的长期投资项目。

但这种投资并不是投入足够的资源来“耕种”以维持现有的经济结构，而是通过吃“种粮”的方式来让每个人看上去都提高了生活水平，这种假象可能会持续多年。但是，一旦萧条来临，市场价格就会迅速变回真实的数字。当虚假繁荣的泡沫破裂，潮水退去时，很多人发现自己在裸泳。

从虚假的繁荣走向必然的萧条，一个经济周期就这么诞生了。

小范围的衰败和大规模的萧条

美国有一句格言："你可以一时欺骗所有人，你也可以长时间欺骗一部分人，但不可能长时间欺骗所有人。"这句话在经济学领域同样适用，逻辑上你可以有短时间大范围的错误投资，或者长时间小范围的错误投资，但不可能有长时间大范围的错误。比如荷兰郁金香泡沫、中国兰花泡沫、互联网泡沫、比特币泡沫，这些都是局部的投资过热、小范围、短时间的行业周期。

这些小范围、短时间的周期性波动，都是一些投资现象——哪里利润高，钱就被投向哪里。但是，大规模、大范围、长时间的经济衰退和萧条，一定不是市场自身出了问题，而是市场之外的原因导致了大萧条的发生，比如美国的大萧条以及计划经济大范围的试验所造成的大规模的物资短缺和贫困。

罗斯巴德在《美国大萧条》一书中，通过理论的分析和政策的史实，还原出了胡佛和罗斯福新政的真相，梳理清楚了美国是如何在这两位总统的带领下，一错再错逐步把一个经济危机变成大萧条的。

胡佛经常被认为是一个支持自由放任的总统，但罗斯巴德通过梳理告诉我们，胡佛并不是什么自由放任的支持者，而是一个彻头彻尾的干预主义者。胡佛一手制造通货膨胀，对美联储施加影响，将贴现利率由6%大幅下降——最多下降到1%，鼓励降低利率来促进消费。他还干预就业，声称萧条的冲击应该体现在利润的减少上，而不是工资的降低上。在胡佛的压力下，福特汽车公司逆大萧条之势，宣布提高工资，其他企业不得不效仿。胡佛政府还成立“联邦农业委员会”补贴农业，通过了臭名昭著的《斯穆特-霍利关税法》以提高关税，结果招致全世界范围内的关税报复。另外，胡佛政府还以提供就业的名义，加大公共项目支出。

以绝对优势击败胡佛连任的罗斯福，在政策上更是猛烈。他一上台便要求国会通过《紧急银行法》整顿银行业，实质上掌控了银行的进入门槛和资格，终结了美国自由银行的历史。然后，他废除金本位，禁止人民拥有黄金，使货币失去了黄金这个最重要的锚。当时，很多美国人认为，政府强制收购黄金是对公民财产的公然侵犯。但在紧急状态下的新政面前，美国宪法对罗斯福政府的约束也全都失效。

另外，罗斯福新政颁布最低工资法，要求企业不得削减工资，不得裁员。其理由是，企业不能太过于贪婪，应该主张削减利润，而不是让工人承担损失。罗斯福出台《农业调整法》，干预农业市场，解决“农产品生产过剩”的问题，实际上就是价格管制。罗斯福颁布新的《税收法》，堵死之前企业逃税避税的方法，然后提高税收。同样，他大量进行公共工程的投资和建设，以工代赈解决就业问题。他还制定《全国工业复兴法》，目的是防止出现盲目竞争引起的生产过剩，事实上该法案是一些事无巨细的管制条例。

《全国工业复兴法》对企业的生产规模、价格水平、市场分配、工资标准和工作时间都做出了规定，还有诸如通心粉配料必须有什么不应该有什么，裁缝能缝制什么不能缝制什么，甚至还规定从鸡舍里把鸡提出来的时候必须“顺着提”。最后，这部奇葩的法律出台仅仅两年之后因为著名的“谢克特家禽诉合众国案”被最高法院以9：0的票数判违宪。在《全国工业复兴法》被判违宪之后，保护劳工权益的立法并没有停滞下来，在随后的几年中，一些劳工权益保护法律被相继制定出来。

《全国工业复兴法》就是罗斯福新政的一个缩影，也是后来美国各种工会运动、各种劳工保护法案的源头所在。罗斯巴德通过理论和史实，揭示了经济周期和经济危机不是市场的必然，而是信贷扩张带来过度繁荣后的经济调整。如果没有干预，那么市场调整将很快结束危机。在20世纪30年代美国政府大规模干预经济之前，所有的经济衰退都是很短暂的。而胡佛-罗斯福的干预政策使危机延长，衰退持续，最终形成“大萧条”。

正如我在前文所指出的，在经济领域内，竞争无可避免，投资必然伴随着失败和成功。可能出现的是，一部分人暂时在某个领域投资失败，也有可能一部分人一辈子的所有投资都很失败。但不可能出现的是，所有人同一时间在所有领域的投资都会失败。总会有竞争成功的生产者和竞争胜出的消费者，他们相互达成交易，促进经济的增长。

所以，我们看到，真实的经济周期，要么出现在部分人身上，个人事业有起有落，要么出现在部分领域；某些行业资金追着进去，把蓝海变成红海，泡沫破裂，潮水退去，有人裸泳。但理论上不可能出现的是，所有行业所有领域同时起伏，或者说同时衰退。笼统地说，经济周期必然存在，在某个领域内可能有具体的实际指导意义。但如果在一个经济学理论的框架下探讨经济周期，那么这容易让人误以为一个国家或者全球的经济必然存在着一个周期性的起伏和涨落。

奥地利学派明确指出，危机不是源于市场经济本身，也不是源于信贷紧缩政策，而是源于那些不断以降低市场利率为目的的一系列信贷扩张政策，由信用扩张引起的过度繁荣必将导致最后的崩溃。试图刺激经济，只不过是把危机延缓，最终会引发经济衰退甚至大萧条。正确的做法是：停止信贷扩张，让错误的投资得到清算，让衰退自然发生；采用减税和减轻管制的方法，帮助市场恢复元气。

第30讲　计划经济为什么不可行

前面讲了对价格的管制、通货膨胀以及由此引发的经济周期问题。如果政府对经济的方方面面都加以严格管制的话，这就像我们走过的一段历史时期——计划经济时期。接下来我们就来看一下计划经济的问题。

什么是计划经济

计划经济或者计划经济体制，是指对生产、资源分配以及产品消费事先进行计划的经济体制。由于计划经济体制都依赖于指令性计划，所以计划经济也被称为指令型经济。它的运作方式，从生产到分配，都是由政府来决定的。

在一个纯粹的市场经济中，资源分散地由私人所有，这些资源所有者的各自行动联合起来组成了市场和市场经济。但在计划经济体制下，政府拥有一切资源，并且由有关部门决定如何利用这些资源去生产什么东西、生产多少以及生产出来之后的去向。个人只能听从安排去做分配给自己的工作。

20世纪，包括中国和苏联在内的很多国家，都实行了长时间大规模的计划经济政策。虽然在很长一段时间内，很多知名经济学家都对计划经济模式赞叹有加，但是这些曾经实施计划经济的国家最终都不得不接受计划经济彻底失败的现实。其中，最具代表性的事件是，苏联的解体和中国的改革开放。

计划经济带来的最明显的后果是，普遍的物资短缺、贫穷和落后。中国改革开放之前，米、面、粮、油等涉及日常生活方方面面的物资，都需要凭票购买。有时候有票都不行，人们还要托关系走后门才能够买到需要的东西。而小岗村的村民也是因为“大锅饭”实在搞不下去，连饭都吃不上，才冒死签了家庭联产承包责任书。

养鸡、养鸭、卖鸡蛋、卖猪，在今天看来都是再平常不过的事情，但在当时都是关乎人们姓资姓社的问题。但改革开放所带来的人们生活水平的普遍提高以及人们普遍对美好生活的向往，让那些曾经激烈反对走市场经济道路的人也相继认可了改革的成果，他们不再因为单纯的意识形态问题支持计划经济、反对市场经济。

但是，计划经济实质上的失败，并没有引起经济学理论界足够的反思和反省，萨缪尔森也仅仅是悄悄地删除了在《经济学》中赞美苏联的那些章节。也正因为如此，即便是有前车之鉴，后来那些没有经历品尝过计划经济的贫穷和落后的人们偶尔也会出现对计划经济的向往。

也许是因为市场经济通常是资本主义的代名词，而计划经济又通常是社会主义的主要特点。这种非常简化且缺乏具体逻辑内涵的理解，很容易让人误以为市场经济就是为少数拥有大量财产的资本家利益服务的，而不是为所有人服务的。所以，我有必要利用本书有限的篇幅，来澄清一下关于计划经济那些错误的认识以及不切实际的幻想。

计划经济为什么不可行

米塞斯对计划经济问题的深刻剖析

米塞斯的基本观点是：“如果土地和其他生产要素并非私有，我们也就谈不上有什么市场价格可以赋予它们。因此，经济计算，即以某种通用交换媒介为单位而进行的预期收益和预期成本的比较（可以采用基数式的会计运算），无疑是不可能的。计划经济的致命错误在于对土地和生产要素的私人所有的缺失——这也就意味着经济计算的缺失。”

简单来说，没有私有产权，就没有价格机制，就不能进行经济计算。而一个没有经济计算的经济体制必定资源配置失误、效率低下，最终结果必然是走向普遍的贫穷和落后。

米塞斯认为，市场经济是以产权为基础的，这符合人利己的本性。我们会根据自己的具体利益和目标，做出使用自己拥有的资源的决策。在市场机制的引导之下，这些看上去分散的决策汇合起来，使得市场得以有效运转。而在这些市场活动中，经济计算是一个重要的基础。有了这个计算基础，我们才会形成一个市场价格，经济活动才得以展开。

而在一个计划经济体制中，官僚体制的计划代替市场交易，没有了形成价格的竞争机制，个人也就失去了进行经济计算的能力。

没有计算，我们就没有成本与价格的比较，就无法指导生产。这正是计划经济最终导致混乱和贫穷的根本原因。

但我们需要对米塞斯的观点进一步追问：为什么说没有自由市场就没有价格制度，就不能进行经济计算？要想回答这个问题，我们需要简单地回顾第15讲“边际价值递减定理”和第16讲“价格的形成”的内容。

我们说，人之所以会进行交换、进行贸易往来，是因为人渴望用自己的行动让自己进入一个更好的状态。预期交换之后的状态比交换前要好，否则交换一开始就不会发生。而价格的形成就是源于交换的发生，因为交换意味着交换双方都必须放弃自己原有的东西，同时换得对方的东西。

那么，到底该放弃什么以及放弃多少才合适？这是由“边际价值递减定理”决定的。人们会根据自己当时的具体情况和自己的目的来判断该放弃什么和放弃多少。这个放弃，一定是从“边际”上开始放弃的，因为按照目的重要性的价值排序，价值最低的，也就是排在最末尾的目的和对应的手段，首先被放弃。

于是，我们看到的结果便是，交易双方放弃的东西一定会出现一个比例，这个比例就是最原始的价格表现形式。在没有货币作为交易媒介的时候，这个价格的表现形式就是物和物之间的比例。在有了货币之后，这个价格就可以是货币的交换比例，也就是货币价格。

简单来说，价格实际上源于放弃和交换。在一个市场经济制度中，存在着私有产权，我想得到什么和放弃什么都是可以由自己决定的。但是，在一个计划经济体制中，产权不归私人所有，你想放弃什么完全不是自己能够决定的。也就是说，你没有产权，也就没有决定权，你无法决定放弃什么，也就无法完成交换，价格也就无法得以呈现。所以，米塞斯说，没有私有产权，就没有价格机制，就不能进行经济计算。

在价格的形成过程中，我们还可以看到三个非常关键的特点。

第一，价值是主观的，关于价值的排序也必然是主观的。人类内心世界的精神活动，既无法从外界窥探，更不能进行度量和统计。这决定了我们对外在事物的价值判断，只能通过行动来展示。

第二，排序必然是按照序数进行的，不可能是按照基数进行的。这个特点决定了我们无法对不同的交易进行加总，交易所呈现出来的价格是交易双方对这个具体的交易所放弃的东西。对于不同人之间的交易甚至同一个人的不同交易来说，单位不同，加总的意义也不同。

第三，前面两点决定了我们永远无法在交易完成之前准确预测交易价格。也就是说，价格只能在事后由交易双方最终放弃的“边际”上的东西呈现出来，而无法提前得知。实际上，我们永远无法得知每一个具体人的具体需求，既不知道他想要得到什么，也不知道他愿意放弃什么。

计划经济支持者的最大问题就在于，他们没有对价格机制的形成过程做深入而且细致的辨析，也就完全忽略了或者没有意识到上述三个特点。他们以为，对于需求计划的统计就类似于做问卷调查，下面层层上报需求，计划经济的“总指挥部”对这些需求进行统计汇总，然后根据需求和产能调配资源，生产完成之后再根据需求来分配这些产品。

在他们美好的想象中，这个过程看似是一个没有问题的“闭环”，好像是很完美的解决方案，而且很有一种井然的秩序美感。也许正是这种秩序美感让计划经济的指挥者误以为很容易就掌控了全局，并得到了很好的权力获得感。但是很遗憾，这种看上去的秩序美感之下，却是物资短缺食不果腹，经济的崩溃和衰退。

哈耶克对计划经济的批判

哈耶克也是支持市场经济的一面旗手，在反对计划经济的论战中贡献了很多精彩的观点。不过，不像米塞斯从价格机制入手，哈耶克是从知识缺失的角度切入的。哈耶克认为，计划经济的缺陷是由于知识，尤其是“有关特定时间和地点的情形的知识”，只能以广泛分散的形式，作为各种人的私人所有的形式存在。因此，在实践上，计划经济“指挥部”不可能组合和加工所有的知识，也就不可能使一个社会有效运转。

哈耶克指出：“在确定价格和工资时，市场过程中每个参与者拥有的特定信息都会对其产生影响，科学观察者或任何单个大脑都无法全部知晓这些人的所有行为的事实总和……中央计划经济永远无法与公开市场效率相媲美，原因是单个主体所知道的只是社会全体成员所拥有知识总量的一小部分。”

知识分散的事实导致的结果便是，不可能有一个无所不知的全能决策机构。而且，对于这种分散的知识，每个人都关注其中对自己最重要的那一部分，它们最终会通过价格将整个市场有效连接起来。所以，对于计划经济来说，如果没有价格的指引，这种知识也就无法搭载价格进行传递，最终社会还是会走向混乱。

计划经济会不会卷土重来

今天我们说起计划经济，印象中大都停留在20世纪那些国家和地区，感觉就像是在不远的昨天。如果你家里有收藏的话，那么你也许还能找到那个年代的粮票、油票或者布票。然而，计划经济出现的历史远比我们想象的要早，从王莽改制到王安石变法，计划经济的试验早就在华夏文明的历史中进行了尝试。

王莽改制（公元8年）可以看成我们国家计划经济的最早尝试，把已经实行了几百年的土地私有制改回到国有制。在工商业方面，王莽推行“五均六筦”，也就是全面的国家经营。“五均”就是均物价，成立官营的商业机构，统购统销，按成本收购商品，按官价出售，防止市场价格过高。“六筦”就是官府垄断经营，盐、酒、铁（铁器）、山林川泽、铜铁（铜钱贴钱）统统收归国有，甚至对山川河水开发的私人也要被治罪。

由于政策违逆市场规律，加上混乱不堪的货币制度，王莽改制最后全面失败，不仅导致民不聊生，而且引发大规模反抗，草草结束了自己的王朝。

而1 000多年后的王安石变法（始于1069年），同样没有跳出计划经济思维模式。青苗法的本质是官办农业金融，在每年二月、五月青黄不接时，官府给农民贷款、贷粮，每半年取利息二分或三分，分别随夏秋两税归还。结果，官府强制农民借高利贷，加重了农民负担。“市易法”就是用官办的批发、零售网络替代市场，官员到丰收地区低价购买粮食，将粮食运到歉收地区，增加那里的供应，平抑粮价。结果，官商勾结，从中牟利，真正需要帮助的人并没有得到实惠。

王安石变法的目的是，改变北宋当时积贫积弱的局面，试图从经济发展寻找突破口达到富国强兵。但是很可惜，王安石当时既没有可供参考的理论依据，也没有汲取王莽的教训，推行的各种改革政策的内核依然没有跳出王莽的局限。变法违逆市场规律，造成激励不相容，最终失败。

逻辑是必然的，但历史是偶然的。在王安石变法失败之后800多年的20世纪，各种历史因素的叠加促成了苏联走上了计划经济的路线。而第二次世界大战后，由于冷战、意识形态的对立等各种因素，中国选择了向苏联学习，也走上计划经济的发展路线。

略去这段历史的细节，我们知道苏联后来以解体的代价结束了计划经济，中国走上了改革开放的道路。而20世纪实行过计划经济的国家还包括德国（主要是民主德国）、印度、蒙古、波兰、越南等几十个国家。就在今天，还有一个国家依然在实行着严格的计划经济。

计划经济还会卷土重来吗？经济学可以对计划经济在理论上给予彻底的否定，但对这个问题却无法回答。大面积全国范围的计划经济体制短期来看应该不会重来，但局部的某个行业或者产业的计划经济思维模式依然存在着。随着技术发展，尤其是计算机技术的迅猛发展，一些企业家认为计划经济的难题将被技术攻克。这些都应该值得我们反思和警惕。

没有了私有产权，人们也就无法决定自己该放弃什么，也就无法进行交换，无法形成价格。没有了价格，也就没有了经济计算，人们就无法通过价格和行动来表达自己最真实的需求。这就是计划经济的命门所在。但是，由于种种因素，计划经济的危害明显被小觑和淡忘了，全球各个国家大范围的计划经济不存在了，但计划经济的思想却“化整为零”在各个行业中散落下来，时不时地生根发芽，长出计划经济的变种——各种产业政策。我们只有在理论上彻底明白计划经济的缺陷，才能够更好地捍卫市场经济。

第3部分

经济学现象解释

第31讲　看不见的手和隐形的眼睛

“唯利是图”“无利不起早”“无奸不商”“囤积居奇”“坐地起价”，这些耳熟能详的词语，既把市场中人的行为做了过度简化，又放大了其中不好的一面，进而把对某些不端行为的批评扩大到了整个市场。如果医疗出点事，人们就怪罪医疗市场化；如果教育出点事，人们就归咎于教育产业化；如果房价高企，人们就埋怨房地产市场化，怀念分房子的时代。

对市场的批评从未停息，每一次的社会热点都是批评市场的良机。随之而来的则是，人们呼吁商家要有道德底线，不能光顾着赚钱。道德底线和只顾赚钱，无数次被放在了对立面上，其实这是一个长久以来的误解，并被媒体不断放大。商家只顾赚钱，并不意味着就会突破道德底线，两者没有必然的逻辑关系。

相反，倘若有商家真的突破了道德底线，市场也会有自己的净化机制，反而让它们无法在市场上生存和立足。这个机制就是竞争和口碑。

农村有句老话叫“匠人要发，房子快塌”。这句话的意思是，工匠要发财，就必须把房子的质量盖得差一点儿。很显然，那个村子那个时候的匠人一定很少，人们没得比较和选择。在今天的农村，我们不可能见到这种现象，因为只要有两个匠人出现，人们就会对他们盖房子的质量进行评判和比较，进而形成口碑。由于竞争的出现，工匠必须提高建筑质量，而那些盖房质量差的工匠不会有生意。多一个匠人和口碑的出现，就是最原始的竞争和信息传递。

市场的基本逻辑是，如果一个人想得到幸福，他就必须首先使别人幸福。更通俗地讲，利己先利人。但是，想要让“利己之心”产生“利他之行”，最重要的就是要有自由竞争。没有自由竞争，消费者就没有选择的余地，“利己之心”就有可能导致“损人利己”。孟德斯鸠在《论法的精神》中说：“有商业的地方，便有美德。”很显然，美德或者道德，是市场的结果，并不是市场的逻辑基础和前提。

“但是，我们明明看到那么多不道德的市场行为，这该怎么解释？”批评者如是问。消费者对商家最大的肯定就是用钞票投票。消费者对商家最大的惩罚也很简单，那就是用脚投票。在一个自由买卖的市场中，双方有择优而选的权力，这造就了市场本身的净化机制和净化能力。

我们说，市场并不完美，世界上也从来没有哪个国家敢自称是一个完美竞争的市场环境。但是，所谓的市场“缺陷”，更多是管制和干预的结果，而不是市场本身的缺陷。有的人认为，市场存在信息不对称，因此存在固有的缺陷，这种说法是一种静态均衡思维。在一个完全的计划经济下，信息当然是“对称”的，但是却以人的自由丧失殆尽、企业家才能发挥受阻、物质匮乏和普遍贫穷为代价。

市场中的信息，是一个不断被创造的过程，永远不可能对称。然而，正是这种不对称，为企业家才能的发挥提供了空间，他们在利润动机的激励下，通过预测和判断，有效配置资源、组织生产，将经济调整到更佳的状态，从而推动社会进步，增进每个人的福利。

淘宝于2003年5月成立，马云提出的口号是“让天下没有难做的生意”。但真正实现这个口号的并不是淘宝本身，而是同年10月份成立并于第二年就分立出去的支付宝。如果说面对面的交易可以通过观察面相、防止逃跑等措施来解决的话，那么支付宝的出现便解决了远在千里之外的陌生人之间的生产和交换。

人们在逛淘宝的时候，更多的是浏览信息，然后选择同城线下面对面交易。支付宝的信誉机制——对买卖双方的信誉考察和积累，以及对交易资金的暂时托管，使得陌生人之间不再需要见面就可以完成交易。

所以，信息不对称永远都存在，但信息不对称并不会造成市场失灵，恰恰带来的是市场机会。发现这些机会，创造更多陌生人之间的连接可能性，把原来不信任的东西变成信任，这就是商机。

商业的出现有助于解决信息不对称的问题，当一家企业刻意制造信息不对称时，这也许恰恰是另外一家企业的机会。互联网提供了解决信息不对称问题的更好方案，只要竞争足够自由，信息的流动和传递就足够快。即使一开始出现短暂的信息不对称，竞争之下，这个不对称的落差也会迅速缩小。

最常见的问题往往并不是市场本身带来的，而是人为制造的。原本可以竞争更充分的医疗、教育和搜索引擎市场，人为制造了壁垒；原本可以通过市场逐步消除的信息不对称，人为设置了障碍。

你可以短期欺骗所有人，也可以长期欺骗一部分人，但不可能长期欺骗所有人。市场竞争越充分，信息不对称的窗口期就越短，作恶的人受到惩罚的时间也就越短，他们也就越倾向于追求长期的正常盈利，而不是通过作恶来追求短期利益。要想追求长期利益，人们就需要建立信任和口碑。

信任非常重要，但建立信任却十分不易。其困难在于，交易双方存在信息不对称以及在此之上的道德风险。在真实世界中的市场交易中，如果没有交易双方的充分互信，市场就无法高效地运转。即使是面对面地一手交钱，一手交货，也有潜在拿了钱就跑路的风险。没有最基本的信任，人们就会陷入先给钱还是先交货的两难境地。

如果我不相信你对产品质量的承诺，我可能就不会愿意花钱买这个产品。如果我不相信钱存在银行里是安全的，那么我可能需要把现金铺在床上才放心。可以说，没有最基本的信任，劳动分工和专业化的生产合作就不会出现，通过市场进行交易也几乎变得不可能。

市场上还有另外一个重要的生存原则，那就是要维护自己的信誉，也就是建立自己的口碑。想在充满竞争的市场上站稳脚跟，最明智的选择就是建立自己值得信任的声誉，否则市场就会将其逐出。这个原则具有普适性，无论对企业、个人还是产品或服务，都适用。

所以，很多知名品牌每年都花费巨资在品牌推广和形象塑造上，这未必能够直接带动销量，但它们要构建自己的护城河，建立自己的品牌效应。当看到曝光量更大的品牌时，消费者心里会想，大品牌的质量应该是没有问题的。如果大品牌质量有问题，它就是自毁形象。消费者也知道这一点，所以通常会选择那些比较知名的品牌。

所以，如果我们有了市场和信誉机制，我们的日常生活就会轻松很多。我们不需要精通数理化，也不需要在买东西时去研究商家是不是在骗自己，我们只需要选择那些长期经过市场检验的东西即可。在市场经济中，声誉与品牌是企业最有价值与竞争优势的资产。诚如亚当·斯密所言，诚实是最好的商业政策。

信息不对称永远存在，信息不对称并不导致市场失灵，而是市场存在的一个重要原因。市场有一双“看不见的手”——竞争，还有一双“隐形的眼睛”——口碑。

第32讲　市场的清道夫

2020年2月1日凌晨，号称“民族之光”的瑞幸咖啡遭到了浑水公司的狙击。浑水公司投入1 400名兼职员工及92名全职员工潜伏店长营业微信群，监控时长达11 260小时，最终发布了一份详尽的调查报告，指出瑞幸咖啡在经营数据上存在作假和欺诈行为。

报告一经发布，瑞幸咖啡股价应声暴跌超过24%，在美国上市的中概股也因此受到牵连，股价普遍下跌。2020年6月29日，瑞幸咖啡在纳斯达克正式停牌并进行退市备案，标志着这场一波三折的瑞幸退市风波至此正式告一段落，瑞幸咖啡终于放弃了“抵抗”，进入强制退市程序。

浑水公司是一家美国著名的调查机构，主要针对在美国上市的中国公司发布质疑调查报告，由于成功“猎杀”数家中国公司，在资本市场名声大噪。浑水公司创始人卡尔森·布洛克是一个精通中国文化并且熟知美国法律和商业规则的人，他说公司名字源自中国成语“浑水摸鱼”，意寓在美国上市的中国公司大多有各种问题。

2010年11月10日，浑水公司突然向在美国上市的绿诺科技发难。在一份长达30页的研究报告中，浑水公司列举系列证据，直指绿诺科技欺诈。同年12月3日，纳斯达克向绿诺科技发出退市通知，批评其未能回应市场质疑。同年12月9日，绿诺科技遭到摘牌，浑水公司一战成名。后来，浑水公司先后出手中国高速频道、东方纸业等上市公司，都引发了这些公司股价的大跌，被称为“中概股猎手”。

2017年3月24日，在香港上市的辉山乳业股价暴跌近91%，创下港交所史上最大跌幅，董事长杨凯承认公司资金链断裂。辉山乳业股价暴跌的导火索是，2016年12月16日浑水公司发布了一份长达47页的研究报告。报告指出，辉山乳业至少从2014年开始，便发布虚假财务报告，称辉山乳业是一家骗子公司，公司价值接近于零。浑水公司再次得手。

浑水公司自2010年创立以来共做空超过16家中概股，遭到做空的公司结果大致有三种：一是摘牌退市，二是股价遭受重创，三是短暂波动后重回升势。遭到浑水公司做空的公司包括分众传媒、新东方、辉山乳业、安踏体育以及芝华仕沙发的母公司敏华控股等，其中绿诺科技、分众传媒等9家遭到退市，如表32-1所示。

表32-1　遭到浑水公司做空的部分公司

序号	时间	被做空公司	后续进展
1	2010.06	东方纸业	股价走低
2	2010.11	绿诺科技	承认造假，退市
3	2011.02	中国高速频道	退市

（续表）

序号	时间	被做空公司	后续进展
4	2011.04	多元环球水务	摘牌，退市
5	2011.11	分众传媒	退市，A股借壳上市
6	2011.06	展讯通信	被收购退市
7	2011.06	嘉汉林业	破产重组
8	2012.04	傅氏科普威	私有化，退市
9	2012.07	新东方	股价短暂走低，重回升势
10	2012.10	网秦	股价走低，退市
11	2014.11	奇峰国际	长期停牌
12	2016.12	辉山乳业	债务危机，长期停牌
13	2017.06	敏华控股	做空证据不充分，影响较小
14	2018.06	好未来	股价短暂下跌，重回上升轨道
15	2019.07	安踏体育	股价坚挺并且大幅上涨
16	2020.02	瑞幸咖啡	退市

当然，浑水公司也有失手的时候，比如新东方、好未来和敏华控股在遭遇到浑水公司的做空之后，虽然短期内公司股价受到了一定程度的影响，但很快就因为浑水公司做空证据不够充分，公司再次获得市场和资本的认可，股价也重新回到正常价值轨道上。基本

上，遭遇浑水公司做空并退市的，都是那些自身确实存在问题的公司。正所谓“苍蝇不叮无缝的蛋”，浑水公司只不过是利用市场机制把这些“有缝的蛋”找了出来。

浑水公司的调查逻辑很清晰，因为造假是一个系统工程，上市公司要造假就需要对整个信息链进行造假，基本上不可能做到完全自圆其说。所以，往往通过公开信息，浑水公司就能发现造假公司逻辑上的矛盾，然后再通过实地考察和调研做深入细致的解剖。这套先逻辑后调研的打法，保证了浑水公司基本弹无虚发。公司只要造假并且留下那么一点点“缝隙”，就很容易被浑水公司盯上。

在具体调研过程中，浑水公司除了会调研上市公司本身之外，还会把同样的方法用于公司的关联方、供应商、客户，同时会找竞争对手和行业专家详细了解情况。公司关联方包括上市公司的大股东、实际控制人、兄弟公司、实际控制人控制的其他公司等，供应商包括上市公司的上游供货商以及为上市公司提供审计服务的会计师事务所和法律服务的律师事务所。主要客户的采购量能说明一家公司的真实出货量，客户和竞争对手的评价往往最能反映一家公司的行业地位，行业专家则会帮助调查人理解行业的正常毛利和运转情况。

浑水公司的调研在方法论上并没有什么重大创新，它很少运用复杂的估值模型去判断一家公司的价值。然而，最简单的方法往往是最有效的方法，最后的收获都是在调研细节上下功夫。当然，无利不起早，没有实质性的利益，浑水公司当然是不会去趟这个得罪人的“浑水”的，正是美国股市的做空机制给了浑水公司“摸鱼”

的机会。

众所周知，中国股市是不允许做空的。简单理解做空的办法就是，你手里没有股票，但是你也可以先卖再买。没有股票怎么还能卖出股票呢？这是因为你可以从证券公司那里借股票卖出，然后等股价跌了之后再把股票买回来，把股票还给证券公司，你赚的就是这中间的差价。

假设瑞幸咖啡没有被做空前的股价是100元/股，而浑水公司事先做了充分的市场调研，发现瑞幸咖啡存在巨大的财务问题，于是从证券公司借来1万股瑞幸咖啡的股票，并把这1万股卖出去，然后得到了100万元。这个时候，浑水公司再对外披露瑞幸咖啡存在的问题，做空瑞幸咖啡，当瑞幸咖啡股价大幅下跌之后，比如发布报告之后股价跌至10元/股。然后，浑水公司再用原来卖出股票赚到的100万元现金其中的10万元就可以买回1万股瑞幸咖啡的股票，最后把这1万股股票还给证券公司。这一出一进，浑水公司净赚90万元。

上述模式是一个极简的推理，实际操作当然会更复杂。浑水公司一般会选择与对冲基金合作，在发布质疑报告之前，对冲基金便已入场做好“捕食”的准备。浑水公司的赢利模式并非一家独创，在美国等国外资本市场，类似浑水公司这样的机构数不胜数。这些机构的“套路”都是一样的：寻找问题公司，卖出该公司股票，建立仓位，然后发布做空报告，在公司的股价下跌中获得盈利。整个过程同样存在着一条脉络清晰的利益链，包括律师事务所、审计机构、会计师事务所、研究机构和对冲基金等。

公司上市的目的本来就是更健康、透明地募集公司的发展资金，并不是圈钱，更不是骗钱。股民购买公司股票，实际上成为公司的股东。但并不是所有的公司都抱着给股东创造利益的信念上市的，跑到股市以圈钱为主要目的的公司不在少数。面对复杂的公司财报以及蓄意的欺骗信息，普通股民的信息研判能力不足以防范这些风险。

做空机制以及浑水公司的出现，恰恰起到了这样的风险防范作用，使得虚假信息的深度挖掘和披露成为真正有利可图甚至可以赚大钱的事。有了浑水公司这样的“清道夫”存在，这些公司的造假者都会掂量掂量自己的造假能力，看看能不能逃过浑水公司的法眼，这正是资本市场上的制衡所在。

第33讲　为中间商正名

“没有中间商赚差价”，从一句互联网公司的广告语逐渐成为一句流行语。这句流行的广告语所迎合的，正是见不得别人赚自己的钱这样一种奇葩又扭曲的心理。别人说说也就算了，因为那是营销话术和策略，但假如你真的信以为真，不想让别人多赚一分钱，那么这样恐怕回头吃亏的还是自己。

正确的三观是，对别人赚你钱这事要喜闻乐见，要高兴才对。当然，我们并不是主张做慈善去白给别人送钱，而是在需要的时候，花钱购买更好的产品和服务，节约自己的成本和时间，这才是真正可持续的商业逻辑。

以往，春天是各类果蔬的热销季，但2020年受到新冠肺炎疫情的影响，全国多地农户陷入困境。菠萝、橙子、苹果等网络上广为流传的“滞销大爷”代言的各种水果，这回可能真的滞销了。

虽然疫情尚未完全解除，但消费者对水果的需求一直都在。面对这种情况，淘宝、京东、拼多多等电商平台纷纷推出“电商助农”的措施，直接把援手伸向田间地头，帮助农民把滞销的农产品直接“上线”，然后送达消费者手中。

这个模式可以说是利用网络的便利优势，绕过了“中间商”，直接解决了农产品供给方源头和消费者终端的信息不对称问题。这看起来是非常好的助农措施，还免得让中间商赚取了差价，但问题也随之而来。

豆瓣网友发了一篇文章——《说到助农水果，我不信有人比我惨》，说自己收到草莓后发现有40多个发黑腐烂；虽然另外一家的草莓品相还好，但买的是三斤，实际收到的却不到两斤。其他网友也纷纷贴出自己购买助农水果踩到的雷，可以看到令人失望的不在少数，更有网友调侃“买助农商品就是在拼人品”。

为什么会出现这种情况呢？为什么我们有网络信息化的优势，明明看上去解决了信息不对称的问题，却还是出现了很多意想不到的情况？原因其实很简单，中间商是一个专业化的分工环节，它并不是通常被认为的低买高卖、当个倒爷、赚个差价那么简单。

负责种植采摘的果农对于种植技术很有经验，作为“吃货”的消费者对于挑选水果很有讲究。消费者在挑选水果的时候，会有各种各样不同层次的需求，水果的种类、品相、价格、包装，是自己吃还是送人，是立刻就吃还是放一放再吃，等等。

所以，我们在线下水果店或者超市看到的那些水果，都是经过筛选的“等级货”。而我们看到的那些积压的大量水果，都是“统货”。而所谓“统货”，就是指不分质量、规格、品级并按统一价格出售的商品。

忙碌于田间地头的农户当然也知道水果是要分级的，但那都是原来分级卖给中间批发商的，他们也会按照不同的等级给不同的价格。一方面，现在农户直接对接消费者，不知道消费者具体需要什么样的水果，是想要价格低但品相一般的，还是想要价格高一点但质量一定要好的。另一方面，他们估计从来没有大量处理零散订单的经验，加上价格都是统一的低价，也没有动力去做仔细的分级零售。所以，如果我们以低价来买助农水果，他们基本上发的就是那些没有经过等级筛选的"统货"。而如果经销商去进货的话，那么很多质量不好的水果会被扔掉或者送进罐头厂。

平时的经销商、批发商，看上去是赚了差价的中间商，但他们一手需要寻找农户的供给资源，分级购入，另外一手则需要寻找出货渠道，给对应等级的产品寻找对应的客户。罐头厂、超市、水果店、小区团购等不同的渠道，都对应着不同的等级和价格，更不用说水果这些容易损坏、变质的产品，它们在物流运输上需要更强的专业性，也需要更大规模的集中运输来平摊成本。

所以，看上去好像仅仅是买和卖、农户和"吃货"之间买卖信息的不对称，其实远远不止如此，远没有那么简单。分工有合作，术业有专攻，这也就是中间商存在的意义和价值所在。

很多人不喜欢中间商，认为中间商赚的是一个不该赚取的可以节省的"差价"，这其实是一个误会。实际上，我们经济越发展，社会越进步，我们需要的中间商就越多，而不是越少。

比如，你要吃饭，我们可以用各种App（应用软件）看下点评，然后下订单或者叫外卖，它们是中间商。你要住宿，同样也可以使用各种App，它们也是中间商。你要租房、买房和卖房，我们需要中介帮忙跑腿，中介还是中间商。你要装修房子，装修公司其实也是中介，外加一点品牌和信誉背书。

现在的各种知识付费平台，也是一个知识的中间商，甚至可以说，大学也是一个靠信誉和品牌保证的知识中间商。有原创贡献的大师在每个时代也就那么几个，大部分大学的工作其实和我的工作一样，传承解读大师的思想或者技艺。

就连那个使用“没有中间商赚差价”广告语的二手车商，也是一个中间商，只不过它用互联网挖了传统中间商的墙脚。我们都是中间商，都在赚着信息不对称的差价。我们赚的这个差价，跟水果经销商赚差价的内在逻辑是一致的，但我们和中间商并不是在简单地利用信息不对称来赚钱，更没有阻碍信息的传递。

相反，中间商是信息处理的集散地。中间商通过分类信息，加速了信息的传递速度和传递质量，帮助我们筛选和匹配信息，有效节约了各方的成本和时间。所以，只要不是骗子，合格的中间商赚取差价，名正言顺，天经地义。在市场分工越来越细化的今天，中间商也会越来越多。

允许中间商赚差价，给中间商机会，其实也是在给我们自己机会，最终受益的还是我们自己。

第34讲　需求是立体的，价格的作用是多维的

2020年春节，新冠肺炎疫情突发，口罩突然成为紧缺物资。那段时间，当打开购物平台想下单时，我们可能会发现防护口罩要么已经售罄，要么可能已经涨价了，而且涨幅还不小。在媒体曝光涨价现象之后，很多人普遍反对涨价，认为口罩乘机涨价有悖道德，生命安全和身体健康远重于短期利润，电商不该借机发“疫情财”“国难财”。同时，媒体还会呼吁相关部门加强监管，后来有关的执法行动也确实对涨价行为从重从快进行了查处。

但是，现在我们回过头来再看这些涨价的问题，也许可以更冷静地梳理一下其中逻辑。不允许涨价的逻辑很简单，交易双方一边是疫情、灾难、痛苦，另外一边是坐地起价，是赚钱、轻松、快乐。这种强烈的反差对比，让人很难在情感上接受，更不用说疫情让人们产生的各种不满，这些不满更容易让人不假思索地认为商人为了赚钱都不要良心了。

相比之下，允许涨价的逻辑要绕几个弯才行。首先，疫情的暴发是突然事件，从口罩生产厂家到代理商，再到电商平台，肯定都

没有准备，整个产业链更不会有很多的库存压货。其次，假如我们真的杜绝口罩涨价，那么无论是电商平台、代理商还是生产厂家，都会因为过年进入放假状态而没有足够的生产和销售动力，口罩的保护作用只能覆盖到那批最早购买的人。

如果我们允许自由涨价，那么一方面原来想买很多口罩备用的人会因为涨价少购买一些，这样会有更多的人可以有的选，而不是彻底没的选。更关键的则是第二方面，虽然电商平台所卖口罩的进货价格没有改变，但在口罩涨价之后，其利润陡增，面对这样的利润，它们有足够的动力去通知进货，进而通知生产厂家加班生产。市场的运作和利润的驱动，相比于逐级上报然后逐级下达的层层行政指令传递，明显效率更高。

对于口罩产业链上的各个商家，其初衷也许不是帮助我们买到口罩，但市场的神奇之处在于，即便出于利己的动机，它们也会通过价格的传导机制把市场上急需口罩的这个信号传递出来，并从消费者一端一直传递到生产厂家。

逻辑的第三层是，如果我们允许自由涨价，那么是不是口罩的价格就会一直涨到大部分人都买不起的程度？显然并不会。因为存在竞争，当生产厂家加大供应后，口罩供需关系会进入另外一个相对平衡的状态，口罩价格并不会一直涨。如果有的厂家对形势有所误判，过度生产造成口罩产量过高，那么口罩的价格低于疫情暴发前也不是没有可能的。

逻辑的第四层是，如果我们允许自由涨价，那么不涨价也是商家的自由。商家也可能会基于很多原因不涨价。有的商家看到很多其他商家涨价，它偏不涨价甚至可能还会降价，在扩大口罩销量的同时，有可能获得更大的进店流量，进一步带动店内其他产品的销量。当然，这家店还有可能因此获得更多的口碑和赞誉。

无论如何，我们要强调的是，口罩涨价的逻辑自始至终都没有伤害到消费者的利益。恰恰相反，只有允许涨价，市场才能准确地反映和传递消费者的真实需求和迫切程度，产业链上的各个商家才会做出正确的反应和动作。所以，市场需要传递真实的信号，我们需要给市场一点时间，涨价与否应该成为商家的自由。

另外，关于特殊时期紧缺物资的价格问题，有种观点应该很有代表性："第一，虽然在绝大多数情况下，价格机制可以有效地引导生产，但是在类似这场疫情的情况下，不需要价格机制，我们就能知道什么是短缺的。第二，对于特殊时期的紧缺物资涨价的行为是带有社会伦理后果的。涨价只能把紧缺物资配置给富人。比较好的做法是，不动价格同时进行购买的限额。经济学的效率（有效配置资源）概念并不排斥公正的社会伦理和价值观。很多人认为效率和公正是矛盾的，这是对经济学和经济学家群体的误解。"

总体来说，上述观点中"经济学的效率概念并不排斥公正的社会伦理和价值观"是对的，但前面两条论证是错误的。错误的原因主要在于，这是一种潜在的模型化思维，失去了真实世界的细节。比如"在疫情的情况下，不需要价格机制，我们就能知道什么是短缺的"。疫情突发时，"短缺"二字是我们很多人都能够听到、看到、感知到的。但是，如果仅仅凭此就说"知道什么是短缺的"，那么这种短缺只是一种总量的短缺，是一种极为简化的模型统计。

就像在毫无准备的情况下，天突然下雨了，雨伞可能就会短缺，这我们都知道。在毫无准备的情况下，社会突发疫情，口罩就会面临短缺，这我们也都知道。但我们都知道，对下雨但带了伞的人来说，雨伞并不短缺；同样，面对疫情，对有储备口罩的人来说，口罩就算不上短缺。

关键的问题在于，我们不知道具体谁带了雨伞谁没带雨伞，也不知道谁有口罩谁没有口罩。那么，在这样的情况下，我们就不需要价格机制了吗？显然不是。在这种情况下，我们更需要价格机制。这种观点认为，在绝大多数情况下，价格机制可以有效引导生产，比如疫情突发，我们就知道什么是短缺的。但我们没有看到的是，真实的需求是因人而异的，是因场景和需求而不同的。

每个人的需求加总起来是总需求，这个加法是教科书式的加法。但这个加法仅仅是一个数字，我们无法通过这些总数字的短缺来得知具体的短缺细节。简单一句话，需求是立体的，而不是简单的一个总数字，它包括了具体的时间、地点、人物、用途、用量以及急需程度。总需求的短缺无法反映出真实的具体需求。

这个时候我们该怎么办？答案就是老生常谈的两个字——价格。价格机制不仅仅能引导生产，而且能反映供需关系，反映不同的人在不同时间、地点的真实需求。需求是立体的，而价格的作用是多维的，它不仅仅让我们知道自己是赚钱还是亏钱。

价格的形成过程是一个交换的过程，即人们愿意放弃手中的钱来换取他们认为更重要的东西，这个过程只有在具体的场景下才会反映出他们的真实需求。愿意出高价，说明他们的急需程度更高；

而不愿意出高价，则说明他们的急需程度没那么高。

所以，上述观点中的第二点也值得商榷。这种观点认为，“此次疫情期间甚至出现有些商家降价出售紧缺物资的情况，这充分说明在公共危机之下，市场经济行为也是包含有社会伦理维度的”。

商家降价出售紧缺物资出于善意，这本身当然没问题，但这会带来两个衍生问题。其一，能够以低价买到这些紧缺物资的人，很有可能是最先看到降价消息的人，而不是最急需的那些人。其二，降价销售很有可能带来的结果是，第一时间得知消息的人会因为降价而购买超过他们实际需要的量，这就进一步造成了急需购买的人却买不到。

如果我们按照上述建议，“比较好的做法是，不动价格同时进行购买的限额”，那么这样做行不行呢？这样的做法按逻辑推演下去就是计划经济，我们就回到了粮票、布票、油票的时代，可以参考当下的“房票”。即便我们不做极端的推演，不动价格的同时进行限购同样也绕不开那个问题：需求是立体的，我们怎么反映不同的人、不同场景下的真实需求，怎么满足那些最迫切的需求？

对于限额购买，是以每个人为单位还是以家庭为单位？购买人的年龄要不要考虑？健康状况要不要考虑？如果一个家庭的人都没有出现健康问题，家里人都宅在家里，那么大家可能都不需要口罩。而有些家庭中有人刚刚从疫区回来，急需大量口罩。

另外，限购的措施由谁来实施？像限购房子那样，严格按照户籍信息、社保缴纳信息来实施吗？效率肯定非常低下。“限购”二字看似简单，实际的落地只会把简单的事情复杂化。不同地方、不同渠道无时无刻不在变动的那个价格，就是人们对自身需求的最真实表达。

在伦理上，我们都希望能够帮助更多的人。在经济学上，我们认为价格能够真实高效地反映人们的需求。经济学上的效率和伦理上的公正正义，在价格这里并不矛盾。价格是信号的传递，一切绕过价格的办法必然会导致信息的失真。我们完全没有必要舍近求远，放弃价格去想其他办法来满足人们的真实需求。

第35讲　坚持逻辑一致不是走极端

2020年春节期间，新冠肺炎疫情突发，朋友发来上海交通大学陆铭教授的一篇文章，标题是《疫情之下，打击涨价不能一刀切》。标题没问题，但整篇文章的论证却非常脆弱。文章的摘要写的是“任何走极端的答案都不好”，这个摘要看上去很有道理。

陆铭教授认为，涨价有合理的和非合理的两种情况，区分了这两种情况就不是走极端。而陆铭教授自己也指出：“什么是合理的涨价，的确是一件很难判断的事情。也恰恰是因为这一点，政策制定和执行者不要急于一刀切。”

个人浅见，这篇文章至少犯了三个基本错误。第一，总体上没搞清楚什么是坚持逻辑一致性，什么是走极端，而坚持逻辑一致性并不是走极端。第二，陆铭教授强调“任何走极端的答案都不好”，但事实上，文中恰恰在用一些假想的走极端的例子，反而忽视了真实世界的处理方法。第三，陆铭教授忽视了价格和成本的关系。

下面我们展开讨论一下。

陆铭教授引用了一个英文文献的案例：“飓风袭击了你所在的小镇，电也停了。你的孩子有糖尿病，你需要电来冷藏他的胰岛素。

你绝望了，但也许还算走运。我有台小型发电机愿意卖给你，你手里有800美元，刚好是我这部发电机平常的价格。唯一的问题是，我不愿意以800美元的价格卖给你，我想卖1 300美元。”

陆铭教授认为，在这个例子中，“发电机的拥有者有完全垄断市场的力量，同时他所面临的需求是基于孩子的生命的”。然后，他进一步认为，“把发电机价格从800美元抬高到1 300美元，使得这个例子回避了道德伦理上的危机”。但他忘记了他在摘要中强调的“任何走极端的答案都不好”，他设想了一个场景。

陆铭教授指出：“如果发电机的拥有者把价格抬高到1 300美元，甚至13 000美元，而我们是那个需要用发电机来救命的父母，也许我们仍然愿意支付1 300美元，甚至13 000美元的价格（取决于我们的收入水平）。那么，这个时候经济学家还能够轻松地说，最后的交易价格是一个均衡价格水平吗？”

陆铭教授的结论是，如果他假设的这种极端情况发生，那么“发电机拥有者把价格到底抬高到多少，显然具有了伦理道德的含义。由于父母对孩子生命的珍惜，即使这可能会让父母倾家荡产，父母也愿意支付发电机的天价，但这个天价显然是不符合公正的社会伦理道德的”。

不客气地讲，我觉得这种思路只应该出现在那位不懂经济学的哈佛大学教授桑德尔的“公正”课堂上，而不应该出现在一个知名大学经济学教授的文章里。桑德尔长相善良，口才又好，但其两本畅销书《金钱不能买什么》和《公正》都有很多错误观念。

而陆铭教授错在他不想走极端而恰恰又走了极端，忽视了真实世界会非常灵活地处理问题。其中最大的问题是，一个卖家想赚钱必须成交才行，他也许真的有漫天要价的机会，但他也得考虑对方能不能承担得起，是不是？光要价高有什么用？对方必须自愿接受这个价格，交易才能达成，卖方才能从中赚钱。

陆铭教授认为，从800美元的价格抬高到1 300美元就没有了道德伦理问题，但抬高到13 000美元就有了道德问题。但如果飓风之后一切都毁了，房子也没了，孩子父母连平时的800美元都支付不起，那么你现在还要1 300美元是不是也有道德伦理问题。按照这个逻辑，在这种情况下，要人钱就是要人命，就不应该要钱才对。

所以，这里并不是要价多少的问题。问题是，你有发电机但你要价太高，人家不买，你的发电机还是没法帮你赚钱。在真实的世界，发电机的主人会根据情况来定价。如果对方当时确实买不起发电机，发电机的主人就一定要卖发电机吗？不一定。发电机的主人可以考虑出租发电机，或者按照电量的具体使用量来收费，正如我们今天的日常生活用电一样。如果买方确实没钱，那么卖方要再高的价也没用。

租几天发电机的费用，相对来说肯定比买整个发电机的成本要下降一些。假设对方连租金都无法支付，只要双方诚实守信，对方事后再付款也是完全没有问题的。这就是跨期交易的问题。另外，邻居也许可以借钱给急需用电的人购买发电机或者买电，也可以做担保。这就是金融问题。

总之，陆铭教授的错误在于，用一个假想的、极端的叫卖价格

（注意：这里是叫卖价格，不是成交价格）轻易地就把一个市场问题偷换成了伦理问题，同时完全忽视了真实世界可能有的很多种处理方式。在新冠肺炎疫情期间，对很多价格问题的处罚其实大都是把一个叫卖价格问题上升到了道德问题，又上升为发国难财的高度。

我们不否认，这个叫价之下是有成交的。但我想经济学最简单的逻辑是，一个交易之所以能够成交，一定是因为对双方都有利。如果不是这样的，交易一开始就不会成交。既然双方的交易是自愿的，那么即便是高价，双方当事人都不会认为各自有什么损失。

陆铭教授的另外一个错误在于，忘记了经济学的基本规律之一，即价格与成本无关。他认为，因为中间的人工成本、物流和原料成本都涨价了，然后终端产品（比如蔬菜）适当涨价就是合理的；而如果中间环节没涨价，原来的库存坐地起价就是不合理的。这样的认识很有群众基础，但这个问题其实被反复说过很多次。

陆铭教授生活在上海，也熟悉房地产行业，出版过这方面的专著。假设陆铭教授十年前在上海买的房子的价格现在涨了十倍，他现在卖房的时候会参考十年前的价格吗？在要价的时候，他参考的一定是周围房子最近的成交价，而不是自己房子十年前的价格。在最后成交的时候，假如有十个人想买他的房子，如果没有其他原因，那么他一定愿意卖给出价最高的那个人。

价格与成本无关，我相信陆铭教授无论是从经济学理论的角度还是从买卖房产的实战角度都知道这个逻辑。但为什么到了这里，他就忘了呢？除了跨期较长的房地产，我们再看看短期的蔬菜市场。

十年太久，那就十天吧。无论蔬菜在进货前的成本怎么涨价，可如果在进货之后卖不出去，十天之后的蔬菜就不新鲜了，有的甚至开始腐烂，这个时候你想按照进价销售恐怕都很难，甚至赔钱卖都卖不出去。蔬菜十天后的价格和它的成本价格有关系吗？很显然没有，价格仍然和成本无关。

无论是卖房还是卖菜，价格的形成，从来都是卖方和卖方竞争，买方和买方竞争。陆铭教授在忽视了价格与成本无关的同时，还把一个叫卖价格问题上升到是否合理的问题上。对于价格到底涨多少才是合理的问题，正确的回答是“随便”。

一个人爱卖多少就卖多少，谁是产权人谁说了算。如果价格太高而没人买，那么这是他自找的。但是，这上升不到道德的高度。所以，举报卖高价的人都是什么心理呢？既不愿支付高价，又看着有人买得起不爽，一定要把价格压到自己能买得起才行。

但实际上，价格倒是压下来了，那些人还是买不到。他们看到了有标签的价格，却没有看到那些无形的代价。

朋友认为，陆铭教授的文章更保守一点，并且更能被大家接受。但我认为，宁可坚持看似极端的逻辑一致，也不要和稀泥式的保守温和。更何况，坚持逻辑一致并不是走极端。

第36讲 要钱不是要命

很多人可能都看过这样一个思想实验，一个人在沙漠里快要渴死了，这个时候突然发现有个人在卖水。快要渴死的人以为看到了希望，但卖水的人却乘人之危，开出天价。故事通常到这里就戛然而止，人们开始对市场大肆贬斥，痛斥市场乘人之危。

很多人会用在沙漠里卖水这个假想的故事来类比分析医疗市场化的问题。医疗如果市场化，就会出现像沙漠卖水一样的情况，即医生把人放在手术台上然后坐地起价，不给钱就不治。也不知道他们如此丰富的想象力从何而来，树立这样一些假想的场景和敌人来抹黑市场的作用。但不可否认，这些抹黑市场的说法通常是奏效的，很多人会因为这些错误的基于想象的故事，形成对市场的错误认识。

如果把故事的场景设置为沙漠或者濒危的手术台，那么在这样的场景代入后，很多人在同情心上来后便失去了思考的能力。结论就是，那些支持市场的人怎么总是这么坏，总是喜欢置人的生命和安危于不顾，总是想着赚钱，还有没有良心。

最后，人们往往是呼吁来一只上帝视角的管制之手，把水免费送给快要渴死的人，先救人再说。这样行不行呢？当然也可以，但从此再也没有人会在沙漠中卖水。

所以，从长远可持续的角度来看，在沙漠送水不如在沙漠卖水，雪中送炭不如雪中卖炭。即便从当时的处境来看，卖水的人要一个天价，但他卖不出去，让需要水的人渴死了，他也还是没赚到钱，没得到什么收益。让对方渴死显然不是卖水人的最佳选择，救活才是，至于怎么救活，以什么样的价格，签订什么样的契约，这些就是卖水人或者企业家的具体落地执行问题了。

也许有人会继续抬杠：你们这样赚钱跟拦路抢劫有什么区别呢？区别很明显。抢劫是要钱还是要命的选择题，而商业是要钱，不是要命。抢劫是一方受益另一方必然受损，而交易必然是双方共同获益，互惠互利，否则交易一开始便不会发生。在沙漠卖水的场景中，买水的人买到水救命，卖水的人卖水赚到钱。这是互相成全，而不是互相伤害。

胡释之老师的总结很到位："碰到匪徒，你要么给他钱，要么给他命，你不能什么都不给，你不能装得像没碰到他一样。碰到商人，你要么给他钱，获得自己急需的商品，要么不给他钱，就像没碰到他一样。两者性质完全不同，却经常被混为一谈，把提供急需商品的商人说成是趁火打劫。"

是的，抢劫和商业两者性质完全不同，但我们经常将它们混为一谈。像"商场就是战场，不是你死就是我活""市场规则就是丛林法则"这些生动但错误的比喻严重影响了市场的形象，让人们对市场充满了恐惧。但在真实的世界中，人们的处理方式千变万化，远远不是那些黑板经济学家的空想场景那么简单。

张五常教授在他的《经济解释》中也提到了一个在沙漠卖水的案例："大约是一九六六年吧，我从赌城拉斯维加斯驾车到旧金山去，路经之地全是沙漠。天大热，四十多摄氏度，汽车没有冷气，口渴之极。车行了很远都四顾无人。后来到了一个地方，见有五六户人家，其中一家门前挂着可口可乐的招牌。我急忙跑进去，买了一瓶冰冻的可乐，只二十五美分。我想，要是卖者叫价五美元也相宜之极，为什么只售二十五美分呢？离开时，我见到有几个邻家的孩子在地上游玩，恍然而悟。我想，要是卖可乐的人把价格提升，这些孩子会叫父母替他们购置冰箱，大做可口可乐的生意。"

这个案例简单说就是，他本以为这个地方会卖高价可乐，可乐的价格却很便宜。张五常教授的解释是，竞争的存在不仅仅包括已经看到的竞争，还有那些潜在的看不见的竞争。你真的敢随便要个天价或者随便涨价吗？随时可能会有他人冲进来分一杯羹，你涨价未必真就多赚钱。虽然这个案例不涉及生死，但这才是真实世界的情况。

某个产品看似高价暴利，但很快就会有人因为高利润冲进来，然后通过竞争抹平这个利润，暴利变成平常利润。只要进入是自由的，没有行政垄断，这个过程就不会被打断，平均利润会持续下降。

虽然张五常教授属于芝加哥学派，但他有一点是和奥地利学派一致的，那就是他反复强调，经济学研究的是真实的世界，而不是黑板上的构想。虽然张五常教授的方法论是强调实证主义的，但正因为他强调对真实世界的观察，而不是通过假想的案例来思考，所以在有些问题上，他的观点和奥地利学派的结论是不谋而合的。

前面讲过，飓风袭击导致小镇停电，身患糖尿病的孩子需要用电来冷藏他的胰岛素，小镇上有人有一台小型发电机。唯一的问题是，需要发电机的孩子父母可能只有800美元，也就是这部发电机平常的价格，而发电机的主人却要卖1 300美元。

有专家认为，合理涨价是可以接受的，但涨价太多就是一个伦理问题。比如，如果涨到13 000美元，涨到了孩子父母完全负担不起的程度，这明显就是一个伦理问题，而不是简单的经济问题。更进一步，有人认为，专家的观点不是说不能交易，而是这种价格下达成的交易违背了平常人的道德观。

很明显，从逻辑上看，只要交易双方基于自愿达成了交易，这就是有利的，否则双方便不会达成交易。问题是，如果说这个交易违背了“平常人”的道德观，那么这个“平常人”是谁呢？交易双方的自愿交易，是否应该或者需要无关的他人来评价是否道德呢？如果真的是父母在飓风之后花13 000美元而不是平常的800美元救活了自己的孩子，并且觉得很值，而无关的平常人觉得不值，那么这个时候我们要以无关的人的道德评价为准吗？

简而言之，我的观点是，慎重使用上帝视角来评判。如果以13 000美元的价格购买发电机，交易达成便是违背平常人的道德观，那么这个“平常人”到底是谁呢？是一个完全和当事人无关的第三者。

这类无关的平常人的潜在逻辑是，你所卖的发电机不该赚这么多钱，而换个视角就是，孩子的命不值父母手中的13 000美元。对于自愿达成的交易，父母觉得是值得的，而在一个无关的平常人看来，这却是不值得的。而众人还要去以这个和当事人无关的平常人的道德评价来判断好坏，貌似这件事本身就很不道德吧。

真实世界的逻辑看似无情，但涉及具体事务的当事人都在寻找各种解决途径。没有强制的商业和市场，是双赢或者多赢的最佳途径。这个“最佳”在理论上没有“之一”，但理论成立的前提是没有强制。

第37讲　对“不患寡而患不均”的误解

有种观点广为流传，那就是孔子的这句“不患寡而患不均”。如果论引用次数的话，那么这句名言恐怕是被引用最多的历史警句之一，你在人生的不同阶段、不同场合总会看到它。很多人（包括我在内）通常都会感觉这句话真是言简意赅，并且表达到位又符合生活经验的直观感受，于是毫无保留地接受了这一观点。很多时候引用一下这句话，瞬间会让你感觉自己非常睿智。

但是很遗憾，我们从小就被这句话带歪了，以至很少有人会察觉到它有什么问题，反而经常拿它来作为论证的依据。小时候，接触到这句话时，我们不会多想。当我们长大后，学校又没有给我们提供批判思考的机会。

但非常吊诡的地方就在于，大范围长时间的误导很有可能会使这句话进入一种“自证预言”的模式。当很多人认为真的是“不均”造成的问题时，政策走向很可能就会偏向解决“不均”的问题，结果就可能会造成真的不均。

但是，问题真的就出在“不患寡而患不均”的“不均”上吗？

显然不是。无论是过去还是今天，无论是稀缺的医疗、教育资源还是日常生活用品，有没有、有多少从来都是非常重要的问题。

在养鸭子不能超过三只、鸡蛋都不能交易的中国20世纪六七十年代，这倒是看上去很平均，但实际情况是恐怕现在没人愿意回到那个缺医少药的年代。即便是到了后来的20世纪八九十年代（房子是可以分的），让今天很多买房子的人回到那个年代，他们也不愿意。因为现在他们多的可能有十套、八套房子，少的可能有一两套房子，在那个年代终其一生可能就只有一套“老破小”。

就在今天，看看南美洲的委内瑞拉，看看那些贫穷落后的非洲国家，看看它们的生活之凄惨、物资之匮乏。对它们来说，“不均”也许是一个问题，但更重要的是“寡”，是各种物资和生活用品的极度匮乏。

当我们的眼睛总是盯着“均”还是“不均”的问题时，那造成的结果可能恰恰就是“寡”还是“不寡”的问题。很多人认为，社会矛盾往往在于不均，而不是寡，认为小部分人满意了，大部分人却充满怨恨。这有没有可能呢？有可能，但这并不是问题的关键。

问题的关键在于，他们没有认识到，市场才是更好的疏导机制，才能更好地缓解供需紧张。市场经济运行这么多年了，大部分人的基本共识还是有的。那就是，在一个自愿交易的市场上，买得起的才是自己的，买不起就是买不起，怨不得别人。那些名牌首饰、珠宝黄金，不是所有人都买得起，也没见大家都去抢金店。大城市房价的确很高，租房子的人有很多，但也没见他们非要霸占房东的房产。

有一种情况是非常容易激化矛盾的，即这并非是一个自愿交易，而是一种权利分配。“不患寡而患不均”这句话，就深深地透着这样一种权利分配的思维。只有在这样的一种权利分配机制下，才会有更多的人提出更多的问题。比如，在中国房地产市场化之前的福利分房时期，凭什么分给他而不分给我，凭什么他分的房子是100平方米而我分的房子只有99平方米，凭什么他的房子在三楼而我的房子就在五楼?

权力主导之下的分配，必然也需要制定相应的分配规则，年龄、工龄、职称、级别等等不一而同。程序越复杂，可操作的空间就越大，寻租的可能性就越大，矛盾必然也就越多，哪有市场之下的价格机制那么简单明了。

另外，即便是说出这句话的孔子本人，也未必同意今天人们对他的理解。孔子《论语·季氏篇》有云:“丘也闻有国有家者，不患寡而患不均，不患贫而患不安。盖均无贫，和无寡，安无倾。夫如是，故远人不服，则修文德以来之。既来之，则安之。”这就是“不患寡而患不均”的出处所在。

对于这段话，今天人们的解释通常是:“无论是诸侯或者大夫，不担心财富不多，只是担心财富分配不均匀；不担忧人民太少，只担忧境内不安定。若是财富平均，便无所谓贫穷；境内和平团结，便不会觉得人少；境内平安，国家便不会倾危。做到这样，远方的人还不归服，就再修仁义礼乐的政教来招徕他们。他们来了，就得使他们安心。”

但孔子当时所说的“均”是今天人们普遍认为的“平均”的“均”吗？未必。如果此处的“均”被理解为“平均”的话，那么儒家的主张中便有了“均贫富”的意思，而这种“均贫富”的平等思想，与我们熟知的儒家“以礼治国”的等级制度，以及强调人与人之间的不平等思想相矛盾。实际上，孔子要求“克己复礼”，要求社会各阶层各守其本分，要求“正名”，这是明显的等级制，而不是平均制，儒家没有“均贫富”的主张。

南宋理学家朱熹在《四书章句集注》中的注解则认为：“均，谓各得其分。”而其中的“分”，可以理解为“本分”，在古汉语中还有职责或者权利的意思。也就是说，“不患寡而患不均”中的“均”，指的是一种建立在权利观之上的公正诉求。按照本分和职责，得了该得的，那就是“均”；德不配位，拿了不该拿的，那就是“不均”。

再结合孔子说这段话的历史背景，孔子是对两个弟子冉有和子路说的，当时他们俩正在辅佐季氏但又不赞同季氏攻打其他国家。可以说，“不患寡而患不均”中的“均”，跟今天的“平均”和“平均主义”没什么关系。

我们可以看到，无论是追溯当时的历史背景，还是从今天的基本逻辑和现实出发，人们对“不患寡而患不均”都有着很深的误解和误读。

谎言传千遍，成不了真理，却足以蛊惑人心。人们相信了谎言，也就失去了基本的思考和判断。相信谎言的人越多，自证预言就越发成为可能。当人们常常把“不患寡而患不均”挂在嘴边并推动政策的时候，最后的结果恐怕是，既要面临“寡”的问题，又要面临“不均”的问题。只有通过市场和交易，我们才能创造更多的财富，才能同时解决好“寡”和“不均”这两个问题。

第38讲　食品药品有没有特殊性

这一讲是对《南方周末》微信公众号“健言”推送的《食药监管不能一味简政放权》（以下简称《放权》）一文的评论。《放权》一文对食药的监管做了概述性讨论，认为食品药品是关乎身体健康的特殊商品，其简政放权不同于一般领域，同时指出简政放权并不意味着放松监管，反而给监管提出了更重的任务和更高的要求，认为简政放权不能搞“一刀切”。当市场和社会机制无法有效调节时，监管者应该理直气壮地把许可权保留下来。只有全面科学地理解简政放权，我们才能提高食品药品安全保障水平。这一讲的主旨与《放权》一文并无不同，也就是分析如何才能提高食品药品安全保障水平，但在具体分析和建议路径上与其有所不同。这一讲将对如何全面科学地理解简政放权做简要论述。

食品药品不是特殊商品

我们都知道，牛顿定律有着强大的解释能力，小到我此刻正在使用的键盘，大到星体之间的运动规律，皆可来探其中规律和逻辑。我们在使用牛顿定律的时候，通常会选择其关键的一项或几项参数来进行抽象分析，比如“质点”的概念。这种使用“奥卡姆剃刀原理”去掉无用信息的简化工作，极大地帮助了我们认识世界和改变世界。

经济学，作为社会科学的一个主要分支，也属于科学的范畴，也有其内在的运行规律，暂且称其为经济规律。这个经济规律适用于不同商品，而商品之间的不同外在特征并不影响经济规律的内在本质。探寻社会科学中的这个经济规律，同样需要采用类似“质点”的规律来进行抽象分析，而不是发现某一些东西具有不同的外在特征，就寻求不同的解释规律来解释现象。对于这个经济学中的“质点”，我们通常称其为“商品”。

与牛顿定律有所不同的是，我们已经对牛顿定律形成了广泛的认知基础，对经济规律却未必。诸多的现象可以用经济规律来科学地解释，科学、正确的解释却未必能够得到广泛的认同和支持，反而有可能招致误解和排斥，这是很多社会矛盾在认识层面的一个巨大基础性认知缺陷，我们姑且称其为“经济学牛顿定律认知的缺失”。

《放权》一文认为，食品药品是关乎身体健康的特殊商品，其简政放权不同于一般领域。对于这个论述的出发点——食品药品是关乎身体健康的特殊商品，文章只给出了结论，没有给出论证，以说明食品药品的特殊性在哪里。然而，我们仔细探究分析发现，这个看似显而易见的“关乎身体健康”的道理并不具备特殊性。也就是说，特殊性的理由并不充分。

若以“关乎身体健康”为由，那么大多数日常商品都可以被定义为不一般的“特殊商品”，比如作为原料的米、面、油、盐、酱、醋、糖或作为产成品的包子、油条、饼干，再如销量巨大、市场从来没有断供的瓶装水、可口可乐，又如存在辐射可能性的电脑、存在污染可能性的家具、存在爆炸可能性的手机电池，等等。每一项都是“关乎身体健康”的，却未见我们把它们都定义成为“特殊商品”，原因很简单，关乎身体健康并不是成为特殊商品的充分和必要条件。反过来讲，当我们定义了过多的“特殊商品”时，那就等于没有定义。

恰恰相反，我们在把食品药品定义为特殊商品来分析的时候，却容易只见树木不见森林，从而忽视了其本质属性，同时忽视了食品药品作为经济学“质点”（商品）同样会按照基本的经济规律运行的一般规律。

简而言之，食品药品并不比一般领域特殊，经济规律并不会因为它们的某些特点而改变，我们不应该将分析问题的重点放在食品药品某些看上去十分重要的外在属性上。

有力的监管不等于有效的监管

当食品药品出现问题时，民众和负责任的主管部门都希望能够或者应该有所作为。然而，国内外的经验都表明，有力的监管并不等于有效的监管。仅仅具备良好的动机和初衷并不一定能够得到人们所期望的良好结果，反而有可能得到无效或者有害的结果，甚至伤害到政策原本想帮助的群体，好心办了坏事。

此类好心办坏事，不乏其例，以药品领域为例，南方周末《婴儿救命药，去了哪里？》一文就是很好的例证。主管部门担心药价过高、群众负担不起，遂以“行政之手”代替“市场之手”，这是好心。然而，最终的结果却是，药价过低，生产商和中间商无法正常赢利，造成药企不愿生产，药贩子不愿卖药，病患得不到及时医治，主管部门受到指责，药贩子受到咒骂，社会矛盾加剧。没有一方是“行政之手”主导的药价管制政策的受益者，最终社会整体福利因为好心政策的实施下降了，而不是上升了。

无独有偶，国内在2013年也出现了部分药物短缺的现象，比如治疗甲亢的首选药品“他巴唑”，出现过全国性的断药危机，超过1 000万长期服药的患者陷入困境。在“他巴唑”之前，心脏病手术药品鱼精蛋白、治疗儿童肺炎的注射红霉素、治疗心血管疾病的西地兰曾是患者或普通家庭的备用药，现在几乎全部消失。这些药品都有一个共同的特征，那就是都在“基本药物目录”名单之中，属于“行政之手”“降低药品价格”行列。最终的结果是，大范围药物短缺，患者无药可医。有批评文章直言“药价管制杀人不见血”，这个批评一针见血。

美国经验并不可取

《放权》一文写道，近年来美国和欧盟食品药品监管改革的经验是权力集中、上收和强化。正如上述论证，有力的监管并不等于有效的监管，也不必然增加社会整体福利，也不会达到帕累托改进的目标。这里的问题是，欧美权力集中、上收和强化的经验是不是成功的，然后我们才能决定是否将其引入。《放权》一文本身并未在这一点上做过多论述，而是直接得出结论：“可见，简政放权并不意味着放松监管，反而给监管提出了更重的任务和更高的要求。”

这句话的表述当然没有错，但前后的逻辑关系显示，首先默认欧美的经验是成功的，然后意味着我们同样要借鉴欧美的成功经验——权力集中、上收和强化。其中的问题在于，我们先要清楚回答欧美的经验是否真的是成功的，以及成功的原因是否真的在于权力的集中、上收和强化。

限于篇幅，这个问题很难简单作答。这里只引述一下已故诺贝尔经济学奖获得者弗里德曼在《自由选择》一书中的分析：“FDA的管制，对新药品的创新率造成了极大的负面影响，20世纪50年代到60年代，开发一种新药品并将其投入市场，所需的成本大约是50万美元，所需的时间大约是两年，1978年开发一种新药并将其投入市场，其成本大约是5 400万美元，要花费的时间约为8年，成本是原来100倍，时间是原来4倍。由此导致的结果便是，美国的制药企业无法再为那些患有疑难杂症的患者研制药物了，它们必须依靠大批量地生产和销售普通药物才能生存，且这种依赖程度日益加深，由此导致了所谓的‘药品时滞’问题。萨姆·佩尔兹曼的研究结论显示，禁止某些危险药品上市的这种做法带来的害处远远超过好处。”

当然，这里不能简单据此认为FDA的工作是失败的。同样，我们也不能简单认为欧美的经验是成功的，默认欧美在食品药品管理上的权力集中、上收和强化是成功的。

既然此前的监管已经出现了如此多的问题，那么我们需要检讨的自然首先是政策本身。食品药品并不能够简单定义为特殊商品，政策本身也会按照经济规律来运行，因此寻求食品药品一系列的解决之道与其他类似问题的探讨并不存在实质上的差异。

分析问题时，我们需要透过现象看本质。食品药品问题的本质并不在于其特殊性，而在于其一般性。也就是说，它符合一般的经济规律。我们只有清醒地认识到这一点，才能够更好地抓住问题的本质。

第39讲　商业才是最大的公益

价格决定什么

2012年，我国有关部门规定，在四个国家法定节假日期间，各地收费公路必须“免收7座及以下小型客车通行费”。该规定首次实施，多条高速公路就变成了超级停车场。无独有偶，2010年广州市政府在亚运会期间推出地铁免费的“利民措施”，结果第一天地铁就人满为患，地铁系统瘫痪。广州市政府很快恢复地铁票价，地铁马上又恢复了秩序。

阿尔钦说：“价格决定什么远比价格是怎么决定的重要。”那么，我们从上述两个事件中可以看出，价格决定了什么呢？衣食住行、吃喝玩乐，人的需求五花八门，不尽相同。在某个时刻，哪个需求更重要？每个人心里都会有一个排序——这个最重要，那个稍微等一等，这个重要性的排序通常是心理活动，不为外人所知。

但有时候我们又很轻易地就可以知道这个重要性的排序，那就是在发生交易的时候。价格在需求方来看就是一道判断题：对于一个需求，我心里有一个“定价”，如果供给方出价高于这个价格，我就不买；如果供给方出价低于这个价格，我就买，交易双方皆大欢喜；当价格为零时，我就更高兴了，因为不花钱。

当价格为零的时候，我不光会满足自己的需求，还会把七大姑八大姨召集过来免费领。但七大姑八大姨对这个需求，是最紧急、最重要的吗？这不重要，反正又不花她们的钱。

价格决定了什么？原本我们内心对于重要性的判断，是不容易为外人所知的，但价格轻松地就破解了这道难题。价格区分了一个人的需求排序。对于最重要的东西，你愿意出高价；对于不太重要的东西，你就愿意出低价或者等一等再买。区分需求的层次，就是价格的作用之一。

市场的作用是什么

十八届三中全会提出“使市场在资源配置中起决定性作用”，那么市场的作用是什么呢？市场的逻辑是，交易双方基于自愿而交易，花自己的钱办自己的事。价格的作用之一是区分需求的层次，但这个价格什么时候出现呢？价格只有在交易的时候出现，只有在市场中才出现。

也就是说，市场的作用之一在于，让价格呈现出来原本藏在内心的对自己需求重要性的判断。在市场上，我们必须用“金钱投票”的方式证明自己对这个需求是真实的。市场的作用之二在于，自由竞争。只要资源稀缺，市场就会存在竞争。竞争和稀缺实际上是一个意思，即一枚硬币的正反两面。

在市场交易之下，供给方和需求方是互惠互利的，没有人受损，因为如果预期受损，那么交易便不会发生。供给方和需求方并不构成竞争关系。在自由竞争下，构成竞争关系的是，供给方和市场上其他的供给方，以及需求方和市场上其他的需求方。在供给这一方，竞争的结果是物美价廉，只有这样，供给方才能获得需求方的青睐；而在需求这一方，竞争的结果是价高者得，只有这样，需求方才能从供给方买到想要的东西。

市场的作用是呈现价格和自由竞争。20世纪，全球范围内都尝试废除“市场和价格”，使其让位于“计划和分配”。很不幸，除了带来历史的惨痛教训，它没有给世界带来任何好处。

商业才是最大的公益

在说清楚价格和市场后，我们再说医疗问题。当提及民生的时候，我们内心深处总会有个声音：这可是大事啊！民生是个大问题，但民生更是个科学问题。

然而，当我们把民生作为一个特殊领域，而不把它一般化地对待，并以此为出发点的时候，食品药品等“特殊商品”都可以成为“关乎国计民生”的大事，却不能因此具备“特殊性”。原因很简单，关乎国计民生并不是成为特殊商品的充分必要条件。

反过来讲，如果我们看到“民生”二字就觉得民生应该特殊对待的话，这就定义了太多特殊的东西，也就谈不上有什么科学和规律了。整个医疗行业，并不会因为是民生问题而具有特殊性，仍然是一个需要让价格和市场发挥作用的领域。

每年我们都会看到有关医疗问题的提案，而这些提案往往都是反对医疗行业市场化的。这些提案的理由通常是:“医疗属于公益事业，必须发挥公益性。解决了公益性，很多问题都好解决。医院脱离市场化引导是解决一切问题的最根本问题。”持有这种观点的不乏医术、医德都十分高的权威人士。

前面分析了价格和市场的作用，同时指出了医疗行业同样需要尊重科学规律和市场规律，这些建议恰恰反其道而行之，是不懂得市场规律的方向性错误。有观点认为，解除以药养医，通过财政投入让医生有基本保证——医生不需要发愁每天要多看多少病人的问题，就可以避免医生和医院的逐利性导致的一系列问题。

愿望当然是美好的，但为什么要避免医生和医院的逐利性呢?这就在于很多人对“公益性”的错误理解。有了这种错误理解，人们才会有“最大的问题是解决公立医院的公益性”这样的观点。那么，什么是真正的公益性?

公益性不是低价满足所有人的需求，而是以一个人们自己愿意支付的价格满足其最急的需求。和高速公路、地铁的免费一样，低价只会带来拥挤，就像职业“黄牛”那些愿意花时间而不愿意出钱的人会把因为急需愿意出更高价格的人挤走。低价并不意味着公益，反而意味着对真实需求的扭曲。

弗里德曼总结了四种效率递减的花钱方式:第一，花自己的钱办自己的事;第二，花自己的钱办别人的事;第三，花别人的钱办自己的事;第四，花别人的钱办别人的事。而用财政办公立医疗则是典型的“花别人的钱办别人的事”，是效率最低的一种。

通过财政投入来保证医生的收入，让医生和医院不逐利，这就是公益了吗？答案仍然不是，因为这会降低效率。原本可以通过市场直接解决的服务和交易问题，通过转移支付的形式绕了个弯子，其中该付的医疗费用还是要付，并且多出来了一个转移支付的非市场过程，多供养了一批负责制定和实施转移支付规则的人员。

但我们很清楚，转移支付可不是什么市场行为，是一种计划和分配。去掉中间的转移支付过程，不就是十八届三中全会提出的"使市场在资源配置中起决定性作用"吗？

市场的逻辑在于，让价格发挥指引作用。供给方指引资源的利用，需求方则进行重要性的区分。正如米塞斯所言，"商业才是最大的公益"。在市场竞争之下，需求方追求"物美价廉"，供给方则采取"价高者得"，这是带来最少浪费的办法，也是最公平的竞争办法，也是市场伦理的正义性所在。

医疗行业在市场之上并没有特殊性，我们和很多医疗市场化反对者的初衷和愿景是一致的，希望人们能够获得更好的医疗服务。我们的不同意仅仅是方法上的不同意，我们的批评也仅仅是建议路径上的批评。尊重市场、尊重科学，才是好心办好事的解决之道。

第40讲　昨天的民营快递，今天的网约车

我们常说，历史是最好的老师，以史为鉴，可以知兴替。没错，以史为鉴是为了更好地前进。这个历史不仅可以是国家、社会、民族的大历史，还可以是身边日常的“小历史”；既可以是成功经验，也可以是深刻教训。

由于移动互联网的普及和技术的进步，网约车成为一个新兴市场。后来，京、沪、深三地颁布网约车管理规定，虽然这是征求意见稿，但当时各方提出了不少反对意见，即草案没有顺应科技进步创造的新的市场关系，不尊重科学规律。

中国40多年的改革开放是世人瞩目的成功经验，但细看之下，你会发现改革和开放从来都是迂回曲折的，而不是一帆风顺的。从土地承包、傻子瓜子到最早的电话业务和民营快递业，都是人们在市场上的自发创新，却屡遭打压，最终历经重重困难和曲折才得以正名。今天网约车的处境与40多年改革开放中发生的其他故事一样，都有着极其相似的历史进程。

网友曾经分享的一张图片显示，1998年，EMS（邮政特快专递）

从广州寄东西去昆明，一千克要价52元。今天同样将一件东西从广州寄到昆明，一千克要多少钱呢？最便宜的只要12元，不考虑通货膨胀因素的价格都便宜了80%。1998年，猪肉价格大概每斤5元，也就是说，那个时候想发个快递，你就要少吃10斤猪肉，换算成今天的价格，一千克快递费要花去几百元。

20世纪90年代，随着商业的逐步繁荣，人们开始认识到时间的宝贵，就产生了“快递”的需求，比如商业信件、样品寄送等。显然邮局无法满足日益增长的快递需求，于是民营快递企业发现了这个市场，并迅速体现出了效率和价格优势。

但民营快递一起步就面临法律风险，1986年的《中华人民共和国邮政法》（以下简称《邮政法》）规定：“信件和其他具有信件性质的物品由邮政企业专营。”民营快递企业由于不是邮政机构，无权经营快递业务。今天看来，好像收发快递是一件再平常不过的事情，但当时民营快递的出现可是动了公家的“大蛋糕”的。邮政部门援引旧邮政法，认定民营快递不合法。

当年被问及快递是否属邮政业务？邮政系统的一位领导反问：“跑得快的牛就不是牛了吗？”他还强调，牛跑快了还是牛，仍然应该归邮政这个“牛倌”来管。当年的民营快递就像今天的网约车，利益相关部门不仅自己解释法律，还组织执法，联合工商、公安、电视台等查处民营快递企业，当然名义上还是美其名曰保护消费者利益。

在民营快递发展的最初十多年里，它们有一个共同的名字“黑快递”，就像今天的“黑出租”。虽然民营快递背负“黑快递”的恶名，但市场的认可和肯定使得民营快递逐步发展壮大，不但国内快递企业先后崛起，外资快递企业也开始进入中国。民营快递的效率和优势都是被激烈的市场竞争逼出来的，民营快递必须有更快的速度和更低的价格才能获得消费者的青睐。

就在快递业蓬勃向上的时候，2002年3月6日，国家邮政局宣布，凡从事出入境信件和具有信件性质的物品的寄递业务的公司，“自本通告见报之日起60日内”必须申请办理邮政委托，否则逾期不予受理；而“凡没有得到邮政部门委托，必须立即停止经营信件和具有信件性质的物品的寄递业务”。该规定出台当天，民营快递行业就把60日后的5月6日视为快递业大限。

规定一出，各方反对声音此起彼伏，国际货代公司抵制，国际货代协会交涉和斡旋，若干国际大公司所在政府表示关注，中外民间公司及其行业协会反馈信息、据理力争，最终让此次“大限”有惊无险，不了了之。然而，“大限”过后，民营快递业始终处在“担惊受怕”之中。

2003年11月，《邮政法》修改稿第五稿提出，500克以下信件寄送由邮政专营，再次引发四大国际快递和民营快递企业争议。2004年，《邮政法》修改稿第六稿提出，将邮政专营范围缩小到350克以下，但将商务信函也纳入其中，又遭到快递业反对。2006年8月，《邮政法》修改稿第八稿出台，将邮政专营范围再次调整为150克以下，仍遭反对。

2009年4月24日公布的新修订《邮政法》第5条则规定，“国务院规定范围内的信件寄递业务，由邮政企业专营”，当即引发民营快递业恐慌。之后不久，国务院出台《邮政企业专营业务范围的规定（草案）》，明确规定：单件重量在100克以内（国家规定的特大城市市区内互寄的单件重量在50克以内）的国内快递业务由邮政企业专营。此说法自公布之日起，就遭到民营快递企业的反对。“同城快递50克以下，异地快递100克以下”也因此被视为民营快递公司的“生死线”。

2009年9月22日，在全国贯彻实施新《邮政法》电视电话联席会议上，时任交通运输部副部长高宏峰说，民间对邮政专营范围流传的版本很多，但邮政专营权范围调至“同城快递50克以下，异地快递100克以下”的传言并不准确，“此前规定的邮政专营范围暂时搁浅，国家邮政局正会同有关部门在全国范围内征集意见”。

2009年10月1日，新《邮政法》及其配套法规《快递业务经营许可管理办法》正式实施。此前“同城快递50克以下，异地快递100克以下”由邮政专营的规定在一片争议声中暂时搁浅。

从“黑快递”到500克、100克、50克，直至取消专营的重量规定，民营快递五次跨越“生死线”，用了20多年的时间才从挣扎的边缘走进了我们的日常生活。再平常不过的民营快递业，却是几次面临生死大考，突破有关部门的重重阻挠，才走到今天。

经济学的“零利润定理”告诉我们：在完全竞争市场上，没有进退壁垒，企业可以自由进入或退出；当存在超额利润时，大量企业会进入市场，导致价格下降，利润降低；长期均衡时，每个企业都只能获得零利润。纵观民营快递业的发展历程，我们可以清晰地看到，这是一个价格下降、利润降低的过程，也是一个加入队伍越来越多、竞争越来越激烈的过程，更是一个进入壁垒逐渐破除的过程。

就像无法制造一个绝对意义的真空环境一样，我们也无法创造一个完全竞争的市场。我们无法得到一个绝对真空的环境，但这并不妨碍我们假设一个真空环境来分析得出科学的结论。在全球范围内，绝对意义上的完全竞争市场并不存在，但这并不妨碍经济学的科学分析。这给我们的启发就是，要努力降低直至消除那些完全不必要的壁垒，创造一个存在更多竞争且趋向于完全竞争的环境，这才是对所有人都有利的政策环境。

从市场创新到宣布非法，再到修法给予合法地位，这个过程自1999年《邮政法》修法提上日程以来，到2009年整整十年。而这十年间，争论最大的问题便是邮政专营。效率更高，价格更低，今天快递业的繁荣不仅仅创造了更多的就业岗位，而且作为货物最重要的流通环节，它给整个经济体的运行起到了润滑作用，提高了整体的经济效率。

即使当年反对民营快递的官员们，今天恐怕也是最大的受益者，这一点恰恰是我们需要总结和反思的。我们昨天还在争论邮政专营的问题，今天又面临“出租专营”的问题，明天可能要面对其他领域的专营问题。但愿每一个新兴行业的出现，都不需要等待十年。

第41讲　关于最低工资问题的商榷

最低工资制度的问题无论是在理论界还是在实务界，每隔一段时间都会引起一番争论。这一讲是我于2014年发表在《凤凰财经》的一篇反驳文章，也是我学习经济学以来发表的第一篇文章。

有趣的三个事例观察

事例一：地点是菜市场。有一个卖豆腐的中年妇女，只卖豆腐，大概每天能卖掉1 000斤豆腐，雇了几个人在做豆腐，豆腐价格为2元/斤，粗略估算每天收入为2 000元，一年365天，她基本上天天卖豆腐。若以300天简单计算，她每年入账60万元，除去成本，净赚20万元左右。这个估算得到了她本人证实。

事例二：地点是超市旁边。有一家几平方米的小吃铺，只卖一种加盟的“手抓饼”。店铺虽小，但位置不错，加上客流量大，忙的时候，顾客也需要排队等候一会儿才能吃上，手抓饼3.5元一个。就在手抓饼店的路对面，有一个“煎饼馃子”的摊子，摊子也不大，只卖煎饼馃子，2.5元一个。两边的客流量都差不多，保守估算，两个摊位大概每天分别能卖400个手抓饼、200个煎饼馃子。不到

4平方米的手抓饼店有三个人和一个机器，而煎饼馃子摊只有一个人和一个推车。卖出数量和收入未经证实，但对他们来讲，这个工作一定是现阶段、现有条件下能够接受的，否则他们会选择退出。

事例三：地点是出租车上。一个自己开车的司机师傅，名下有三辆出租车，自己开一辆，另外两辆用来出租，这三辆出租车的牌照的资产价格加起来近200万元，这个算他的资本，其年收入近20万元。一般租用别人车的司机师傅月收入在4 000~5 000元（2013年的数据）。

以上是我身边观察到的几个小事例。我们来看看最低工资制度的问题所在，争取能够以小见大，不拘泥于学理分析。

工作不是企业选职工的单向选择

有学者认为，“适当的最低工资标准是对市场的合理干预”，并做了这样一个场景假设：“在劳动力过剩的社会大背景之下，对于大多数岗位来说，劳动者是可替代的。也就是说，这个岗位给你干也可以，给他干也可以。因此，企业可以今天对你说，1 000元一个月，下个月就可以降低为500元一个月。你不满意吗？有的是人来应聘。好吧，你只能换一家企业了。但是，另一家企业也不是傻瓜，对于资本来说，工资就是成本，成本肯定越低越好，没有企业会主动给自己增加成本。企业给你250元一个月，你不高兴也没办法。”

这一段文字给出了自己预想的反驳，但这个反驳并不是问题的关键和根本。在市场竞争之下，就业是一个双向选择的过程，并不是一个企业选职工而职工没得选的单向选择。

在我所在的城市，工人普遍工资为2 000~3 000元一个月。若企业真的敢对员工说，这个月给员工1 000元，下个月给员工500元，那么我想员工会主动离职的。因为企业面临的竞争，不只是其他企业的人才需求竞争，还有员工可以自谋职业的竞争。

对于自谋职业的人来说，他们可以在菜市场卖菜，可以开个小吃店，还可以开出租车。虽然这看上去好像是失业，但收入完全可能比在企业里工作（按月发工资）要多，自然也会更辛苦。另外，这牵出了关于失业的定义问题，后面再讲。

为什么不规定豆腐的最低价格

有学者认为："面对资本的强势，劳动者永远是弱势一方。如果没有最低工资标准的保护，那么所谓'双赢的自愿交易'是绝对不可能的——劳动者个人及其家庭成员的基本生活将无法得到充分的保障，市场也将因为缺乏足够的购买需求而逐步萧条。"

首先，只要协议是自愿达成的，不存在强迫行为，双方就一定是共赢的，否则协议从一开始就不会达成和履行。那么，我们姑且认为这些学者的假设是对的，劳动者永远是弱势一方。透过现象看本质，我们如何来看待卖豆腐、卖小吃、开出租车等现象呢？他们也是劳动者，只不过他们面对的资本不是资本家形象的企业雇主，而是由每天的消费者组成的资本。这个资本同样强势，随时随地都可以决定买或者不买。

唯一与资本家的资本不同的是，买与不买的权利由资本家一人决定变成了消费者多人决定。那么，这个由一人决定的资本和由众多消费者决定的资本，是否存在本质上的区别呢？答案是不存在。因为卖豆腐、卖小吃、开出租车的人在选择去企业工作时，是为企业提供产品和服务；而选择自谋职业的人，不过是选择了直接面对消费者，同样提供的是产品和服务，与前者在本质上并无不同。

显然，最低工资标准的政策制定者也没有注意，或者并不认可这个实质上的无差异性。卖豆腐、卖小吃、开出租车的人都可以算是劳动者，甚至比在工厂里工作的底层工人更辛苦。若我们制定政策规定他们的产品价格必须在某一价格之上，以帮助他们取得最低收入时，而他们所提供的豆腐、小吃和服务又暂时无法达到这个水准，那么可想而知，众多的消费者会选择不买。但当我们规定一个最低工资标准来帮助工人获得最低收入时，做决定的对象从消费者换成了企业雇主、资本家，他们可以选择不雇用，也就是不购买这个工人的服务。

一方面，在政策上，为什么我们要帮助在企业里工作的工人（劳动法规定），而不以同样的手法帮助各种自谋职业者呢？另一方面，这个本质上并不存在的不同显然可以看出，这种帮助的方法在两边都行不通，不得要领。

很多人想当然地把资本家及其资本放在了一个强势的位置，把底层工人放在了一个弱势位置。人们在对工作不满意的时候，会主动辞职，或干脆不跟企业签订劳动合约，转而选择主动失业或自谋职业。

另外，关于失业的定义，经济学者一般不认同政府的定义。而对失业问题的关注，也是在近代以时间合约为基础的雇佣制度出现后才出现的。我个人比较认同张五常教授关于失业的定义：一个可以工作而又愿意工作的人，找不到自己愿意接受的待遇或薪酬，也不愿独自生产。简单来说，就是一个人既不愿意接受待遇低的工作，又不愿意自己去创业，即使是摆地摊也不愿意去，这就是所谓的“失业”。

所以，在讨论最低工资制度问题的时候，我们是不是也要考虑一下那些法律并未涵盖到的小商小贩、出租车司机等的感受？

第42讲　忘掉京东方吧

连续很长一段时间，美国政府针对华为公司的制裁都是人们关注的焦点和讨论热点。这一轮热议再次激发了科技强国、自主创新的讨论热潮，当然毫无例外，还有对国家扶持政策的期盼和支持。这种期盼和支持，从感情上讲可以理解，但从逻辑上说，恐怕还需要我们再多思考一下。

有一种观点是，“就算差一些，也必须搞”。这种观点认为，在一些技术领域，我们必须实现完全的自主创新、自主生产，不能依赖于国外进口。其中，经常被拿来举例的就是京东方。他们认为，在我国没有京东方之前，液晶屏是被国外三星、夏普等几家公司垄断的，东西再贵我们也要买，因为我们没有太多选择。

然后，我们通过产业政策扶持了一个京东方出来，但是赔了很多年。刚开始，我们不光赔本，而且技术落后，质量也不行。但最后硬是把京东方做起来了，而且越做越好，质量和销量都上来了。到现在，京东方已经在全球液晶屏出货量上占据了重要地位，总出货量甚至排全球第一，中国也就再也不用怕外国企业掐喉咙了。所以，他们的结论是，对京东方的补贴是成功的，虽然前面亏了很多钱，但最终还是成功了，其他领域也应该借鉴京东方的模式。

认为赔钱也要“国货当自强”的看法是很有迷惑性的，也是很有蛊惑力的。很多时候，我们会看到网上几乎一边倒地支持这个观点。这一讲试着从不同的角度来分析关于产业政策、补贴的问题。

京东方的前身是北京电子管厂。20世纪80年代，由于半导体产业的发展，电子管技术被淘汰，北京电子管厂濒临倒闭。1993年，原总会计师王东升被任命为厂长，上任后对公司进行全面改制，与松下公司合作，让公司扭亏为盈。2001年，京东方在A股上市，也拉开了融资、亏损、再融资、再亏损的序幕。2005年，京东方亏损近16亿元，2006年又亏损17亿元。2007年，在国家的巨额补贴下，京东方才实现盈利，但是2008年又陷入了亏损泥潭。

之后，京东方每年的业绩都是亏损的。国家给予补贴，它才会勉强停止亏损。从2001年到2012年，京东方总共募集到250亿元的资金。由于连续不断的巨额融资，加上连年不断的亏损，京东方在A股市场声名狼藉，被股民称为“铁公鸡”。

如果赔钱投资就能把液晶屏幕的价格打下来，那为什么中国股民会亏钱呢？很多人把其中的“相关性”错误地当成了“因果性”。

但其中的逻辑，要么是京东方错了，要么是叫好的人错了。如果补贴、亏损不能够把油价打下来，那凭什么让我们相信，补贴、烧钱亏损、打价格战就能够让液晶屏的成本下降、价格下降？

与此相反的是，电脑芯片领域基本上是Intel（英特尔）和AMD（超微半导体）的天下，我们同样一直被外国企业“掐着喉咙”。靠补贴和政策，我们见到了造假的“汉芯”，却没有扶持起一个像样的国产芯片制造企业。如果要说掐着喉咙，芯片要比液晶屏更致命吧？但就在这样的环境下，芯片还是沿着“摩尔定律”在走：性能每隔18个月提高一倍，而价格下降一半。

事实上，即便是在我们补贴也没有成功补贴出自己的高端芯片制造领域，芯片的性能持续提高，价格持续下降，其中跟补贴无关。我们的补贴都补到哪里去了呢？在内存和硬盘领域，随着家用电脑的普及，内存、硬盘总体上仍然是一个性能提高、价格下降的大趋势。当今的手机性能已经早已超过当年的家用电脑，但手机价格却比它们的价格还便宜。

假如液晶领域现在不怕被外国掐喉咙了，那么对于芯片、内存、硬盘来说，哪个不比液晶屏更重要？但是，它们哪一个的性能提高、价格下降可以归功于补贴和亏损？但凡扩大一下思考范围，我们就不会轻易得出如此错误的结论。所以，这里把液晶屏价格下降简单归因于烧钱，至少是不够严谨和审慎的，很容易被某种民族情绪带偏，而且这种情绪选择性地忽略了石油、芯片、内存和硬盘。

不过，也有人说，液晶屏是一个技术密集型产业，在液晶屏行业，比的就是谁投入的钱多，想要加速赶超三星等巨头，就要敢于烧钱，那几个日韩企业之所以成功，也是因为其背后的财团砸下数千亿的真金白银。

退一步讲，即便是真的因为补贴、政策扶持，我们打赢了价格战，逼迫着外企把液晶屏价格降下来了，但这真的是一场胜利吗？值得怀疑。因为没有什么是必需的，即便真的有什么是必需的，请自己出钱，自己负责，不要以任何名义绑架他人。

有人认为，液晶屏必须国产化，价格话语权必须牢牢掌握在国内企业手中。没错，这样的视野很高端，很科技，很有感召力。但同样有很多人正在努力考虑如何支付下一个月的房租，还有的人正在考虑如何筹集治病需要的医疗费，他们也许并不关心或者无法关心这样的“大事”。

这样对比并不是说科技不重要，而是说，谁觉得重要谁出钱。但是，产业政策和补贴却让那些不关心、不认为这件事很重要的人也掏了腰包。市场上并不存在“就算差一些，也必须搞”的产业。如果企业家认为某个产业必须搞，那么这是企业家的事情，拿自己的钱去试错，这是企业家的胆量、气魄。

如果一个企业无法通过产品赚钱，它就无法用产品获得消费者的认可，就不适合在这个领域继续战斗，就应该退出这个领域，而不是靠财政补贴赖着不走。不赚钱说明产品不行，这已经是对不起企业的所有人（股东）了。这些企业却以扶持民族产业之名、“总有一天我会行”的口号伸手要补贴，本质上不过是将在市场上赚不到的钱通过其他手段要过来罢了。

我们看得见的是，液晶屏降价，看上去好像消费者得到了实惠，产业因此壮了国威。我们看不见的却是，补贴的这部分钱原本就是可以在市场上流动的，消费者可以选择更适合的生产商以及心甘情愿让它赚钱的生产商。价格被补贴扭曲，竞争方式从市场走向了财政拨款，资源因此遭到了错配。一连串的错误，仅仅是因为“国产厉害，价格下降，我好开心”而被掩盖，人们完全失去了逻辑判断力。

经济学教会我们的就是，既要看到“看得见的”，也要能够看到那些“看不见的”。看不见的，是不会进入统计数据的，不会成为业绩，也不会成为政绩，所以需要用经济学的思维方式逻辑推理出来。这也是实证主义经济学所欠缺的。

从战略上看，石油、CPU（中央处理器）和操作系统的重要性也远比一块液晶屏的重要性高得多。CPU、内存、硬盘、软件的重要性并不比一块液晶屏差，也没有见各个靠补贴打出一个名堂来，但它们的价格还是降下来了，我们也都能消费得起。

所以，忘掉京东方吧。这并不是一个靠市场战胜对手的正面典型，而是一个非常容易遭人误解的负面案例。没有什么是必需的，如果有，那也应该必须给人以选择的自由，让支持的人掏自己的钱，而不必用民族大义和产业政策绑架别人。

第43讲 “中国芯”原本有机会

很多人认为，我们必须把核心科技掌握在自己手中。我当然也是支持掌握核心科技和谋求更上游资源的话语权的，不过我更支持的是，谁觉得被掐脖子了，谁出钱出力去搞。

一方面，这样不光是裹挟着别人出钱出力，在伦理正义上站不住脚，说不过去；另一方面，财政补贴扭曲了价格结构，让资源产生错配，原本可以更高效的事情反而变得低效起来。十年磨一剑，可能变成“十年假装磨一剑”。我说过，正义和效率是一回事，这并不矛盾，原因就在这里。

我上大学时所在的学院叫微电子与固体电子学院，我学的是电子科学与技术专业，我对半导体IC（集成电路）领域还算熟悉。实际上，中国在这个领域并不是一开始就落后的，差距也没有今天这么大。如果不是历史上我们错失了发展良机，那么今天在芯片领域谁掐谁的脖子还不一定呢！这一讲就简单回顾一下芯片领域的历史。

半导体技术发展的里程碑之一是，1947年美国贝尔实验室锗晶体管的发明。这个锗晶体管相比之前一直使用的带玻璃罩的真空电子管，体积更小、性能更高，也更稳定耐用，全球电子工业界都为之一振。1956年，其发明人肖克利获得了诺贝尔物理学奖。

而同样是在1956年这一年，一个鲜为人知的女科学家谢希德被国务院调到北京大学联合筹建半导体专业组，并与北京大学的黄昆、吉林大学的高鼎三创立了我国第一个半导体专门化培训班。经过一整年的时间，谢希德与黄昆合著的《半导体物理学》问世，这也是我国该领域的第一部著作，直到现在也是专业经典教材。

谢希德是复旦大学前校长，是我国半导体事业的奠基人，被人们尊称为“中国半导体之母”。1951年，谢希德在获得麻省理工学院博士学位后，开始谋划回国。1952年，她冒着风险通过朋友李约瑟（就是那个提出“李约瑟难题”的李约瑟）的帮助，绕道英国、印度回到中国，回国后被分配到复旦大学物理系任教。

在回国后的短短五年时间，她从无到有，开设了固体物理学、量子力学等八门课程，并先后主讲六门基础课和专业课，且都编写了教材和讲义。在她的努力下，复旦大学于1955年开设固体物理专业，致力于半导体物理的发展。直到今天，复旦大学的微电子专业在全国也处于领先地位。

这些课程的学习难度我是知道的，我们可以想象一下60多年前从无到有开设这些课程的难度。基本上可以说，彼时的中国在半导体教学科研领域，并没有落后于美国多少，美国也刚刚起步。

1959年，美国得州仪器的基尔比提出集成电路的构想；三个月后，仙童公司的诺伊斯用蒸发沉积金属的方法替代导线，使得集成电路大规模量产成为可能。而同样是1959年，中国拉出了硅单晶，这个时间仅比美国晚了一年（硅半导体的性能和储量都优于锗半导体）。

1960年，美国人发明平面光刻技术，仙童公司随即开发出全球第一块晶体管集成电路。同样是1960年，中科院半导体所和河北半导体研究所（现中电13所）正式成立，我国的半导体工业体系初步建成。20世纪60年代初，日本在美国的扶植下，引进美国技术，建立了初步的半导体工业体系。而此时的韩国和中国台湾，仍然没有像样的半导体工业。

但是在关键的1966年，众所周知的“十年浩劫”开始了。而就在这一年，谢希德又患上了乳腺癌。更为不幸的是，她被关在自己一手创建的实验室中，几个月后又被安排去扫厕所。后来，她强烈要求去做和半导体相关的工作，才被安排去研磨硅片。

就在后面关键的20世纪70年代，日本在美国的技术支持下，于1971年成功研制1K DRAM（动态随机存储器），仅比美国晚一年，并全面超越中国。到了20世纪80年代，日本通过前期的技术积累，加上大规模的投入，在DRAM技术上完成了对美国的逆袭，同时带动了整个半导体工业的发展。到1990年，全球前十大半导体公司中有六家是日本公司，我们已经全面落后于美国和日本。

简单梳理一下历史，如果说半导体技术在20世纪五六十年代起步、70年代发展、80年代落地、90年代遍地开花结果的话，那么我们起步并不晚，起点也不低。但由于种种的历史问题，我们错失了高速发展的良机，后来便是一步慢，步步慢。即便在那个非常困难的时期，我们仍然能够把握住了大方向和机会，撰写的教材在今天都还可以用。

如果说非要用“民族”这样的大词来表达情感的话，那么我愿意承认中华民族大部分人是勤劳、刻苦和隐忍的。更关键的是，我们智商在线，我们从来都不缺聪明的人，缺的是良好的大环境。

谢希德教授被关在自己的实验室，不允许搞科研却被安排扫厕所，不进行硅片研发却去打磨硅片。人才、时间、机遇，都是这么被浪费的。然而，时过境迁，文明进步，有的人忙着购买国外芯片，打磨掉其标识换上“汉芯”并声称自主研发，有的人忙着写各种各样的报告来申请各种补贴。

如果我们了解某些所谓高科技企业套补的过程，那么我们大概都能知道这是怎么回事。大部分政策补贴的套取，并不需要真实产品的说服力，只需要写写文字材料，满足几项条件，通过几个所谓专家的认证、盖上一堆印章就可以了。通常，这个过程需要说服的人数不会超过百人，而且抛开其中的利益不谈，产品质量其实和参与评审的专家们几乎没有关系，他们自己也不会去使用这些产品。

但真正的企业要想通过产品、市场获得消费者的认可，需要说服的对象何止百人、千人，而且都需要让消费者用自己的辛苦赚的真金白银做出选择和决定。企业要时时刻刻提高质量、压低价格讨好消费者，还要时时刻刻和竞争对手拼研发、拼速度、拼成本。企业面对市场的难度和面对政策套补的难度，完全不可同日而语。

所以，但凡有补贴政策在，谁都会想方设法去套取补贴。更关键的是，假如一个企业不套取补贴，但同行的竞争对手轻松套取补贴，那么这势必会造成“别人走自己的套取补贴路就可以让你无路可走”的局面，劣币驱逐良币。对于补贴扭曲价格和资源错配这样简单的逻辑，为什么那么多人不愿正视它？

如果说谢希德教授当年被迫扫厕所是一种人才浪费、资源浪费，那么今天的补贴政策同样是在造成严重的资源浪费和人才浪费。同样的逻辑，一旦扯上民族大义的旗帜，很多人就失去了判断力。

美国今天之所以强大，是因为在历史上足够自由和开放。过去，如果我们足够自由和开放，那么我们自己完全可以培养出自己的核心科技；未来，如果我们足够自由和开放，那么我们完全可以超车。这点自信我们还是要有的，关键是要满足前提条件。

还有观点认为，半导体、集成电路是公认的资本、技术、人才密集型产业，需要产业链上下游紧密配合，经过仿真设计、晶圆厂制造、封装测试，并通过长期的市场验证才能推出成熟的产品，试错成本极高，所以需要补贴。

举个反例吧。一个领域有三家企业掌握了绝对的话语权，产品销售到世界各地，占了全球九成以上的市场份额。这三家公司都是中国人创办的，而且它们都不是靠补贴成长壮大起来的。它们是比特大陆、嘉楠耘智和亿邦科技，是世界排名前三的数字货币矿机生产商。

有人说造芯片难，这三家公司也是大胆砸钱砸出来的。也有人说造芯片要补贴，可这三家公司没补贴也活下来了。中国在这个领域本来有机会引领全球主导市场的。时任中国证监会副主席姜洋曾经去嘉楠耘智调研并表示：“不管你们的芯片用于什么，本质上都还是一家芯片公司，希望你们在国内上市。”

这样的表态又怎样呢？嘉楠耘智在2017年的营业收入达13亿元，同比增长超过4倍。该公司2017年的净利润为3.6亿元，同比增长6.9倍。而该公司2015年的利润才151万元，两年时间暴增了237倍。就是这样靠自己实力打天下的芯片制造商，并没有获得A股的上市资格，反而京东方这样靠补贴才能存活的公司，却站在聚光灯下享受掌声和赞誉。

谢希德教授值得尊敬，在市场上用自己的钱试错开荒的企业家同样值得尊敬。中国不是没有机会，该有的自信我们还是要有的。观念决定了我们能创造出什么样的机会和环境，以及我们能不能抓住企业家创造的机会。

第44讲　关于盗版的一个有趣问题

对于盗版的问题，很多人的第一反应可能就是“打击盗版”，因为盗版横行伤害了正版权利人的权益。如果盗版真的伤害了正版权利人的权益，那么打击盗版的逻辑自然是成立的。但为何盗版所造成的伤害并不像我们先入为主所定性的那样呢？

知识没有产权，但服务是有的。知识一经生产便不再稀缺，但提供服务的人永远稀缺。所以，知识本身不值钱，而是人值钱。

但是，我还有疑问，需要进一步追问。现在反感盗版、坚决要打击盗版的人，既可能看过盗版金庸武侠片，也可能用过盗版Windows XP（微软操作系统），为什么当年盗版作品、盗版产品的受益者今天又会成为反对盗版的主力军？是道德上的觉醒使他们选择站在正义一方，还是鼓起来的钱包使他们能够理直气壮地支持正版，然后反对盗版？

我认为都不是，最主要的原因还是在于全方位对正版意识的宣传，让我们几乎毫不怀疑地接受了“正版高于一切”的价值判断标准。而且，从目前形势来看，这已经上升为一种不容置疑的政治正确。

如果坚持逻辑一致的话，那么今天的我们是不是需要鄙视一下当时的自己？自己为了省钱、方便，选择了盗版。其实大可不必，因为自始至终，虽然我们看过、用过盗版，但我们并没有侵权，盗版商贩也没有侵权。是错误的宣传和灌输，让我们误以为其中有侵权。

这种错误从浅到深，大概有这么几个方面。

第一，普遍对不劳而获的鄙视。当然，这个鄙视本身没有错，错误在于把生产和贩卖盗版误以为是一种不劳而获。比如，对于那些冒着触犯刑法危险搬运盗版作品的商贩来说，他们的工作明显不是什么不劳而获。

第二，对于竞争的厌恶。假如盗版商贩拿了我们的作品去赚钱，还不分我们一分钱，我们会不会不爽？说实话，如果赚几元钱，那么我们可能没感觉。但如果对方赚了十几万元甚至上百万元，那么我们心里的感觉会很微妙。这种感觉大概就是，世界上最恐怖的事情不是有人中了五百万元彩票大奖，而是中奖的这个人是你的邻居。这个问题的关键在于，“不爽”不等于侵权，因为我们无法赚尽每一分钱，没有赚到的钱并不是我们的钱，别人并没有抢走我们的钱。如果我们没有将自己的作品卖多少钱，而别人却拿着我们的作品大卖特卖，那么别人很有可能有我们没有的东西，比如流量。我说过，知识不值钱，但服务值钱，一个产品的竞争是全方位的，而不仅仅是知识本身。所以，作为知识的提供者，我们要考虑的核心竞争力，不仅仅是知识本身，更重要的是服务，通过服务形成别人无法提供的护城河。

第三，亚当·斯密提出的劳动价值论。劳动价值论认为，一个物品之所以有价值，是因为它凝结了人们的劳动。但很明显，价值是主观的，一个物品之所以有价值并不是因为有人付出了劳动，而是来自人们对它的主观判断，劳动仅仅是一种历史成本。凡·高花再多时间画的画，在他去世前都不值钱，是后来人们的主观判断认为这些画有价值。如果一个人花再多时间做的工作、写出的作品、制造的产品，不被消费者买账，甚至不被领导认可，它们就没有价值。劳动价值论让我们误以为一件作品有劳动在里边，所以盗版就是不劳而获，于是“盗版有罪”成为一种天然的“正义”。主观价值论从未进入主流经济学教科书，所以盗版的问题也从未引起过在这个层面的思考和讨论。

作品是知识，但代言、商演都是服务。知识没有产权，但服务有。保护产权很重要，但没有必要为了彰显这种重要，而给一个没有产权的知识强行赋予产权。

我解释了人们反感盗版的原因，厘清这些原因会有助于人们减轻负罪感和纠正一些错误认识。另外，需要强调的是，“有权”并不等于“支持”，“可以”并不等于“鼓励”。区分清楚这一点非常关键。对于正版，我们能支持就应该支持，比如书籍、课程、电影等。一方面，我们支付得起；另一方面，正版的体验通常更胜一筹。

第45讲　真正的李约瑟难题

中国在历史上一直是一个农业国家，很多“地理决定论”的观点认为，因为中国有农业上的优势，所以中国才走向了长期的农业社会。这种解释并不靠谱，实际上，历史的机缘巧合让我们长期陷入了农业社会的封闭和泥潭之中。那么，中国历史上有没有契机迎来自己的工业革命，并因此更早地走上工业强国之路？这一讲就试着回答这个问题。

惊为天人黄道婆

黄道婆（1245—1330），原松江府乌泥泾（今属上海市）人，宋末元初著名的棉纺织家、技术改革家。她对棉纺织业的贡献主要有三个方面：一是传授纺织技艺，二是革新棉纺织工具，三是推广棉花种植。种植棉花、掌握货源，革新工具、提高效率，传授技艺、培养人才，这就是一条完整的产业链。搁在今天，黄道婆的名气一定不输陶华碧和董明珠。

后来，松江一带成为全国的棉织业中心，历经几百年之久而不衰。黄道婆也被后人誉为“衣被天下”的“女纺织技术家”。英雄造时势，还是时势造英雄？

黄道婆所在的年代，正好是宋末元初时期。彼时还没有开启海禁，所以在东南沿海一带，海外贸易十分活跃。各种布料纺织品，更是对外贸易中的大宗商品。对外贸易的繁荣，带动了沿海棉花种植业、纺织业的大规模发展。但老旧的纺织技术，无疑对这种商业需求造成了极大的制约。

在这种商业需求的刺激下，当时这个行业的参与者，都在寻求改进织布技术，提高生产效率。而黄道婆，便是他们中的集大成者。然而不幸的是，随着明朝海禁的开始，大规模海外贸易禁绝，东南沿海的纺织业也迅速萎缩，大规模的纺织厂再也无法生存下去。纺织机在只能够满足家庭和小作坊的生产需求时，就失去了进一步改进和提高的动力。所以，在今天的江南农村，我们还能见到手工纺织机，它们和历史教科书上黄道婆的纺织机在外观上没什么大的区别。

一个是“自下而上”从技术、人才和商业的不同方向，实打实地推动着经济发展的黄道婆，另一个则是“自上而下”禁绝海上贸易往来，让技术、人才和商业彻底停滞不前的朱元璋。但历史的吊诡之处在于，今天的人都熟知“开国皇帝朱元璋”，却鲜有了解“衣被天下黄道婆”。

虚晃七枪下西洋

虽然朱元璋下达了禁海令，但也有观点认为，在朱元璋儿子朱棣执政期间，郑和能够下西洋说明朱元璋的命令并没有得到后代的严格执行。果真如此吗？恐怕未必，太祖的最高指示哪是说破就能破的？明成祖朱棣在位时，一再下令禁海，“海道可以通外邦，故尝禁其往来”“禁濒海民私通海外诸国”。相比太祖，朱棣恐怕有过之而无不及。

而我们的历史教科书，对郑和下西洋的评价从来都是正面的，以至我们从中汲取了莫名的自豪感。郑和下西洋是中国航海史上的壮举，是中国古代规模最大、船只和海员最多、时间最长的海上航行。更重要的是，郑和比后来的欧洲大航海时代的哥伦布、麦哲伦早了近100年。

郑和七下西洋的目的暂且不论，单纯从结果来看，这几趟来来回回并没有带来任何实质性的经济利益。最终结果便是，“支费浩繁，库藏为虚”。

郑和每次出行，表面上看云帆蔽日、浩浩荡荡，但实际上，皇家海军后面没有任何的民间商船跟随。而且，就在郑和不再下西洋之后，海洋再次被彻底封禁。

有些人喜欢吹嘘明朝的造船和航海技术多么厉害，并和后来的哥伦布舰队相比，认为郑和的船要比哥伦布大得多。郑和宝船的确很大，也很威武，相比之下，哥伦布的小船是一副弱不禁风的寒酸样。不过，这说明了两个方面的问题。一方面，当时真的有必要把船造这么大吗？为了造船，明朝不惜“支动天下一十三省的钱粮”，仅仅是为了“巍如山丘，浮动波上”的视觉震撼。另一方面，这反映当时明朝在造船和航海技术上的确是领先于世界的。但请注意，功劳并不在于明朝，而在于此前唐、宋、元时期的长期技术积累。

明朝建国是在1368年，而在仅仅6年之后的1374年，朱元璋就下令撤销了自唐朝以来就存在的负责海外贸易的泉州、明州、广州三市舶司，断绝了海上对外贸易。而郑和第一次下西洋是在1405年，最后一次是在1433年。从朱元璋发布禁海令到郑和第一次下西洋，中间只隔了37年，其中只有在前面短短的6年时间，海洋是开放的。

在没有对外贸易和海洋探索的需求下，在短短的三十几年内，造船和航海技术绝对不会取得重大突破。而实际上在唐朝，我们就已经掌握了相关工艺和技术，这一点很多史料都有记载。和前面黄道婆对纺织业的改进一样，造船航海工艺和技术的不断发展和改进得益于两点：一是有市场需求，二是人们有参与这个市场的自由。

而到了明朝，市场需求还在，但人们参与的自由被剥夺了。归根结底，郑和下西洋还是一次耀兵异域的政治行动，而不是你来我往的经济互惠。后面的事情大家都知道了，大航海时代没有中国什么事了。中国关起门来，过起了自己农业大国的小日子。

真正的李约瑟难题

英国学者李约瑟在《中国科学技术史》中提出了一个问题："曾经高度发达的中国科学为什么没有发展出现代科学，反倒是科学发展并不领先的欧洲取得了突破，发展出了现代科学？"

这个问题是李约瑟在研究中国科技史时提出的。他研究之初的问题是："为什么现代科学没有在中国文明中发展，而只在欧洲发展出来？"随着研究的深入，他又提出了另外一个问题："为什么从公元前1世纪至公元15世纪，在把人类的自然知识应用于人的实际需要方面，中国文明要比西方文明有效得多？”

李约瑟难题让很多人着迷，部分人认为这是关于中国历史发展的“终极问题”。这可能跟另外一个更刺眼的问题有关，那就是，为什么曾经高度发达的中国文明后来会远远落后于欧洲，以至后来被欧洲欺负完了还要被日本欺负？

李约瑟从地理、社会结构、政治、宗教和哲学等方面给出了自己的回答。我认为其中这句话最重要：“没有宗教改革就无法想象文艺复兴，没有近代科学的兴起就无法想象宗教改革，而没有资本主义及资本主义社会的兴起和封建主义的衰落与消亡就无法想象这一切。”

他认为：“无论是谁想要解释中国社会未能发展出近代科学的原因，那么他最好从解释中国社会为何未能发展商业以及后来的工业资本主义入手。”也许，这才是真正的李约瑟难题。

李约瑟是英国人，对资本主义社会的运作有着直接的观察和思考，所以他把欧洲的先进主要归功于资本主义的兴起。只是我们长期相信“科学技术才是第一生产力”，才会误以为李约瑟难题问的是关于科学技术本身的问题。

略有遗憾的是，李约瑟是生物化学和科技史专家，没有接受过系统的经济学训练。他虽然洞察到了问题的关键，但并未对此做出进一步的解答。我们顺着李约瑟指出的方向，该如何回答“中国为何未能发展出商业以及后来的工业资本主义”的问题呢？

很显然，答案藏在我们前面的两小节中。彼时我们有以织布、丝绸为代表的轻工业，有以造船技术为代表的重工业，还有以清明上河图为代表的商业和艺术文明；我们有广袤的农业资源，有航海技术，也有广泛的海上贸易往来和市场需求。

回到最开始的问题上，中国有没有可能迎来自己的工业革命并因此一开始就走上工业强国之路？有可能，太有可能了。

如果不是明朝极为严苛的海禁、清朝的闭关锁国，逼迫着大家几百年一起躺在农业大国里过小日子，那么大航海、工业革命的主角难道不应该是我们吗？

我们有着不错的基本盘，却输在了起跑线上。我们有那么多，缺了什么呢？

答案是自由。

我们给自己戴上了封闭的枷锁。

第46讲　今夜别哭，委内瑞拉

阿根廷，我应该为你哭泣

说起阿根廷，我们首先想到的也许是足球、马拉多纳和梅西，还有那首不时响起的《阿根廷不要为我哭泣》。这首歌在今天为人所知，也许是因为梅西带领的国家队黯然离开世界杯的赛场。然而，《阿根廷不要为我哭泣》真正纪念的，却是一位和梅西一样具有超高人气的贝隆夫人，即艾薇塔·贝隆。这首歌正是电影《贝隆夫人》的主题曲。

贝隆夫人是阿根廷传奇总统贝隆的妻子。她从穷裁缝的私生女到15岁的舞女，再从交际花到总统夫人，悲欢离合、大起大落，凭借一己之力既成就了贝隆，也成就了自己。她在阿根廷人民心目中的地位大概就像圣雄甘地，在她去世时，70万人到场致哀。人们反复喊着她的名字，有的人当场哭晕过去，有的拼命去吻她的玻璃棺材，16人因为挤撞丧生。

人们疯狂地爱戴着自己的偶像，然而贝隆夫人和她倾力支持的丈夫贝隆的所作所为以及给后人留下的遗产，却实在让人看不下去。

用贝隆自己的话讲，他所奉行的是“民众主义的政治纲领”，即所谓的“正义主义”，后来发展成为阿根廷的“贝隆主义”，他自诩这是不同于美国资本主义和东欧社会主义的“第三条道路”。

贝隆通过经济民族主义、国家工业化和劳工联盟等手段，迎合民众的政治和社会需求，并试图在政治联盟中纳入工人阶级的力量。而贝隆夫人童年的穷苦经历则深刻地影响着她的政治方向，她骨子里就特别痛恨贫富悬殊，发誓要改善底层人民的生活，于是顺理成章地成为“穷人的旗手”。

在成为第一夫人之后，她继续为社会救济、劳工待遇、教育水平的提高而四处奔走，并亲自前往工厂、医院和孤儿院，用实际行动慰问底层人民。她深知女性在社会中遭受的种种不公，因此一跃成为阿根廷女性的代言人，为女性的健康和权益贡献心力。更重要的是，在持续的努力之下，她为女性争取到了史无前例的投票选举权。

但正如开好车的未必就是好人，有好心未必就能办成好事，这位耀眼的总统夫人，给阿根带来的不是光明，而是黑暗。稍微有点经济学常识的人，都可以看出贝隆的那套主义是行不通的，他们为了选票和人气而牺牲了经济和效率。实际上，这种民众主义的本质就是民粹主义。

而阿根廷的经济在贝隆和贝隆夫人两位“明星”的表演下被搞得一团糟。20世纪20年代，阿根廷还是世界上最具经济活力的地区之一，而到了20世纪中叶，这个国家已经风雨飘摇。

贝隆夫人33岁便因罹患癌症而早早去世，成为阿根廷人心中永恒的纪念。贝隆总统本人则在1955年9月24日这一天，被一位政变军官拿着枪礼貌地请出了办公室，流放巴拉圭。贝隆夫人死了，贝隆也死了，但他们留给阿根廷人特别是底层民众的“希望之光”，却成了一种信仰，从未消失。

时至今日，不少阿根廷人仍将贝隆当作他们心目中最伟大的总统，并怀念他的“贝隆主义”。不过我们都知道，正是这位好总统和他的“贝隆主义”，害苦了阿根廷。贝隆夫人若果真在天有灵，应该去见一见米塞斯，也许她会领悟到：阿根廷，我应该为你哭泣！

查韦斯应该为你们哭泣

委内瑞拉和阿根廷同属南美国家，同样有着丰富的自然资源。更相似的是，这两个国家都把自己的一手好牌打得稀烂。委内瑞拉拥有全世界最大的石油储备，是重要的石油生产国和出口国，石油工业占财政总收入的70%以上。委内瑞拉从20世纪初到20世纪60年代，一度享有高度的经济自由——低税收、轻管制、健全的产权制度和稳定的货币政策。这也就是为什么委内瑞拉在那个年代能够成为排名前五的最富裕国家之一。

但是，委内瑞拉在1958年恢复民主制之后，却意外地打开了潘多拉的魔盒，进而跌入万劫不复的深渊。委内瑞拉先是制定并通过了一部新的宪法——赋予国家凌驾于经济事务之上的大权，然后将石油工业国有化，国家的财政收入不再依赖纳税，而转为依赖石油。

政治、法律和财政上的共同变化，很快改变了委内瑞拉的制度基础。这个改变影响深远，可以说是今天委内瑞拉动乱的源头。这个制度基础的改变，使政客、民众和企业三方的行为变得不本分起来。

政客一方面利用高福利来贿赂民众，获得选票，另一方面将官办企业的权力牢牢握在自己手里，为自己大手花钱做准备。民众在高福利之下既失去了行动能力，又失去了思考能力，成为欲壑难填的伸手党。企业原来以讨好消费者为立业的根基，现在转而将精力投入游说政府和行贿官员中。

可以说，从1958年开始，委内瑞拉就注定了开始走下坡路。没想到，这一走就是60年。委内瑞拉从富裕的粮食出口国变成了食不果腹、民不聊生的第三世界国家。但奇怪的是，即便一个国家都被硬生生糟蹋成这样了，其人民还是对他们的领袖充满着崇拜和感激之情。当查韦斯去世时，举国悲痛，万人空巷，人们争相去抚摸灵柩，哭泣着做最后的告别。

1998年，查韦斯以54%的支持率高票当选总统，上台后随即展开对国家的政治经济进行改造。他在经济上实行管制，没收土地和国外资本，国企成为主导。他在货币上实行超级宽松的货币政策，不断通过印钞攫取财富，导致委内瑞拉爆发严重的通货膨胀。在政治上，他一只手通过免费医疗等看上去的高福利政策获得了广大穷苦百姓的支持，一再赢得大选；另一只手则牢牢地掌控了最高法院和军队，将自己变成了威权。

查韦斯赢得了选票，却亲手葬送了整个国家。委内瑞拉经济危机继续加剧，私营公司纷纷出逃，这个曾经南美最富裕的国家进一步沦落。那些悲痛欲绝去给查韦斯送葬的人永远不会知道，自己的泪水太过廉价，查韦斯应该为你们哭泣才是。

今夜别哭，委内瑞拉

很多人认为，贫富差距过大就会导致改朝换代，改朝换代在历史上有时会消灭80%以上的人口。但实际上，招致造反的是绝对贫穷，是吃不上饭，而不是什么所谓的贫富差距过大。吃饱饭还上街闹事的毕竟是少数，顶多是“为赋新词强说愁”的情怀少年，换种形式抒发一下心中愤懑罢了。更多的是，人到中年，上有老下有小，事业要发展，房贷还要还，谁都没那心思去闹事。

像委内瑞拉这种通货膨胀率每年几百倍、几千倍，经济崩溃，并且严重影响人们生计和生存的情况，民众既要寻找情绪发泄的突破口，还想要寻找能够拯救他们的救世主。

委内瑞拉整个国家的人可能都不知道自己错在哪里，也没有去反思自己为什么走到了今天。人民挟选票以自重，伸手要福利。无论是谁站到台前，面对这个烂摊子，如果不快速站稳脚跟，那么很有可能随时下台。而站稳脚跟谈何容易，走出原有路径，发展经济，势必要破坏旧势力，寻找新的增长点，中间还要经过痛苦的过渡期。

今天很痛苦，明天更痛苦，而后天很美好，但很多人死在了明天晚上。饿着肚子的委内瑞拉人民是等不到后天的，他们今天就要得到一切。人们的选票可能只给你一天的时间，不管谁上台，委内瑞拉恐怕也很难在短期内有实质性的改变，委内瑞拉人民的苦日子恐怕还在后头。

第47讲　最佳的田野调查在中国

2019年的诺贝尔经济学奖授予了阿比吉特·巴纳吉、埃丝特·迪弗洛和迈克尔·克雷默，以表彰他们“为减轻全球贫困所采取的实验性方法”。诺贝尔经济学奖评委会认为，他们的研究大大提高了我们应对全球贫困的能力。

巴纳吉和迪弗洛都是美国麻省理工学院经济学教授，2011年两个人合作出版了《贫穷的本质：我们为什么摆脱不了贫穷》，他们调查了五大洲贫困人群最集中的18个国家和地区，从穷人的日常生活、教育、健康等多个方面，探寻贫穷真正的根源。这本书已经被看作研究“贫穷”的巅峰之作。

他们把自然科学常用的随机控制实验（randomized control trial, 缩写为RCT）应用到了经济学的研究之中，并用得到的实验数据来寻找那些国家的贫困落后与他们所设置的变量之间的因果关系。他们还通过大量的田野调查来探究贫穷和穷人的特征，或者观察免费蛔虫药物对儿童学习成绩的影响以及儿童摄入营养对人力资本形成的影响。

在以研究贫困落后国家如何摆脱贫困、走向富裕的发展经济学中，这种研究方法尤其盛行，已经形成了一套看上去很科学的研究方法和研究体系，也形成了特定的研究圈子。

随机控制实验讲究见微知著，通过控制其他变量不变而改变其中一个或者几个变量，然后通过结果和变量之间的数据变化情况来寻找其中的机制原理和因果关系。它的特点很明显，如果变量控制得当，那么实验组和对照组之间结果的不同必然会和变量或者干预的不同相联系。

这个方法在自然科学或者工程科学领域的研究中是一种高效或者有效的研究方法，也被广大的研究者接受。然而，这样看上去非常科学又被很多科学家接受的研究方法，嫁接到经济学里是不是同样有效呢？答案是否定的。将随机控制实验的研究方法引入经济学，最多只能做到“见微”，却无法做到“知著”。

随机控制实验的方法在经济学上的运用，至少要面临两个方面的困难：数据统计上的局限和伦理上的局限。比如，巴纳吉和迪弗洛的田野实验方法，随机把学生、教师、农民等分成实验组和对照组，人为地对实验组实施某种政策干预，再和对照组进行比较，以研究干预是否有效。

巴纳吉和迪弗洛的研究结果表明，出勤监督和支付额外出勤工资可以有效降低印度教师的旷工率；而力图促进社区在教育方面的参与以及降低学生-教师比例，并不会提升教师的努力和学生的学习成绩。他们还研究了不同教育方式对学生成绩的影响，并发现年轻女教师可以显著提升差生的读算水平，计算机辅助学习可以显著提升学生的数学成绩。

在自然科学领域，我们相对来说可以控制其他变量不变，只让我们想观察的变量改变。而在经济学领域，我们能不能做到呢？很难，基本上做不到。因为经济学的研究对象恰恰是人本身，人生活在一个社会之中，会受到各种因素影响。人以自身为研究对象，却要摒除其中变化带来的影响，只考察其中一项或几项，这在理论上几乎是不可能的。

另外，我们还不得不面对巴斯夏提出的“看得见的和看不见的问题”。许多政策或者干预导致的后果本身并不能以肉眼可见的形式展现出来，更不可能进入统计学家的视野。这个时候，这种变量导致的结果也就自然无法和变量之间建立起任何的因果关系。

比如，很多人认为，战争是技术的催化剂，因为他们听到人们都说，最尖端的科技都用在了战争上，并且都是在战争中出现的。还有很多人认为，第二次世界大战让美国摆脱了大萧条的阴影，给美国带来了经济繁荣。我们看得见的是，技术在战争中率先使用；而我们看不见的是，经济遭受破坏，资本被强制投入与战争有关的技术领域。

所以，当想用事实来验证一个经济学的理论或者推论是否正确的时候，我们不得不面对“看得见的和看不见的问题”。能够统计的，只有看得见的且已经发生的数据，而那些未曾发生的，也是实实在在损失的机会成本，却永远无法进行统计。

变量的无法控制和看不见的数据无法统计是随机控制实验这个在自然科学、工程领域颇为有效的研究方法在经济学领域里出现的致命硬伤。这两点硬伤使这些人的研究理论和成果却不得不面临非常大的局限性。

比如，巴纳吉和迪弗洛发现，肯尼亚当地农民对化肥的使用较为不足，会等到农作物较为成熟的时候才开始购买化肥，而一些小的价格折扣会激励他们在合适的时间购买化肥。激励肯尼亚农民在合适时间购买化肥的，除了折扣，有没有其他因素呢？这样的研究成果对于中国农民有效吗？或者，同样的研究成果对肯尼亚那些不是农民的人有效吗？这有什么理论上的启发？

对于这样的研究，我倒不是全盘否定其存在的意义，我们可以看清其研究方法上的缺陷。我们知道，这种研究的作用其实十分有限，它并不能被称为科学意义上具有普遍必然性和广泛解释力的理论，充其量是工程上的技术细节，是关于经济历史的调查报告。

这样的研究过分执着于技术性的细枝末节，把经济问题变成了工程管理和政策设计问题，忽视了更高层面对人类行动和互动的研究。改善营养的确有助于儿童未来的发展，但是带来营养的食物也是稀缺的，导致儿童营养问题的仍然是背后关于人的制度。在所有发展经济、缓解贫困的因素当中，最根本的因素就是保护产权和消除影响市场交易的各种障碍。

巴纳吉和迪弗洛研究的另外一个局限则是来自伦理上的拷问。比如贫困问题，什么能让穷人变得富裕。如果是做对照组实验研究，那么他们的这种研究方法不得不面对一个伦理困境，即你必须眼睁睁看着一个政策或者变量使得其中一个实验组变得富裕，而另外一个对照组还是一贫如洗，甚至变得更加贫穷。

那么，这种对照实验的范围到底是多大呢？对于10个家庭、

100个家庭，我们或许还能忍受，那么对于1 000个家庭甚至更多的对照组实验呢？如何面对这样“残忍”的实验——让一部分人富裕的同时让另一部分忍受贫穷？据说，巴纳吉和迪弗洛用了15年的时间踏遍了五大洲18个国家和地区最贫穷的地方做调研，才有了那本被奉为经典的《贫穷的本质：我们为什么摆脱不了贫穷》。实际上，这完全没有必要。

不知道巴纳吉和迪弗洛是否来过中国，但我可以自信地说，最佳的田野调查就在中国。他们在中国不必做那么多的实验设计和统计，也不必做哪些对照组。他们只要细致地观察一下人们实际生活中的变化，再观察一下有哪些政策上的变化，就不难看出中国经济的进步和原因。

托尔斯泰说过：“幸福的家庭都是相似的，而不幸的家庭却各有各的不幸。”我借用一下这句话，贫穷和落后各有各的历史和原因，而繁荣和富裕的原因大致上只有一个，那就是产权以及基于产权的自由。

由于改革开放，中国获得了一点产权和自由，繁荣随之而来，富裕和幸福都可以写在人们的脸上。中国本身就是时间上最好的对照组，而如果你要找空间上的对照组的话，那么你可以看看当年的民主德国和联邦德国，以及今天的朝鲜和韩国。

经济学研究的是真实的世界，而不是实验构建的空间。

第48讲　行为经济学不重要

2017年诺贝尔经济学奖得主理查德·塞勒教授的研究领域和2002年诺奖贝尔经济学奖得主丹尼尔·卡尼曼属同一领域，即“行为经济学”。行为经济学由丹尼尔·卡尼曼和阿莫斯·特沃斯基在他们的“展望理论”中创立。

在“展望理论”提出之前，解释人的决策行为的理论是传统经济学的期望效用函数理论，以“理性人假设”为前提。虽然每个人主观追求的效用不同，对各种可能性发生所认为的主观概率不同，也就导致了判断和决策的因人而异，但是为了保持分析的有效性，效用函数必须具有一致性，这也就意味着我们必须假定人们的行为偏好是一致的。

行为经济学家设计了一些“实验”，设法诱使他们的研究对象陷入明显的不一致，然后将这种现象称之为“非理性”，并将这种现象描述为某种先天性认知“偏误”的结果。他们以实证研究为工具，从人的心理特质、行为特征揭示那些影响选择行为的非理性心理因素。

行为经济学的核心是，对传统经济学“理性人假设”的不满，认为人并不总是理性的——很多时候是非理性的。他们认为，“理性人假设”本身就不成立，所以很多现象是传统经济学解释不了的，要用行为经济学来解释。于是，他们引入心理学的工具来帮助他们研究人们的经济决策，试图从形式上“更科学”地描述一些预期效用理论及其他主流经济学标准工具无法解释的结果。

比如，为什么商场或者网店要在“卖价”旁边标一个画线的“原价”？我们经常看到，商场一件衣服标一个画上横线的2 000元，旁边再标上现价899元；网上一个课程标价499元，实际成交价却只需要99元。在行为经济学里，他们称之为“锚定效应”。意思就是，你的判断会被一个锚点影响，商家用横线画掉的标价就是一个“锚点”。如果你对一个东西越不了解，锚点就越会影响你的判断，这个锚定效应就会越强大。

行为经济学家认为，人类的大脑天生就会去找参照物，这是人类大脑的思维模式，因为我们不能每看到一个东西都去了解它的全部信息，实际上这也做不到。所以，我们会不自觉地从大脑中调用经验，或者直接找参照物对比。如果我们对一个新鲜事物的了解越不充分，我们就越容易直接将别人提供给我们的信息作为参考。行为经济学家通过大量的设计实验来证明“锚定效应”。

再比如，理查德·塞勒提出一个“禀赋效应”，即一旦个人拥有某项物品，那么他对该物品价值的评价要比没有拥有之前大大增加。这一现象可以用行为金融学中的“损失厌恶”理论来解释，该理论认为一定量的损失给人们带来的效用降低要多过相同的收益给人们带来的效用增加。因此，人们在决策过程中对利害的权衡是不均衡的，对“避害”的考虑远大于对“趋利”的考虑。出于对损失的畏惧，人们在出售商品时往往索要过高的价格。

在我看来，行为经济学对“理性人”的批评更多是打了空靶。在新古典经济学的研究范式中，“理性人”是一个基本假设，它的意思是，人们会在有限的条件内趋利避害，用最小的代价换取最大的收益。很多人把“理性”等同于“正确”，把基于预期所选择的行动进行划分，达到了目标就说行动是理性的、正确的，没有达到目标就说行动是非理性的、不正确的。需要注意的是，“理性人”是一个“假设”，是一个研究的出发点。

按照芝加哥学派，特别是弗里德曼的观点，我们并不需要去验证这个假设本身的真伪。重要的是，我们能否基于这个假设发展出一套完备的理论体系，准确地解释人们的行为。从这个假设之上的理论体系推导出来的理论是否有解释力，是否能够解释现实世界，这才是我们需要关注的要点。

也有经济学家引用哲学家斯宾诺莎关于理性的定义：“理性是在正确认识全局的基础上采取适当的行动。”他们认为，人在很多时候都是非理性的，倾向于肯定行为经济学的研究成果。但如果按照斯宾诺莎这个定义，恐怕只有上帝才够得上这个标准。现实中没有任何人能够达到这一理性标准，这个定义近乎说人要知道全部信息才行。

奥地利学派并不使用“理性人假设”，而是以“人的行动是有目的的行为”为基本公理，研究行动和结果、手段与目的之间的因果关系，并由此构建一整套严密的逻辑体系。

几何中有欧氏几何和非欧几何，如果基础公理不一样，那么整个理论体系也随之改变，但是各个理论都有各自的应用场景。在日常生活中，我们更常见的是欧氏几何，但到了量子力学、地球表面研究、航海航天等领域，非欧几何则应用得更多。经济学与几何学类似，任何人都可以使用公理来构建一套理论体系。只要能够在此基础上构建出整个解释模型，能够解释现象，经得起考验，该理论就可以在江湖上有一席之地。但从目前来看，奥地利学派以“人的行动公理”所完成的体系是最完整的，也是最严谨的。

行为经济学目前仅仅是对传统经济学中的这个假设提出了疑问，辅以心理学的研究方法，分析他们认为的“非理性行为”，主张市场失灵，呼吁有关部门出手矫正市场的不足。他们使用了看上去“很科学”的统计方法，但并未由此构建出一整套完整的理论体系。实际上，当你一会儿认为人是理性的，一会儿又认为人是非理性的时候，你是无法构建出完备的理论体系的。科学共同体需要建立在一定的共识基础上，理论如果在内部经常打架，就无法一起研究问题。

有些人会对“理性人假设”提出批评，尚可理解，因为人们基于不同的预期、不同的目标，在信息掌握不完备的情况下，完全可能做出在外人看来很荒唐的举动。但他们从此滑向市场失灵，呼吁干预，就更有问题了。

以股市为例，追涨杀跌是最常见的行为，但假如你真这样操作，那么你通常赚不到什么钱，十有八九还会亏钱。有些高手反其道而行，别人恐惧的时候他贪婪，别人贪婪的时候他悄悄退场。在赚到钱的高手看来，追涨杀跌看上去是很不理性的，但该不该组成专家团或者成立某个部门来指导人们如何炒股，保证人人都赚钱而不亏钱呢？显然不可能。

“市场失灵”“市场并非全能”这种论调很常见。但真相是，市场本身并不是由哪个人、哪个具体部门构建出来的，而是一种自发的交易现象。它的逻辑出发点是两个人之间的物物交易，再扩展到三个人、四个人……无数个人之间的交易，并且这个过程发展出了货币、金融等诸多辅助手段。

“市场失灵”这个词很容易让人误以为市场是某个机构、某个部门设立的机器，因为机器总会有失灵的时候。但真实的市场既是一个动态的过程，也是一个形成之后我们才能观察到的现象和机制，并不是一台人为制造出来的机器。

站在芝加哥学派的角度，理性人、自私人的假设是否正确，是否符合人的本质特征都不重要，重要的是在此基础上推导出的分析能够站得住脚，可以被证伪但又经得住实践的检验。站在奥地利学派的角度，“理性人假设”从未出现在其理论体系中。行为经济学的研究内容可以归入商学院的管理和定价技术问题，但不属于具有普遍性和必然性的科学问题。

第49讲　这个世界就是这样被他们带坏的

2008年诺贝尔经济学奖得主保罗·克鲁格曼曾经在《纽约时报》撰文力挺一位女性国会议员亚历山德里娅·奥卡西奥-科尔特斯。科尔特斯倡议对极高收入人群征收70%~80%的税，而克鲁格曼为了表示力挺，又搬出另外一位诺贝尔经济学奖得主彼得·戴蒙德。戴蒙德被克鲁格曼称为世界范围内公共财政领域的专家，也是不平等领域的领衔专家，他的研究认为对顶层富人的税率应该为73%。

如此高的税率，几乎就是快拿走人家的全部家当了，而这么做的理论依据是“边际效用递减理论”。这位2010年诺贝尔经济学得主戴蒙德认为：“边际效用递减是个常识性概念，即额外1美元给高收入者带来的满意度相较于低收入人群要低很多。给一个年收入20 000美元的家庭额外增加1 000美元收入，这会给他们的生活带来重大的变化。但给一个年赚百万美元的人额外1 000美元，他不怎么会看在眼里。”

简单来说，戴蒙德认为，一个穷人一年只有10 000美元的收入，如果你给他1 000美元，他的生活质量就可以提高一大截，并因此而感激你；而如果你把这1 000美元给一个年入100万美元的人，那么这对他的生活质量可能没什么影响，他可能连声谢谢都不会说。

也就是说，同样的1 000美元，给穷人带来的满足感要高于给富人。你把它给穷人要比给富人更有意义，如果你做了这么有意义的事情，那么你的满足感也会大大增加。所以看上去，这是一个没有损失的事情，多方受益。于是，克鲁格曼说："对于经济政策而言，这就意味着我们不该关心政策对富人收入的影响。使富人变得更穷的政策只会影响少数人，并且几乎不会影响他们的生活满足感，因为他们仍然可以购买任何他们想要的东西。"

那为什么政府不按100%的税率对富人征税呢？克鲁格曼又说："这将打消他们继续从事任何令其牟取巨额财富工作的动机，从而对经济造成损害。换句话说，对富人的税收政策本身应该与富人的利益无关，我们应该只关注激励效应会如何改变富人的行为，以及对其他人口的影响。"

在这个世界上，坏人在本质上都是一样的。其区别仅仅在于，有的人拿着刀拦路抢劫，有的人则冠冕堂皇。极为庄重的皇家仪式背后却是悄无声息的苟且，关键还打着为了人类平等的旗号。其实，我们不用主流经济学那套复杂的计量统计，从三个方面完全可以驳斥克鲁格曼的观点。

首先，边际效用递减不是这样用的。对于一个年入100万美元的人来说，克鲁格曼认为1 000美元对这个人不重要，可他不知道这个人是否需要这1 000美元作为进货的货款，去创造更多的财富，创造更多的就业。而穷人完全可能拿钱之后转身就花掉，更有甚者，拿着别人的捐助去赌博、做坏事。年入100万美元的人在网上买东西即使差一分钱也无法完成支付。克鲁格曼认为，富人拔一毛以利天下是大义。殊不知，这根毛拔得疼不疼，到底有多疼，只有被拔的人自己知道。

其次，富人有更高的消费需求。克鲁格曼认为，即使征富人高额税收，他们仍然可以购买任何他们想要的东西。这仍然是克鲁格曼的僭越，认为富人损失点钱不还是照样吃得比自己好，照样能买得起豪车豪宅。但殊不知，富人还有潜在的需求没有被创造和激发出来，他们想买的也许不是现在市场上已经存在的东西，比如未来可能出现的太空旅行、月球旅行或者火星旅行。虽然这在今天看来似乎很遥远，但就在100多年前，汽车、高铁、飞机同样看上去遥不可及。这些都是所有人的潜在需求，只不过是通常富有冒险精神的富人先人一步享受罢了。而这些潜在需求的创造，离不开技术的创新和普及，技术的创新和普及恰恰又离不开资本的积累和投入，这些都需要有富人的消费需求打头阵来支撑。不用多想都知道，同样的钱在富人和穷人手里，哪个对技术进步和资本积累更有帮助。克鲁格曼剥夺的是富人本应该去开拓的更广阔的还没有被开发出来的消费需求。

最后，稳定的产权是市场发展的先决条件。产权稳定意味着不能随便抢劫，克鲁格曼却是在鼓励合法抢劫。前面两点的严重逻辑漏洞无法服人不说，还有个更大的问题，那就是富人基数小，穷人基数大。克鲁格曼举例，将1 000美元给一个穷人，可真实情况是，在福利政策鼓励之下，100个人会向富人伸手，如果每个人都找富人要1 000美元，这就是10万美元。另外还有人正在想方设法让自己达到伸手要钱的条件，更多的人在排队等待政府拿富人的钱来慷他人之慨。这就是高福利养的懒人越来越多的原因所在。

克鲁格曼、戴蒙德、斯蒂格利茨都是诺贝尔经济学奖得主，都持有这种观点。

1974年，奥地利学派经济学家哈耶克意外获得了诺贝尔经济学奖。哈耶克在领奖时表示，倘若当年征询他的意见，他肯定不建议设立这个经济学奖。哈耶克的理由是，诺贝尔经济学奖将赋予那些经济学家不应有的权威。

经济学跟自然科学不一样，即使一位物理学家获得了物理学奖，他的影响也十分局限。经济学家的影响面则更广，影响的人又通常是政治家、记者和一般公众。而大家又常常急于寻找权威来为自己的政策寻找理论依据，诺贝尔经济学奖给予的光环伴随着不应有的权威，这个时候获奖的经济学家就很容易和政客、大众走到一起。

而政策一旦错误，加上获奖之后的膨胀，这势必有害于社会，结果就会出现所谓“知识的僭妄”。现实世界中的很多“坏政策”，其实都是经济学家狂妄自负的产物。所以，哈耶克反对设立诺贝尔经济学奖，也是告诫人们要警惕“致命的自负”。

实际上，哈耶克在获奖时发表的演讲中第一段就提醒世人：“我们的学问已经引起了一大堆麻烦。”很不幸，从克鲁格曼等人的表现来看，哈耶克的警告正在成为预言和现实。一些诺贝尔经济学奖得主带着光环，游走在世界各国，鼓吹自己的理论，打着平等的旗号，实际上却是在破坏经济和市场。

第50讲　斯蒂格利茨的误导

涓滴理论

斯蒂格利茨是1979年克拉克奖、2001年诺贝尔经济学奖得主，在参加2015年中国发展高层论坛之后接受《财新周刊》总编胡舒立的专访。斯蒂格利茨还被誉为“自由市场经济学家”的批评者，他在采访中对自由市场和社会的不平等问题提出了一贯的批评。

在采访中，斯蒂格利茨说到“涓滴效应”（trickle-down economics）：“当你给予富人足够的金钱时，其余所有人都能够获益，但这种理论是无效的。”

这个观点也出现在其著作《不平等的代价》一书中：“不平等的辩护者提出相反的论调，他们认为给上层群体更多的钱会有益于每一个人，部分原因是那样做会产生更大的经济增长。这是一种被称为‘涓滴经济学’的想法。最近这几年恰好是涓滴经济学的反面，聚集到上层群体的财富是以牺牲中下层群体为代价的。”

他认为，“涓滴过程”造成了更大的不平等，而这种不平等将对经济产生严重影响，最终演变成为社会问题。但是，果真如此吗？一个真实世界的例子或许能够帮助我们更好地理解“涓滴效应”的本质。

乔布斯创建了苹果公司，并凭借其才华和努力将苹果公司打造成为世界一流公司；姚明不仅个子高，而且篮球打得好，刻苦训练，最终进入NBA（美国职业篮球联赛）打球，成为球星；一个进城务工的农民，用结实的身体和勤劳的双手，在上海某个建筑工地上当苦力，成为一名熟练的建筑工人。

姚明在美国的时候曾为乔布斯的苹果公司代言，并因此获得一笔不错的代言费，这部分代言费成为姚明财富的一部分。姚明后来回到中国，定居上海，在上海购买了一套房子，而这套房子正是某个进城务工的农民工参与建设的。姚明从苹果公司拿到的代言费的一部分，最终为建筑工地上的农民工支付了工资。农民工带钱回老家消费，给孩子买糖和玩具，或者在老家盖房子。

“涓滴”的过程很明显：乔布斯的部分钱以代言费“滴落”到了姚明手里，姚明的部分钱以房产购买费用“滴落”到了地产商那里，地产商的部分钱“滴落到”农民工手里以支付工资，农民工的部分钱“滴落”到了文具店。

那么，乔布斯的钱从哪里来呢？答案浅显可见，乔布斯的财富有人们的一部分贡献，其财富源自全球自愿主动购买苹果公司产品的每一个消费者。消费者在购买苹果公司产品的同时，也是在购买乔布斯那独步天下的才华和企业家精神。才华和企业家精神并非人人都有，它们都是稀缺品。

回头再看，这个案例是否真的如斯蒂格利茨所言“聚集到上层群体的财富是以牺牲中下层群体为代价的”。乔布斯把苹果公司产品卖到全球，每一笔交易都是一手交钱，一手交货。消费者自愿主动，甚至排队把钱给苹果公司，交换得到苹果产品，这个过程消费者牺牲了什么吗？没有。如果消费者认为自己有损失，他们一开始就不会购买。这就是消费者主权。

那么，斯蒂格利茨错在哪里？他说：“当你给予富人足够的金钱时，其余所有人都能够获益，但这种理论是无效的。”他错在这句话的主语不明确，“当你给予富人足够多的钱”中的“你”具体所指何人，无论在书中还是在采访中，斯蒂格利茨都没有进行明确。

而正是这个主语的缺失，将带来巨大的误导，容易让人误以为是某个具体的人或机构给了富人们一笔足够多的钱，从而让他们变得富有了。但是，乔布斯之所以能成为乔布斯，是因为全球消费者用钞票进行了“投票”，乔布斯进而能够做出更好的产品来满足更多消费者的需求。

“人为利己而利他”是亚当·斯密的思想。乔布斯给姚明钱，是因为姚明帮助他扩大了苹果公司的知名度；姚明给地产商钱，是因为地产商盖了让他满意的房子；地产商给农民工钱，是因为农民工提供了质量合格的劳务。金钱和财富在“涓滴”的过程中刺激了更多的劳动输出和产品输出，比如苹果手机和房子。乔布斯、姚明、地产商、农民，在这个过程中都是受益者，没有谁是单纯的牺牲者。

基尼系数

基尼系数是意大利统计学家和社会学家基尼在1912年提出的关于收入分配不平均的一种衡量办法。其具体含义是，在全部居民收入中，用于进行不平均分配的那部分收入所占的比例。基尼系数最大为1，最小等于0。前者表示居民之间的收入分配绝对不平均，即100%的收入被一个单位的人全部占有了；而后者表示居民之间的收入分配绝对平均，即人与人之间收入完全平等，没有任何差异。但这两种情况只是理论上的绝对化形式，在实际生活中一般不会出现。因此，基尼系数的实际数值只能介于0 ~ 1。基尼系数越小，收入分配越平均；而基尼系数越大，收入分配越不平均。国际上通常把基尼系数为0.4作为贫富差距的警戒线，基尼系数大于这一数值容易出现社会动荡。

在讨论不平等的问题时，毫无疑问，“基尼系数”是被引用频率最高的一个词，用以对比佐证不平等问题的严重性。“基尼系数”被刻画成了一支精确的“温度计”，社会问题一测便知。

《不平等的代价》一书也提到了“基尼系数”：“测量不平等的一种标准方法是基尼系数。假如收入是与人口成比例分享的——底层的10%群体大约得到收入的10%，底层的20%群体大约得到收入的20%，以此类推，基尼系数就会是零，也就是没有不平等。另外，假如所有的收入都集中到最上层的一个人手中，基尼系数就会是1，在某种意义上达到了‘完全’不平等。”

基尼系数的第一个误导是，它建立在错误的理论基础之上，认为收入和财富是一个“分配”的过程和结果。正如前文所述案例，乔布斯的财富来自全球消费者的购买行为，姚明财富的一部分来自乔布斯，农民工财富的一部分来自姚明。这个财富的流动过程并不是一个“分配”行为，而是一个自愿的互惠互利的交易行为，是一个交易的过程。

基尼系数的第二个误导是，它忽略了造成不平等问题的原因。用一个统计数据意义上的样本空间作为计算收入的主体，完全忽略掉了导致收入差距巨大的各种可能因素。乔布斯、姚明和农民工在身体、智力以及努力程度上的差异，在基尼系数这里被完全抹掉。对比度量出他们的财富差距，并不能说明任何问题，因为他们的收入都已经在自己的“能力圈”范围之内最大化了。

基尼系数是一种算法，其本身并不包含任何对人的行为的因果关系的定律、假设或推测。也就是说，它仅仅可以作为一个计算方法和工具，计算结果本身无法得出进一步的推论。要想深入分析实际问题本身，我们需要借助其他理论对计算结果进行分析。

周其仁教授指出了基尼系数的两个问题：一是以现金收入为基础的收入测度离实际的收入和分配状况尚有不小的距离，二是即使我们得到公认的准确度量，“收入差距”与“分配不公”也不是一回事。基尼系数本身并不能指证分配问题的症结究竟何在，我们没有理由把基尼系数作为研究分配问题的出发点和落脚点。

中国社科院经济研究所收入分配课题组，利用国家统计局城乡入户调查的资料，坚持研究我国收入分配问题，在1988年、1995年和2002年三次组织样本入户调查，分别估得全国基尼系数为0.38、0.45和0.46。国家统计局公布2014年、2013年、2012

年和2010年的基尼系数分别为0.469、0.473、0.474和0.481。但这能说明什么问题呢？其实，这并不能说明任何问题。假如姚明生活在改革开放以前，他成不了球星，那时候也没有建筑工人，大家收入只是看上去的相对平等，但都普遍贫穷，都没有钱。但这是我们想要的生活吗？这是我们想要生活的年代吗？显然不是。我们想要的是住在农民工盖好的舒适的房子里，用着乔布斯的产品，看姚明打篮球。

改革开放以来，收入差距和基尼系数看上去的确越来越大，但这不重要，重要的是我们的生活质量较以前大幅提高了。而且，越来越多的人能够自由地寻找和发挥自己的"能力圈"，利用自己的智慧和才华创造财富，同时利用市场交易来满足各种丰富多彩的消费需求，而市场则是财富能够得以交换互利的保证。这才是关键，基尼系数本身并不重要。

不平等的代价

这个世界的确有很多不平等，不平等的问题客观存在。我们仍以乔布斯、姚明、地产商和农民工为代表，他们的确分属不同的阶层，每个阶层的收入差距都是巨大的，是不平等的。但这个不平等是问题吗？

斯蒂格利茨认为："造成不平等的原因之一就是，你没有给予一些人机会。"但正如刘军宁在《投资哲学》中所写："如果这些机会与你的能力根本无关，这些机会就不是你的机会。打篮球的科比不必嫉妒打网球的费德勒，因为网球不在科比的能力圈之内。"

需要给农民工去NBA打球的机会吗？需要给姚明进入苹果公司工作的机会吗？虽然农民工兄弟可能既没有乔布斯的才华、姚明的身高，也没有地产商的经验和精明，但他们在用自己的勤劳创造财富。

但是，当斯蒂格利茨出现后，特别是以诺贝尔经济学奖获得者的身份出现，并指出社会的不平等已经很严重的时候，很多人就开始为农民工和球星的收入差距鸣不平了。只不过大多数时候，他们用“低收入群体”这个词代替了农民工，用“高收入群体”代替了球星。

斯蒂格利茨在所著《不平等的代价》一书中，更是直接以“最上层的那1%人群”来指代富人群体。书中写道：“最上层的那1%人群却设法占有了国民收入的巨大比例——超过了1/5，尽管他们的有些投资是赔钱的。美国社会最上层的0.1%的家庭所拥有的收入是社会底层90%家庭平均收入的220倍。财富分配甚至比收入分配更为不平等，最富有的1%人群拥有的财富超过国家财富的1/3。上层的1%群体攫取了比国民总收入65%还要多的财富。当上层的1%群体收入惊人时，大多数美国人的境遇实际上变得更差了。”

正是这种以“最上层的那1%人群”进行的泛指，不追问财富的具体根源，不深究人的智力、生理、努力、环境的具体因素，而只专注于最终结果的不平等，贯穿了《不平等的代价》一书的始终。此书旁征博引，数据繁多，看上去很专业、很学术，但整个立论建立在了一种偏见的基础之上，整本书因此也就“基础不牢，地动山摇”了。

斯蒂格利茨指出了我们看得见的结果的不平等，却忽视了不平等的根源在于我们看不见的人的迥异天赋和其背后的努力。同时，他把不平等的根源归咎于市场，认为市场失灵，需要政府出手，却忽视了往往不是市场失灵，而是市场的缺失。如果市场失灵，那么我们如何相信政府不会失灵呢?

斯蒂格利茨在论述不平等问题的时候，通常前面会加上“社会”两个字，也就是“社会不平等”。对于“社会”的定义，他并不清晰，“社会”是一个概念，并不是一个真正的实体。当我们在讨论一个具体的问题时，“人人生而平等”不过是个美丽的传说，“生而不平”才是真实的世界。但也正是“生而不平”造就了世界的丰富多彩，乔布斯不需要去当农民工，姚明不需要设计苹果公司产品，农民工不需要会打篮球。他们每个人在自己的能力圈之内努力创造财富，通过自由市场的交换，世界变得再平等不过了。

斯蒂格利茨热心于关注“社会”的不平等问题，显示出了一个经济学家的人文关怀。但他在分析过程中误把“社会”作为一个实体，没有具体区分不平等问题的实际根源，同时认为收入和财富是一个“分配”的过程和结果，忽视了财富的积累实际上是一个创造和交换的过程。虽然他有诺贝尔经济学奖的光环和众多的数据引用，但这仍然无法掩盖其理论的缺憾以及与事实的背离。

凯恩斯说过：“经济学家和政治哲学家的思想，不论正确与否，都要比人们通常所理解的力量大。”因为诺贝尔经济学奖的光环，经济学家的思想和理论备受关注。若我们不加辨析毫无保留地接受其观点，那么我们被误导恐怕在所难免。罗宾逊夫人说过：“我学经济学，就是为了不受经济学家的欺骗！”

希望本书的读者，能够建立起自己的经济学分析框架，今后不再受任何经济学家的欺骗。

后　记

传递逻辑的力量

我相信，大多数人心里都有“正义”二字。虽然我们未必会经常将“正义”挂在嘴边，但对“正义”的追求，几乎是每个关心社会的人在面对热点话题时首先想到的。很多时候，我们对正义本身的追求是相同的，不同的则是我们对正义的具体理解以及正义的实现路径。

有的人认为免费教育、免费医疗才是正义，有的人认为自由交易才是正义，还有的人认为自由、效率和公平、公正之间的矛盾是不可调和的。但经济学的逻辑可以告诉我们，自由就是正义，正义就是效率，自由、正义和效率三者并不矛盾，而是一体三面。

遇到问题时，我们总希望能看到事实和真相。即便我们都看到了同一个事实，我们也很有可能会得出完全不同的解读和“真相”。这是因为我们都在戴着“有色眼镜”看世界，这副“有色眼镜”就是我们内心的逻辑，或者说是我们内心选择相信的理论。报道事实的是新闻，我们只有使用正确的理论才能够分析出新闻背后的真相。

经济学的魅力在于，它能教会我们既看到看得见的事实，也看到看不见的真相。当我们试图去寻找“看不见的”真相时，因为“看不见”，所以它们并不是一些经验数据，而是无法进行统计和计量的。在寻找“看不见的”真相时，我们能够使用的唯一方法就是逻辑推演。通过逻辑推演，我们可以揭示事实背后的“逻辑真相”。

所以，在某种程度上，先有理论才有真相。更进一步，我们又该如何判断一个理论是否正确呢？首先，这个理论不能自相矛盾，也就是要求它是自洽的。其次，这个理论和真实世界的连接需要真实、可靠而不是自说自话的空中楼阁。

那么，奥地利学派的理论是否就一定正确、真实、可靠呢？本书主要对奥地利学派做了一些基本介绍，但正如我在前言中所强调的，“理论因为逻辑而正确，并不因为学派而正确”。所以，我希望本书的读者在今后的经济学学习过程中，能够用逻辑形成自己的判断，而不是简单地以学派阵营来判断观点的正误。

虽然本书以介绍奥地利学派为主，但我的经济学是从张五常教授的《经济解释》入门的。从2012年到2020年，我的经济学学习整整经历了8年。对我影响较大的阅读范围从张五常到弗里德曼、科斯、贝克尔，再到张维迎、周其仁、薛兆丰，最后才到了奥地利学派的门格尔、米塞斯、哈耶克、罗斯巴德和霍普等。

所以，正如各位读者在本书中所看到的，有些内容是对传统经济学和张五常所在的芝加哥学派的观点介绍。虽然今天回头看，他们的有些观点值得商榷，但不可否认的是，他们在我的经济学学习之路上给了我很多的启迪，让我迅速领略到了经济学的魅力和逻辑的力量。如今，我希望本书也能给读者传递这样的力量。

在经济学的学习道路上，我得到了很多师友的鼓励和帮助，挂一漏万在这里一并致谢。当我还是一名经济学“小白”经常问些基础问题的时候，我得到了邓新华老师的热心解答，他给了我莫大的鼓励。后来，我又因为邓新华老师结识了李松、陈兴杰和周克成，并因此有机会见到仰慕已久的张维迎老师，并得到了张维迎老师的多次鼓励和帮助。当开始试着写作的时候，我经常在谢作诗老师和陈天庸先生当时创办的公号上发文章，这让我这个工科出身的自学者迅速找到了自信。因为坚持写作和阅读，我又结识了冯兴元和朱海就老师。

后来，在创办读书平台“一课经济学”时，我得到了张伟（可二）、谭镇年（谭叔）、肖增奎（空师）、张祥海（海师）、吴烽炜（禅心云起）、马骏、董子云、肖翔、李兴宏、邹义、李松和“水库论坛”创始人欧成效先生的大力支持。可以说，没有他们的细致解读和帮助，也就没有“一课经济学”平台的持续完善，也就不会有本书——本书部分内容直接得益于他们对原有知识点的解读。2019年，我还在邓新华老师的大力协助下，谢作诗、李松、陈文清、肖增奎、马骏、陈兴杰等多位老师、辩手和观众的参与支持，以及企业家俞彬和很多热心朋友的资金资助下，成功组织了一次关于知识产权问题的辩论会。

另外，在本书撰写过程中，我得到了长乐未央、漫天霾、肖增奎、张伟、张祥海和李松的指导帮助，他们帮我纠正了其中的一些不当表达和问题。我还要感谢陈世明和谌紫灵两位编辑为本书所付出的努力，感谢那些未曾谋面的“一课经济学”支持者、公众号读者和聊天都很认真的群友们，你们的关注也是对我的鼓励。

最后，我还要感谢我的爱人，感谢她为这个家庭所做的付出和努力。在我的学习和写作过程中，她和孩子是我坚实的后盾，他们给我提供的不仅仅是后勤保障，还有精神上的鼓励和支持。我希望小迈和蜜雪儿长大以后也能成为他们爸爸的读者，成为一个创造价值和传递力量的人。

张是之

2020年9月

参考文献

[1] 路德维希·冯·米塞斯. 人的行动：关于经济学的论文 [M]. 余晖，译. 上海：上海世纪出版集团，2013.

[2] 穆瑞·N. 罗斯巴德. 人，经济与国家 [M]. 董子云，李松，杨震，译. 杭州：浙江大学出版社，2015.

[3] 汉斯-赫尔曼·霍普. 私有财产的经济学与伦理学 [M]. 吴烽炜，译. 上海：上海财经大学出版社，2019.

[4] 卡尔·门格尔. 国民经济学原理 [M]. 刘絜敖，译. 上海：上海世纪出版集团，2013.

[5] 卡尔·门格尔. 经济学方法论探究 [M]. 姚中秋，译. 北京：新星出版社，2007.

[6] 路德维希·冯·米塞斯. 货币与信用理论 [M]. 孔丹凤，译. 上海：上海人民出版社，2018.

[7] 路德维希·冯·米塞斯. 货币、方法与市场过程 [M]. 戴忠玉，译. 北京：新兴出版社，2007.

[8] 杰弗里·M. 赫伯纳. 纯粹时间偏好利息理论 [M]. 熊越，译. 上海：上海财经大学出版社，2016.

[9] 罗伯特 · 墨菲. 第一本经济学 [M]. 程晔，译. 海口：海南出版社，2018.

[10] 穆瑞 · N. 罗斯巴德. 美国大萧条 [M]. 谢华育，译. 海口：海南出版社，2017.

[11] 穆瑞 · N. 罗斯巴德. 经济学的争论 [M]. 若霞，译. 北京：新华出版社，2020.

[12] 托马斯 · 库恩. 科学革命的结构 [M]. 4版. 金吾仑，胡新和，译. 北京：北京大学出版社，2012.

[13] A. F. 查尔默斯. 科学究竟是什么？[M]. 鲁旭东，译. 北京：商务印书馆，2018.

[14] 卡尔 · 波普尔. 猜想与反驳：科学知识的增长 [M]. 傅季重，等译. 北京：中国美术学院出版社，2006.

[15] 弗里德里希 · A. 哈耶克. 科学的反革命 [M]. 冯克利，译. 北京：译林出版社，2012.

[16] 吴国盛. 什么是科学 [M]. 广州：广东人民出版社，2016.

[17] 霍勒斯 · 弗里兰 · 贾德森. 大背叛：科学中的欺诈 [M]. 张铁梅，徐国强，译. 北京：生活 · 读书 · 新知三联书店，2011.

[18] 张维迎. 经济学原理 [M]. 西安：西北大学出版社，2015.

[19] 朱海就. 市场的合作与秩序 [M]. 北京：中国社会科学出版社，2017.

[20] 尼古莱 · J. 福斯. 奥地利学派与现代经济学 [M]. 朱海就，等译. 北京：中国社会科学出版社，2013.

[21] Randall G. Holcombe. 奥地利学派的大师们 [M]. 李杨，等

译. 北京：清华大学出版社，2015.
[22] 赫苏斯·韦尔塔·德索托. 奥地利学派：市场秩序与企业家创造性 [M]. 朱海就，译. 杭州：浙江大学出版社，2010.
[23] 托马斯·C. 泰勒，穆瑞·N. 罗斯巴德. 奥地利学派经济学入门&米塞斯思想精要 [M]. 杨震，等译. 上海：上海财经大学出版社，2017.
[24] 路德维希·冯·米塞斯. 经济科学的最终基础 [M]. 朱泱，译. 北京：商务印书馆，2015.
[25] 彼得·德霍斯. 知识财产法哲学 [M]. 周林，译. 北京：商务印书馆，2008.
[26] 张五常. 经济解释：二〇一四增订本 [M]. 北京：中信出版社，2011.
[27] 张五常. 五常学经济学 [M]. 北京：中信出版社，2010.
[28] 周其仁. 产权与制度变迁：中国改革的经验研究：增订本 [M]. 北京：北京大学出版社，2004.
[29] 周其仁. 世事胜棋局 [M]. 北京：北京大学出版社，2007.
[30] 薛兆丰. 商业无边界：反垄断法的经济学革命 [M]. 北京：法律出版社，2008.
[31] 米尔顿·弗里德曼. 实证经济学论文集 [M]. 柏克，译，北京：商务印书馆，2014.
[32] 米尔顿·弗里德曼，安娜·J. 施瓦茨. 美国货币史（1867—1960）[M]. 巴曙松，等译. 北京：北京大学出版社，2009.
[33] 米尔顿·弗里德曼. 自由选择 [M]. 张琦，译. 北京：机械工

业出版社，2008.
[34] 罗纳德 · H. 科斯. 论经济学和经济学家 [M]. 罗君丽，等译. 上海：上海人民出版社，2010.
[35] 亚当 · 斯密. 国民财富的性质和原因的研究 [M]. 郭大力，王亚南，译. 北京：商务印书馆，1972.
[36] 保罗 · 萨缪尔森，威廉 · 诺德豪斯. 经济学 [M]. 18版. 萧琛，主译. 北京：人民邮电出版社，2008.